“十三五”高等职业教育任务驱动式规划教材·金融与证券系列

金融学基础

（修订本）

主编　李多全

北京交通大学出版社
·北京·

内容简介

本书是高职金融专业项目任务驱动式系列教材之一。全书共分8个单元，内容包括走入金融学、揭秘货币与货币制度、评析信用与利率、透视金融机构、俯瞰金融市场、探究通货问题、剖析货币供求与货币政策、聚焦外汇与外汇交易。每个单元的项目下均安排了知识目标、能力目标、案例导入，每个任务中有知识链接、同步检测等栏目，每个单元的最后设置了知识与技能训练题。本教材具有鲜明的高等职业教育教学特色，符合高职高专学生的教学和学习特点，并且内容简明、新颖、有趣，同时可以“在教中练”、“在练中学”。

本书不仅可以作为高职高专的金融类、经济管理类、经贸类等专业金融学课程的教材，也可作为金融、财政、证券等相关从业人员普及金融基础知识的自学和培训读物。

图书在版编目（CIP）数据

金融学基础 / 李多全主编. — 北京 : 北京交通大学出版社, 2014.1（2018.7 重印）
（“十三五”高等职业教育任务驱动式规划教材·金融与证券系列/牛国良主编）
ISBN 978-7-5121-1769-3

Ⅰ. ① 金… Ⅱ. ① 李… Ⅲ. ① 金融学-高等职业教育-教材 Ⅳ. ① F830

中国版本图书馆 CIP 数据核字（2014）第 006773 号

责任编辑：吴嫦娥　　特邀编辑：林　欣
出版发行：北京交通大学出版社　　电话：010-51686414
　　　　　北京市海淀区高梁桥斜街44号　　邮编：100044
印 刷 者：北京时代华都印刷有限公司
经　　销：全国新华书店
开　　本：185×260　　印张：15.75　　字数：394千字
版　　次：2018年7月第1版第1次修订　　2018年7月第2次印刷
书　　号：ISBN 978-7-5121-1769-3/F·1300
印　　数：3 001～5 000册　　定价：37.00元

总序

金融专业的高等职业教育肩负着培养金融服务和管理第一线高端技能型专门人才的重要使命。在教学过程中，应以能力为本位、就业为导向，同时深化校企合作，着力对学生进行职业道德和职业素质培养，强化职业技能训练，促进学生全面发展。要实现这个专业的职业教育目标，就需要有一套有高职特色的教材。为此我们设计编写了高职金融专业（证券方向）任务驱动式系列教材。写作这套教材的动机是在我们深化校企合作的过程中，与金融企业兼职专家不断研讨中形成的。我们与金融企业专家一起对北京地区的金融人才需求状况进行了调研，共同分析了金融与证券专业特定岗位的典型工作任务，在此基础上筹划编写了这套系列教材。

本系列教材包括：经济学基础、金融学基础、证券基础知识、证券交易、证券发行与承销、证券投资基金、证券投资分析、证券营销、个人理财、金融英语。

这套教材以职业能力培养为目标、以金融业务流程为导向、以工作任务为驱动、以专业技能为基础、“课”“证”融合为原则，打破原有课程的学科式体系，按职业岗位任务的模块来编写。每一个典型工作项目为一个学习单元，每个单元中又有若干个工作任务。在单元的开始有案例导入或任务导入、工作任务（学习任务），以及及时检验知识和技能掌握程度的同步检测；在完成工作任务及学习中，设置拓展思路补充信息的栏目，如“资料链接”“想一想”“做一做”“查一查”，以引导学生主动参与，促进学生自主学习。每个单元后都附有实训案例和实训练习，训练学生掌握要点和技能。同步检测是我们在教材中实现“课”“证”融合的一个重要尝试。

本系列教材的开发团队包括专任教师和企业兼职的实践专家。专任教师均是长期身处教学和实训一线具有丰富教学经验的教师，其中北京市高校名师 1 人，教授 2 人，副教授 6 人，由专任教师担任本系列教材中各部教材的主编。金融企业兼职教师 8 人，他们分别是证券公司的营业部总经理、营销总监以及银行的支行行长和分行综合管理部门的总经理，都是近几年和我们一起在证券公司和银行订单班授课的教师，不仅具有丰富的金融业实践经验，而且了解学生的接受能力和特点。专任教师和兼职教师一起研究写作框架和内容，并在分工写作的基础上共同审阅，最后由主编在吸取校企双方专家意见之后定稿，这种完成方式恰恰是本系列教材的一大特色。

此外，本系列教材贯彻“以培养能力为导向，调动学生内驱力”的编写理念，体现教师与学生的互动，引导学生自主学习、合作学习和教师针对性教学的要求，概括和凝聚了当前最新的教改成果，充实了行业和企业最新的工作内容和要求，反映了社会的发展和职业岗位变化的素质和技能要求，以项目、情境、任务、案例等为载体组织教学单元，以服务于教学的实践性和互动性。

我们期待着校企合作共同开发高职特色教材尝试下编写的本系列教材得到教学实践的检验，并在检验中不断修正、充实、完善。我们真诚地希望教材的使用者和阅读者提出宝贵的建议。

牛国良

2014.2

前言

本书是高职金融专业任务驱动式系列教材之一，主编与其他编写者均为具有多年丰富教学经验的一线高职教师。本书贯彻“以培养能力为导向，调动学生内驱力”的编写理念，本着教师好用、学生爱读，为教师考虑、替学生着想的原则，精选内容，安排结构，试图用简洁、生动、严谨的语言介绍金融学的基本原理和在现实生活中的具体应用。

本书具有以下特点。

（1）注重知识的基础性和内容的新颖性与实用性，并且理论联系实际，尽量做到深入浅出，满足高职金融专业和其他相关专业学生的学习需要。

（2）目标具体。每个单元中的每个项目都按照高职教学的要求细化为具体的知识目标与能力目标，使教师和学生在教与学的过程中有的放矢。

（3）典型案例教学。多年的教学实践说明，“带着问题来学”更有动力。为此，在每个项目中设计了典型案例导入环节，有利于促使学生带着问题来学，目的是更好地激发学生对现实经济的兴趣，让学生感到金融学与日常生活密切相关。这种设计也能突出对重要问题的解释和说明，使学生能更容易地掌握金融学基础的理论知识，并培养学生具有一定的分析判断能力，增加其学习的乐趣。每个单元最后的“案例分析训练”是让学生在每个单元学习之后，利用所学所练独立完成案例的分析任务。

（4）采用启发式教学。书中有大量围绕内容与能力培养要求而设计的“知识链接”、“想一想”、“思一思”、“课堂讨论”等栏目，以启发学生的思考，促进学生自主学习，时时检测学生知识和技能的掌握程度。

（5）强化训练。大量的习题可以加深学生对课程内容的理解和消化。为此，在每个任务后有同步检测，并且在每个单元后设计了不同类型的训练题，便于教师和学生使用。这种设计主要是锻炼学生对重要问题的理解、辨识能力，更有利于巩固其对重要知识点的吸收。

（6）体例上的新尝试。按照内容模块的内在联系，教材分为 8 个单元，每个单元的编写要素是知识目标、能力目标、案例导入、项目、任务、同步检测、案例分析训练、知识训练和技能实训题。

本书的编写分工为：第一、二、三、六单元由李多全老师负责；第四单元由李丹老师负责；第五单元由程燕老师负责；第七单元由张正萍老师负责；第八单元由魏曼老师负责。全书由李多全老师提出写作思路和框架，组织编写并审阅定稿。

为便于教师教学，本书配有教学课件，需求者可从北京交通大学出版社网站（http://www.bjtup.com.cn）下载，或发邮件至 cbswce@jg.bjtu.edu.cn 索取。

尽管编者付出很多，尽了最大努力，但书中仍有不足甚至错误之处，恳请同行和读者批评指正。

编　者

2014 年 2 月

目录

第一单元

走进金融学

金融学就像你熟悉的邻家女孩一样，每天进出大楼时都会碰上一面，只是你每天早出晚归，可能从来没有仔细端详过她而已。当我们与她拉近距离，仔细端详她的时候，我们会对她产生兴趣，甚至爱上她。那么金融到底是什么？金融包括哪些内容？带着这些问题让我们一同走进金融学的世界。

本单元解析金融及其相关概念与关系，介绍现代金融体系的构成与功能，使读者对金融有一个完整的、与时俱进的认识，更加清晰地了解金融基础知识涵盖的内容，为本课程及专业的学习打下坚实的基础。

项目一　金融及其对经济的作用分析

知识目标

1. 熟知金融的各种含义。
2. 能够理解金融的现代定义。

能力目标

1. 能够结合金融概念的学习，分析现实金融问题。
2. 能够理论联系实际，分析金融与经济的关系。

案例导入

鲁滨逊的故事

金融讨论的问题是人们在不确定条件下如何进行资源的跨期分配。为了解释这一问题，先讲述一个经济学家历来钟爱的人物——鲁滨逊的故事。

故事从鲁滨逊在沉船的残骸中取回了最后的一些谷子开始。他必须现在就消费其中的一部分，否则立刻就会饿死；但又不能图一时享受把谷子全部吃光，还必须拿出一部分用于耕种，期待来年有所收获以维持生计。到此为止，一切都还好，就像经济学教科书中描写的那样有条不紊。但很快鲁滨逊遇到一个新问题：在他耕种的已经很熟悉的那块土地上，每年的产出量都是一个不太多的固定数目，他对此不太满意。一次在岛东边巡视时，他发现了一片看上去非常肥沃的冲积平原。他估计如果把谷子播种在这块土地上，来年可能会有更好的收成。但是，他对此又没有十分的把握，如果把所有的种子都投放在这个风险项目上，而又不幸出了什么差错的话，就会辛辛苦苦一年，到头来仍然难逃饿死的命运。

现在问题复杂了，鲁滨逊必须同时决定现在消费多少谷子、投放多少谷子在原来的土地上，又投放多少谷子在有风险的土地上。换句话说，作为消费者的鲁滨逊必须决定如何跨期地在不确定的环境下，把资源最优地配置给同时又是生产者的鲁滨逊（这纯粹是一个巧合，如果要同星期五进行谈判的话，问题还要复杂——这同时也说明这种资源配置还包括有空间方面的内容）。这就是金融所要解决的核心问题。按照现代金融理论的术语，鲁滨逊要求解一个终身的跨期最优消费/投资决策问题。

资料来源：邵宇．微观金融学及其数学基础．北京：清华大学出版社，2003.

问题：

如何理解金融的含义？

任务一　解析金融的内涵

金融到底是什么，如果研究一下，就会发现其表述林林总总，重点各不相同。但是，归纳这些表述，大致可分为“资金融通论”、“金融资源论”、“金融产业论”、“金融工具论”、“金融媒介论”等类型。其中，“资金融通论”的历史最为久远，影响最为深刻，词典、教科书中的金融定义基本来自于此。其他的主要论点是“资金融通论”的延伸或拓展。

知识链接

金融的含义

1. 资金融通论

“资金融通论”者认为，金融就是货币资金的融通，是指通过货币流通和信用渠道以融通资金的经济活动。1915 出版的《辞源》对金融的解释是“今谓金钱之融通曰金融，旧称银根”。1920 年，北洋政府“整理金融公债”中的“金融”专指通过信用中介的货币资金融通。1936 年出版的《辞海》对金融的解释为：“monetary circulation 谓资金融通之形态也，旧称银根。”1979 年出版的《辞海》对金融的解释为：“货币资金的融通，一般指与货币流通与银行信用有关的一切活动。”国外对金融的解释见1986 版韦伯高级英语词典，其将金融“FINANCE”定义为：“The system that includes the circulation of money，the granting of credit，the making of investments，and the provision of banking facilities.”

2. 金融资源论

“金融资源论”者认为，金融是人类社会财富的索取权，是货币化的社会资产，是有限的或稀缺的资源，是社会战略性资源。该定义为金融资源的配置理论奠定了基础，但其只注意到金融的静态意义，而忽视了金融过程和功能。

3. 金融产业论

“金融产业论”者对金融的界定更多地强调了金融是经济系统的一个平等的组成部分，认为金融是与国民经济其他产业部门平行的产业部门。金融产业是指以经营金融商品和服务为手段，追求利润为目标，市场运作为基础的金融组织体系及运行机制的总称。

4. 金融工具论或金融媒介论

“金融工具论”者认为，计划经济中金融是计划工具，市场经济条件下则是宏观调控手段，强调了金融的功能，却忽视了其作用的主动性和先导性。金融媒介论者的金融概念则认为，金融是媒介经济运行的虚拟系统。

◇ **课堂讨论**

阅读以上内容并结合现实，您如何理解金融？

编者认为，界定“金融”的概念，首先涉及的问题是由汉字“金”和“融”组成的“金融”与英语“FINANCE”的语义区别与选择问题。我国著名的金融学家黄达和曾康霖教授分别对二者的词义与关系，做了详细的、权威性的讨论。其基本结论是汉语的“金融”有宽、窄两个口径：宽口径是泛指银行、保险、证券、信托及相关活动；窄口径则把“金融”界定在资本市场运作与金融资产供给与价格形成的领域。而英语中的“FINANCE”则有宽、中、窄3个口径：宽口径是指一切与钱有关的活动，不仅包含了汉语的金融，而且还包括了“政府财政”、“公司财务”、“家庭理财”等与汉语金融泾渭分明的概念；窄口径则专指资本市场，尤其是股票市场；中口径是指银行、证券公司、保险公司、储蓄协会、住宅贷款协会，以及经纪人等中介服务等。由此可见，汉语金融的宽、窄口径分别相当于英语“FINANCE”的中、窄口径，而宽口径的“FINANCE”则是我国“政府财政”、“公司财务”、“家庭理财”和“金融”的总称。

在此基础上，金融有以下两层含义。

第一层含义是从货币流动的角度看，金融就是资金的融通，金融是货币流通和信用活动，以及与之相联系的经济活动的总称。它又包括广义与狭义两种。

(1) 广义的金融泛指一切与货币融通有关的经济活动。其内容可概括为货币的发行与回笼，存款的吸收与付出，贷款的发放与回收，金银、外汇的买卖，有价证券的发行与转让，保险、信托、国内和国际的货币结算等。

(2) 狭义的金融专指信用货币的融通。金融是信用货币出现以后形成的一个经济范畴，在现代市场经济条件下，主要是指货币的借贷，也就是货币+信用，货币通过信用的方式实现了融通功能。

第二层含义是从经济的本意看，因为经济的核心就是研究资源的配置，而金融就是实现资源跨时间、跨空间配置的手段。

知识链接

陈志武：金融是什么

到今天，按照我的定义，金融的核心是跨时间、跨空间的价值交换，所有涉及价值或收入在不同时间、不同空间之间进行配置的交易都是金融交易。金融学就是研究跨时间、跨空间的价值交换为什么会出现，如何发生、怎样发展，等等。

例如，“货币”的出现首先是为了把今天的价值储存起来，等明天、后天或未来任何时候，再把储存其中的价值用来购买别的东西。但是，货币同时也是跨地理位置的价值交换，今天你在张村把东西卖了，带上钱，走到李村，你又可以用这钱去买想要的东西。因此，货币解决了价值跨时间的储存、跨空间的移置问题。货币的出现对贸易、对商业化的发展是革命性的创新。

像明清时期发展起来的山西“票号”，则主要以异地价值交换为目的，让本来需要跨地区运物、运银子才能完成的贸易，只要送过去山西票号出具的“一张纸”即汇票就可以了。其好处是大大降低了异地货物贸易的交易成本，让物资生产公司、商品企业把注意力集中在其具有特长的商品上，把异地支付的挑战留给票号经营商，体现各自的专业分工。在交易成本降低之后，跨地区贸易市场得到了快速发展。

相比之下，借贷交易是最纯粹的跨时间价值交换，你今天从银行或从张三手里借1万元，先用上，即所谓的“透支未来”，明年或5年后，你再把本钱加利息还给银行或还给张三。对银行和张三来说，则正好相反，他们把今天的钱借出去，转移到明年或5年后再消费。

到了现代社会，金融交易已经超出了以上几种简单的人际交换安排，要更加复杂。例如，股票所实现的金融交易，表面上看也是跨时间的价值配置，购买者今天买下三一重工的股票，把今天的价值委托给了三一重工（和市场），今后再得到投资回报；三一重工则先用上购买者投资的钱，今后再给予回报。购买者和三一重工之间就这样进行价值的跨时间互换。但是，这种跨时间的价值互换又跟未来的事件连在一起。也就是说，如果三一重工未来赚钱了，它可能给购买者分红；但是如果未来不赚钱，三一重工就不必给购买者分红，购买者就有可能血本无归。所以，股票这种金融交易也是涉及既跨时间、又跨空间的价值交换，这里所说的“空间”是指未来不同盈利/亏损状态，未来不同的境况。

当然，对金融的这种一般性定义可能过于抽象，这些例子又好像过于简单。实际上，在这些一般性定义和具体金融品种上，人类社会已经推演、发展出了规模庞大的各类金融市场，包括建立在一般金融证券之上的各类衍生金融市场，所有这些已有的及现在还没有但未来要创新发展的金融交易品种，不外乎是为类似于上述简单金融交易服务的。金融交易范围从起初的以血缘关系体系为主，扩大到村镇、到地区、到全省、到全国，再进一步扩大到全球。

资料来源：陈志武．金融的逻辑．北京：国际文化出版公司，2009.

◇ **同步检测（判断题）**

1. 金融就是资金的融通。（　）
2. 汉语的“金融”与英语“FINANCE”的含义完全一样。（　）

任务二　了解金融对经济的作用

一、金融对经济发展的促进作用

健康有效发展的金融能积极促进经济的发展。

（一）金融在现代经济中处于核心地位，经济的发展离不开金融

金融在现代经济中的核心地位，是由其自身的特殊性质和作用决定的。现代经济是市场经济，市场经济从本质上是一种发达的货币信用经济或金融经济，它的运行表现为价值流导向实物流，货币资金运动导向物质资源运动。如果金融运行得正常有效，货币资金的筹集、融通和使用就充分而有效，社会资源的配置也就合理，对国民经济走向良性循环所起的作用

也就明显。

（二）金融是现代经济中调节宏观经济的重要杠杆

现代经济是由市场机制对资源配置起基础性作用的经济，其显著特征之一是宏观调控的间接化。而金融在建立和完善国家宏观调控体系中具有十分重要的地位。金融业是联结国民经济各方面的纽带，它能够比较深入、全面地反映成千上万个企事业单位的经济活动，同时，利率、汇率、信贷、结算等金融手段又对微观经济主体有着直接的影响，国家可以根据宏观经济政策的需求，通过中央银行制定货币政策，运用各种金融调控手段，适时地调控货币供应的数量、结构和利率，从而调节经济发展的规模、速度和结构，在稳定物价的基础上，促进经济发展。

（三）在现代经济生活中，货币资金沟通整个社会经济生活的命脉和媒介

现代一切经济活动都离不开货币资金运动。从国内看，金融连接着各部门、各行业、各单位的生产经营，联系每个社会成员和千家万户，成为国家管理、监督和调控国民经济运行的重要杠杆和手段；从国际看，金融成为国际政治、经济、文化交往，实现国际贸易、引进外资、加强国际间经济技术合作的纽带。

二、金融对经济发展的阻滞作用

事物都具有两面性，金融促进经济发展的同时，也对经济产生负面作用，甚至破坏作用。

（一）金融活动中的不确定性使金融风险客观存在

金融业是高负债经营的产业，自有资金所占比重小，资金来源主要依靠将其对零散储户的流动性负债转化为对借款人的非流动性债权来实现。因此，其稳定需要两个前提条件：① 储蓄者对金融机构有信心；② 金融机构对借款人的筛选和监督高效。而满足这两个条件是非常困难的。因此，金融风险就客观存在。

◇ 想一想

风险是什么？您知道有哪些金融风险？

一方面，由于市场信息的不对称性和市场经济主体对客观认识的有限性，即使银行经营稳健，储户能认识到全体不挤兑更利于集体利益，但在面临“囚徒困境”时仍可能为降低预期风险而参与挤兑；另一方面，由于存在机会主义倾向，金融机构管理者趋于采用高风险、高收益的投机策略，以致金融资产质量下降。同时，贷款者也可能采用不正当手段，如欺骗、违背合约和钻制度的空子来不合理占用资金，致使金融机构对借款人的监督有限。

知识链接

囚徒困境

囚徒困境的故事是两个嫌疑犯作案后被警察抓获，分别关在不同的屋子里接受审讯。警察知道两人有罪，但缺乏足够的证据。警察告诉每个人：如果两个人都抵赖，各判刑 1 年；如果两个人都坦白，各判刑 8 年；如果两个人中一个人坦白而另一个人抵赖，坦白的人放出

去，抵赖的人判刑10年。于是，每个囚徒都面临两种选择：坦白或抵赖。然而，不管同伙选择什么，每个囚徒的最优选择是坦白：如果同伙抵赖、自己坦白的话，可以被放出去，不坦白的话被判刑1年，坦白比不坦白好；如果同伙坦白、自己坦白的话，被判刑8年，不坦白的话被判刑10年，坦白还是比不坦白好。结果，两个嫌疑犯都选择坦白，各判刑8年。如果两个人都抵赖，各判刑1年，显然这个结果最好。但这个帕累托改进办不到，因为它不能满足人类的理性要求。囚徒困境所反映的深刻问题是，人类的个人理性有时能导致集体的非理性——聪明的人类会因为自己的聪明而作茧自缚。

（二）金融的广泛渗透性、扩散性使金融风险具有很强的传染性

首先，金融机构作为储蓄和投资的信用中介组织，它的经营失策必将连锁造成众多储蓄者和投资者蒙受损失。其次，银行创造存款货币扩张信用的功能也令金融风险具有数倍扩散的效应。再次，银行同业支付清算系统把所有银行联系在一起，任意一家银行的支付困难都可能酿成全系统的流动性风险。最后，信息不对称会使某一金融机构的困难被误认为整个金融业的危机，从而引发恐慌。金融的这些特殊性令其风险相对其他行业而言，具有快速、面广的特点，使局部性金融困难能快速演变成全局性金融动荡甚至经济危机。

（三）金融的全球化易使局部的金融危机演变成全球的金融危机

全球经济金融一体化、国际金融市场的迅猛发展，以及科技进步使各地区金融资源融合和互动的规模加大、速度加快，一国或一个地区的金融风险能很快传染到别国或别的地区。与此同时，信用存在的有借有还、借新还旧、贷款还息等特点，以及银行垄断或政府干预等外在因素又很容易将其掩盖，使其得不到及时解决并日益严重，待到这种金融风险渐进累积到一定程度才爆发时，就已演变成金融危机，并加剧对经济和社会的破坏。1997年亚洲金融危机和2008年美国次级房贷债券危机最终演变成全球性金融危机。其对世界经济造成巨大的破坏，使很多国家的经济到现在为止还没有从经济危机的泥潭中恢复过来。

因此，金融对经济发展的影响是双重的。它既能极大地支持经济发展，又使客观存在的金融风险演变成金融危机，破坏经济发展的可能性和严重性加大。合理地发展金融能促进经济发展，更利于化解金融风险，预防和抑制其对经济发展的阻滞作用。特别是对于发展中国家来说，要赶超发达国家，充分正确地用好“金融”这一杠杆，稳健发展金融尤为重要。

◇ 同步检测（判断正误并说明理由）

1. 金融对经济来说是一柄双刃剑。 （ ）
2. 金融对经济只有积极的作用。 （ ）
3. 只要发展金融就会有经济危机。 （ ）

项目二 金融体系概述

知识目标

1. 理解金融体系的含义。
2. 理解金融体系在现代经济中的作用。

3. 掌握金融体系的构成。

能力目标

1. 能够联系实际，初步分析我国的金融体系。
2. 能够联系实际，初步分析金融体系的功能。

案例导入

花旗公司和旅行者集团的合并

1998 年 4 月 6 日，美国花旗银行（Citibank）的母公司花旗公司（Citicorp）和旅行者集团（Travelers Group）宣布合并，这一消息给国际金融界带来了极大的震动。这次合并之所以引人注目，不仅仅是因为其涉及 1 400 亿资产而成为全球最大的一次合并，更重要的是，一旦这次合并得到美国联邦储备委员会的批准，合并后的实体将成为集商业银行、投资银行和保险业务于一身的金融大超市，从而使“金融一条龙服务”的梦想成为现实。

花旗公司原为全美第一大银行，1996 年美国化学银行和大通曼哈顿银行合并后，屈居次席。旅行者集团是一家总部设在纽约的老字号保险金融服务公司，是道琼斯 30 种工业股票中的一员。早期以经营保险业为主，在收购了美邦经纪公司后，其经营范围扩大到投资金融服务领域。1997 年年底又以 90 多亿美元的价格兼并了所罗门兄弟公司，成立了所罗门—美邦投资公司，该公司已居美国投资银行的第二位。至此，旅行者集团的业务已包括投资服务、客户金融服务、商业信贷和财产及人寿保险业四大范围。

合并后的新公司将命名为“花旗集团”（Citigroup）。旅行者集团首席执行官斯坦福·韦尔和花旗公司董事长约翰·里德同时担任花旗集团董事会主席。根据协议，旅行者集团的股东将以 1 股换新公司 1 股，花旗公司的股东将以 1 股换新公司 2.5 股的方式获得新公司的股份。合并完成后，原来的两家公司各持新公司股份的 50%。根据两家公司原来的财务及业绩计算，新组成的花旗集团 1997 年的资产为 7 000 亿美元，流通股市值超过 440 亿美元。以市值而言，是全球最大的金融服务公司，新组成的花旗集团将集中于传统的商业银行业务、消费者信贷、信用卡业务、投资银行业务、证券经营业务、资产管理业务，以及地产保险和人寿保险等业务。韦尔说，新集团将成为一家经营全球多元化消费者金融服务的公司、一家杰出的银行、一家全球性资产管理公司、一家全球性投资银行和证券交易公司、一家具有广泛经营能力的保险公司。

花旗公司和旅行者集团合并的消息在世界金融界引起了巨大的震动。欧洲、日本对此极为不安，欧洲舆论呼吁欧洲金融界尽快采取类似的兼并行动，以防止美国金融界独霸全球；日本认为，花旗集团的出现使日本中小银行面临更为严峻的生存压力，同时也将冲击亚洲金融界。可以预料，花旗集团的出现将在美国乃至世界的银行与金融服务公司之间引起新一轮的兼并和合并浪潮，从而形成更多业务广泛的金融集团公司。

问题：

现代金融体系发展演变的原因是什么？

任务一　了解金融体系的含义与构成

一、直接融资与间接融资

（一）直接融资

资金短缺单位通过向资金盈余单位出售股票、债券等初级证券而直接获得所需资金；资金盈余单位通过购买并持有这些索取权凭证而获得未来的本息收入（债券）或股息分红（股票）。

直接融资的优点是可以节约交易成本。其缺点是：（1）要求投资者具有一定的金融投资专业知识和技能；（2）投资者要承担较大的投资风险；（3）投资者需要花费大量的搜集信息、分析信息的时间和成本；（4）融资数量、期限难以匹配；融资的门槛比较高。

知识链接

初级证券

初级证券（Primary Security）又称直接证券（Direct Security），是指非金融机构如政府、工商企业乃至个人所发行或签署的公债、国库券、债券、股票、抵押契约、借款合同及其他各种形式的票据等。直接金融市场所创造的证券被称为直接证券。

（二）间接融资

间接融资是资金短缺单位与盈余单位并不发生直接的融资关系，而是通过银行等金融中介机构发生间接的融资关系。金融中介机构通过发行自己的次级证券（包括存单、支票、储蓄账户、保险单等）从资金盈余者那里获得资金，再通过购买资金短缺者的初级证券（贷款合同、债券、股票等）向其提供资金。

金融中介机构在此不是作为代理人而是作为独立的交易主体，必须自己承担发行次级证券和购买初级证券的盈利和亏损，即自己承担其相应的风险，获得相应的利差收益。金融中介机构发行的次级证券种类很多，以适应不同投资者的需要。

间接融资的优点：① 容易实现资金供求期限和数量的匹配；② 有利于降低信息成本和合约成本；③ 有利于通过分散化来降低金融风险。

间接融资的局限性：① 主要是由于资金供给者与需求者之间加入金融机构为中介，隔断了资金供求双方的直接联系，在一定程度上减少了投资者对投资对象经营状况的关注和筹资者在资金使用方面的压力与约束；② 对需求方来说，增加了筹资成本，对供给方来说，降低了收益；③ 社会资金运行和资源配置的效率较多地依赖于金融机构的素质；④ 由于间接融资的监管比较严，对新兴产业、高风险项目的融资要求，一般难以及时、足量满足。

知识链接

次级证券

次级证券是指在间接融资过程中，金融中介机构自己发行的债务凭证，（包括存单、支票、储蓄账户、保险单等）以便从资金盈余者那里获得资金。

它们的共同特点是具有较小的违约风险，因而得到广大的中小投资者，特别是个人投资者的欢迎。这就为金融中介机构通过发行次级证券来筹集大量资金提供了可能。

二、金融体系的含义

金融就是资金的融通。资金在社会间流动的融通方式大体可分为直接金融与间接金融两种方式。在每一种方式中，金融中介和市场发挥的作用是不同的。在德国与日本，以间接融资为主，几家大银行起支配作用，资本市场并不重要。而在美国，其金融市场的作用非常大，银行起的作用很小。不管何种融资方式，都会涉及金融市场、金融机构和金融工具等，这就构成了一个复杂而庞大的金融体系。

一般来说，金融体系或金融系统是指由各种金融工具、机构、市场和制度等一系列金融要素构成的综合体，也是这些金融要素为实现资金融通功能而组成的有机系统。通过吸收存款、发放贷款、发行证券、交易证券、决定利率、创造金融产品并在市场中流通等一系列的金融行为，这个庞大的有机体不仅满足支付的需要，而且也满足资金需求者融入资金、资金富裕者融出资金的需要。而后者已经成为现代金融体系最基本的功能。

三、金融体系的构成要素

金融体系作为各种金融要素有机组合的一个整体，它的功能是这些构成要素综合作用的结果。构成金融体系的基本要素主要包括作为交易对象的金融资产或金融工具、作为金融中介和交易主体的金融机构、作为交易场所的金融市场、作为交易活动的组织形式和制度保障的金融体制与制度。

（一）金融资产或金融工具

金融资产是一种未来收益的索取权，通常以凭证、收据，或者其他法律文件表示，由货币的贷放而产生。发行或出售金融资产可使发行人或转让者获得资金，购买并持有金融资产可能给购买者和持有人带来未来收益。金融资产是实现资金融通的工具，所以金融资产又是金融工具。

（二）金融机构（交易中介）

金融机构又称金融中介机构。其基本功能是在间接融资过程中作为连接资金需求者与资金盈余者的桥梁，促使资金从盈余者流向需求者，实现金融资源的重新配置。

金融机构作为金融中介，一方面通过发行自己的金融资产（存单、债券和股票）来筹集资金；另一方面又通过提供贷款或购买债券、股票向资金需求者提供资金。

（三）金融市场（交易场所）

金融市场的含义有广义和狭义之分。

狭义的金融市场是金融资产交易的场所。广义的金融市场是泛指金融资产的供求关系、交易活动和组织管理等活动的总和。

早期的金融市场为有形市场。随着现代电子通信技术和网络技术的迅速发展，现代金融市场正在向无形市场方向发展。金融市场是在不断发展完善的。金融市场的发育程度直接影响金融体系功能的发挥，因此其发育程度也是一国金融体系发育程度的重要标志。

（四）金融制度（交易规则）

金融制度是有关金融活动、组织安排、监督管理及其创新的一系列在社会上通行，或者被社会采纳的习惯、道德、戒律和法规等构成的规则集合，同时也是与金融市场、金融组织和金融活动相关的各种规则的总和。金融制度是金融运行的行为规范和制度保障。

◇ 同步检测（判断题）

1. 直接融资优于间接融资。（ ）
2. 金融制度是金融体系的硬件。（ ）
3. 金融体系与金融机构体系完全是一回事。（ ）

任务二　理解金融体系的功能

将金融体系的基本经济功能归纳起来，可以概括为以下6个方面。

一、商品、劳务和资产交易的支付手段

一个国家或地区对交易者之间的债权与债务关系需要由支付清算来完成。一个有效的交易和支付系统，可以大大降低社会交易成本，促进社会专业化的发展，并大大提高生产效率和技术进步。缺乏这一系统，高昂的交易成本必然与经济低效率相伴。所以说，现代支付系统与现代经济增长是相伴而生的。

具体的支付清算体系主要包括中央银行的实时全额支付系统、以商业银行为主体的社会零售支付系统，以及为特定（商品、金融）市场提供清算服务的清算系统。支付清算体系在金融体系中居于基础性的地位，通过提供必要的资金转移机制和风险管理机制，促进各类经济金融活动的稳定运行、效率提升和持续创新。

二、资金的融通功能

资金的融通功能是金融体系最基本的功能。金融体系中的金融市场和银行中介通过采用各种金融工具与金融服务，可以为分散的社会资源提供一种聚集功能，为个人、家庭参与大规模的投资提供机会，从而发挥资源的规模效应。同时，金融系统提供的流动性服务，可以有效地解决长期投资的资本来源问题，为长期项目投资和企业股权融资提供了可能，为技术进步和风险投资创造出资金供给的渠道。

三、股权细化功能

金融体系的股权细化功能可以将无法分割的大型投资项目划分为小额股份，不仅扩展了大型企业或项目的融资范围，也使中小投资者能够有机会参与这些大型项目的投资。

四、风险管理功能

金融体系的风险管理功能要求金融体系为中长期资本投资的不确定性即风险进行交易和定价，形成风险共担的机制。由于存在信息不对称和交易成本，金融系统和金融机构的作用就是对风险进行交易、分散和转移。如果社会风险不能找到一种交易、转移和抵补的机制，

社会经济的运行不可能顺利进行。

五、激励功能

激励机制是经济运行的发动机，没有激励，经济就缺乏动力。而金融体系通过各种利益机制成功地调动经济主体的积极性，促进经济的发展。

六、为信息不对称问题的解决提供了办法

一个功能良好的金融体系能有效地解决由于交易双方信息不对称而引起的逆向选择和道德风险问题。这些问题可能会妨碍企业所有权和管理权（当事人和代理人）的有效分离，也会给借贷双方达成互惠互利的协议带来不良影响。人们把这些问题统称为委托代理问题。金融中介可以将由于信息不对称造成的利益上的重大损失降到最低水平。例如，银行在发放贷款时必须掌握借款人的详细资料，特别是财产方面的详细资料，才能决定是否贷款。如果借款人想直接向公众举债，其必须公开这些资料。然而，出于竞争等原因，借款人一般不愿意公开这些信息。于是，银行对借款人提供的信息保密，并使投资者确信，利用他们的资金发放的贷款有利可图，这就解决了信息不对称的问题。另一种机构，如美国的一些风险资本公司也提供类似的中介服务，向新建企业同时提供贷款和资金。

知识链接

金融市场中的逆向选择问题

在金融市场中，一方往往由于不能掌握对方足够的信息，从而不能作出准确的决定，这种情况称为信息不对称。信息不对称在金融制度上造成的问题可能发生在两个阶段：交易前和交易后。

逆向选择的问题是因为交易前的信息不对称所导致的。金融市场上的逆向选择是指那些最有可能造成不利后果即造成信贷风险的借款人，常常就是那些寻找贷款最积极，而且是最可能得到贷款的人。由于逆向选择的后果是导致贷款的信用风险，贷款人往往会选择不发放任何贷款，即使市场上有信贷风险很小的选择。

现通过一个例子来说明为什么逆向选择会发生。假设你有两位姑妈：希拉姑妈和路易斯姑妈。她们俩是你潜在的贷款对象。路易斯姑妈是一个很传统的人，她只在对投资的回报很有把握的时候才会寻求贷款；相反，希拉姑妈是一个敢于冒险的人，她刚好碰到了一个可以迅速致富的投资项目，只要她借入1 000美元进行投资，她就可能成为一个百万富翁。不幸的是，像大多数可以迅速致富的投资项目一样，这个投资项目的风险极高，希拉姑妈很可能会血本无归，她极有可能无法偿还贷款。

如果你对这两位姑妈都非常了解，也就是说，不存在信息不对称的问题。毫无疑问，你将了解到给希拉姑妈贷款的高风险，也就不会给希拉姑妈贷款。然而，假设你并不是十分了解你的姑妈们，你更有可能会给希拉姑妈贷款而不是给路易斯姑妈贷款，因为希拉姑妈会付出很大的努力来获得你的贷款支持。

◇ 同步检测（判断题）

1. 支付手段是金融体系最基础的功能。 （ ）

2. 融资手段是金融体系最基本的功能。 ( )

3. 股权细化功能是金融体系发展的结果。 ( )

项目三 金融学的内容、意义与方法

知识目标

1. 懂得学习金融学的意义。
2. 掌握金融学的框架。
3. 掌握学习金融学的方法。

能力目标

1. 能够理解金融学的内容。
2. 能够自觉运用学习金融学的方法。

任务一 懂得学习金融学的意义

学习金融学的意义可以从以下 3 个方面来理解。

一、金融学研究的范畴在经济生活中具有极端重要性

金融学是一门研究金融领域各要素及其基本关系与运行规律的经济科学。在现代市场经济中，每一个家庭或个人、各类经济单位几乎每天都要接触货币，都要同金融打交道；任何商品都需要用货币来计价，任何购买都要用货币来支付；人们与以银行为代表的金融机构有各种经济关系，如存款、取款、付款，申请各种生产经营性贷款或消费贷款，办理各种保险，购买有价证券，等等；报刊、电视、电台每天都要报道股票行情、外汇牌价、借贷利率等各种金融信息。

总之，现代社会的一切经济活动都要借助货币信用形式来完成，一切经济政策和调控措施也都要通过货币金融手段来发挥作用。在这种经济社会里，货币、信用、金融机构、金融市场、金融总量、金融调控与监管、国际金融等金融学所包括的基本范畴具有极端的重要性，金融学就是专门研究这些范畴的学科。因此，只有通过学习金融学，才能掌握、理解和分析研究这些重要的金融范畴。

二、现实生活中遇到的种种问题，需要通过学习金融学获得科学的认识

在改革开放的新时期，产生了许多新问题、新矛盾，这些新问题、新矛盾或多或少都与金融有千丝万缕的联系。如何看待这些问题、解决这些问题是摆在人们面前的一个重大课题。因此，迫切需要通过金融学的系统学习，掌握相关的基本概念、基本知识和基本原理，把握金融运行的内在联系和规律，找到科学认识和探索金融问题的入门钥匙，研究并解决我国现实中的诸多经济和金融问题。

三、学习金融学可以为深入学习各门经济类课程奠定理论基础

由于货币、信用、银行等金融因素已经渗透于现代经济生活的方方面面，各门其他经济学科的课程中都会涉及金融学的基本概念、基本知识和基本原理，也都与金融学的理论相关联，如经济学、财政学、会计学、经济管理学等，学好和掌握金融学的基本理论对于学习这些经济类课程大有帮助。

任务二　理解金融学的内容

一、金融学的框架

金融学的涵盖面很宽，凡与金融相关的范畴几乎都包含在内。金融学的框架结构可用图1－1表示。

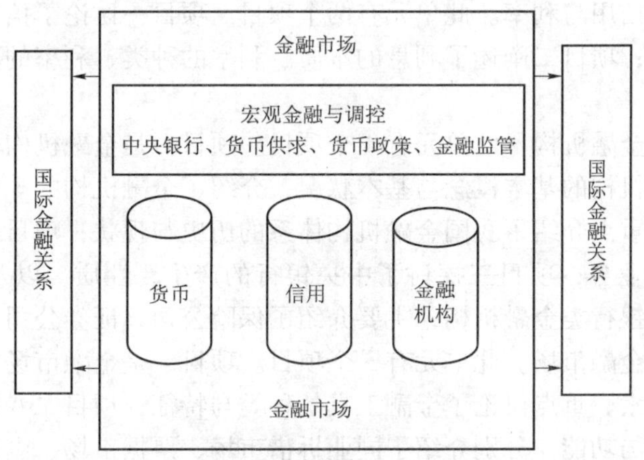

图1－1　金融学的框架结构

对于图1－1的基本框架结构，大致可用16字概括："三根支柱，一个空间，上有调控，外有扩展"。

"三根支柱"是指货币、信用和金融机构，这是支撑整个金融学大厦的3个基本范畴。"一个空间"是指金融市场，在市场经济体制中，货币的运动和各种信用活动都是以金融市场为空间进行的。在早期，以银行为代表的各种金融机构的经营活动也离不开金融市场，货币、信用、银行的市场活动构成了微观的金融运作，金融学的范畴仅此而已。随着资本市场的兴起，新的金融机构的产生给传统货币信用活动增添了新的活力，注入了新鲜的血液。

"上有调控"是指宏观上的货币供求等金融总量分析。其主要内容是一国政府如何利用货币政策调控货币的供求，防止通货膨胀与通货紧缩，保持经济的平衡与增长，同时加强金融监管，防范金融风险。这些范畴构成了宏观的金融运作，是金融发展到一定阶段才出现的，并随着金融的发展而不断完善，成为现代金融和现代经济体系不可或缺的有机部分。

"外有扩展"是指国际金融关系，如国际货币关系、国际收支、外汇、汇率、国际储

备、国际金融机构、国际金融市场等，这些范畴最初产生于国际贸易之中，是随着商品生产和流通的国际化、经济发展的国际化而不断发展充实的。

二、金融学的主要学习内容

根据金融学的基本框架结构，在编写教材时按照历史的和逻辑的顺序分别进行阐述，学习的内容分为8个单元。

第一单元：走进金融学。此单元属于导论部分，主要有3个项目内容。项目一解析了金融的概念，分析金融对经济的作用。项目二概述整个金融体系。项目三包括3个任务，主要指出3个问题：为什么学，学什么，如何学。

第二单元：揭秘货币与货币制度。此单元主要有两个项目。项目一探讨了货币的起源与货币形式的演进、货币的功能及本质等问题；项目二介绍了货币制度的基本内容及我国的货币制度。这一单元讨论的是金融学的第一个基本要素——货币范畴的基本概念和基本理论问题。

第三单元：评析信用与利率。此单元有两个项目。项目一讨论了信用的含义、信用的产生与发展、信用形式；项目二阐述了利息的本质、利率的种类、利率的决定与影响因素、利率的作用等问题。

第四单元：透析金融机构。此单元有4个项目。项目一是金融机构概述，讨论金融学的第三个要素——金融机构的基本概念与基本状况，介绍了金融机构的产生与功能、金融机构体系的构成与发展，重点介绍了我国金融机构体系的历史与现状；项目二讨论商业银行的职能和商业银行的主要业务；项目三探讨了中央银行的产生、性质，以及中央银行的基本业务；项目四概述了非银行类金融机构，主要介绍了保险公司、证券公司和信托机构的概况。

第五单元：俯瞰金融市场。此单元有3个项目。项目一是金融市场与金融工具，阐述了金融市场及其各种要素，重点讨论了金融工具的种类与特征；项目二专门讨论货币市场，阐述了货币市场的特点与功能，分别介绍了同业拆借市场、票据市场、国库券市场、回购协议市场的构成要素和运作原理；项目三专门讨论资本市场，分析了资本市场的特点与功能，介绍了证券发行市场和证券流通市场的交易程序与组织方式，最后简单介绍了其他类型的金融市场。这一单元与其他单元都有密切的关系，是整个金融运作的空间，也是各种金融要素集合的场所。

第六单元：剖析通货问题。此单元包括两个项目。项目一介绍通货膨胀的含义、衡量、分类、原因及其治理；项目二介绍通货紧缩的含义、衡量、分类、原因及其治理。

第七单元：解析货币供求与货币政策。此单元包括两个项目。项目一在界定货币需求含义的基础上重点讨论了货币需求的决定问题，介绍了的几种主要的货币需求理论，然后阐释了现代信用货币供给的基本概念，从中央银行与基础货币的提供、商业银行与存款货币的创造、货币乘数的主要决定与影响因素等方面展开详细的分析；项目二界定了货币政策的含义、分析了目标，并且论述了货币政策的运作。

第八单元：外汇与外汇交易。此单元包括两个项目。项目一概述了外汇与汇率的主要内容；项目二剖析了外汇市场和外汇交易的方式。

知识链接

金融学的产生与演变

金融学在古代不是独立的学科，现代金融学（Finance）是从经济学中分化出来的应用经济学科。金融学作为一门独立的学科，最早形成于西方，被称为“货币银行学”。金融学以融通货币和货币资金的经济活动为研究对象，具体研究个人、机构、政府如何获取、支出和管理资金，以及其他金融资产的学科。而现代金融学的中心点是资本市场的运营、资本资产的供给和定价。金融学家罗斯概括了现代金融的四大课题：有效率的市场、收益和风险、期权定价理论和公司金融。罗斯的观点集中体现了西方学者界定“Finance”倚重微观内涵及资本市场的特质。

近代中国的金融学是从西方介绍来的，有从古典经济学直到现代经济学的各派货币银行学说。20 世纪 50 年代末期以后，“货币信用学”的名称逐渐被广泛采用。这时，开始注意对资本主义和社会主义两种社会制度下的金融问题进行综合分析，并结合中国实际提出了一些理论问题加以探讨，如人民币的性质问题，货币流通规律问题，社会主义银行的作用问题，财政收支、信贷收支和物资供求平衡问题等。总体来说，在这期间，金融学没有受到应有的重视。

我国改革开放以来，中国的金融学进入了一个新阶段，一方面结合实际重新研究和阐明马克思主义的金融学说，另一方面则扭转了完全排斥西方当代金融学的倾向，并展开了对西方当代金融学的研究和评价；同时，随着经济生活中金融活动作用的日益增强，金融学科受到了广泛的重视，这为以中国实际为背景的金融学创造了迅速发展的有利条件。一般而言，国内学界理解金融学（Finance），主要以货币银行学（Money And Banking）和国际金融（International Finance）两大代表性科目为主线。其原因大致有以下两个方面。其一是在视资本、证券为异类的历史环境下，由政府主导的银行业间接融资是金融实践的中心内容。与此相适应，针对银行体系的货币金融研究成为金融学的绝对主导。其二是发端于 20 世纪 80 年代初的改革开放政策导致对外贸易的发展，国内高校相应大范围开设以国际收支和贸易为核心的“国际金融”（International Finance）专业。

令人尴尬的事实是，基于以上两大学科界定的（国内）金融学，今天看来却恰恰不是 Finance 的核心内容。西方学界对 Finance 的理解，集中反映在两门课程：以公司财务、公司融资、公司治理为核心内容的 Corporate Finance，即公司金融；以资产定价（Asset Pricing）为核心内容的 Investments，即投资学。值得一提的是，国内很多学者将 Corporate Finance 译作“公司财务”或“公司理财”，很容易使人误解其研究对象为会计事项，今后应予修正。总体观之，国内所理解的“金融学”，大抵属于西方学界宏观经济学、货币经济学和国际经济学领域的研究内容。而西方学界所指的 Finance，就其核心研究对象而言更侧重微观金融领域。

任务三 掌握学习金融学的方法

一、以正确的理论指导学习

金融学本身是一门专业基础理论课，这种理论课的学习尤其需要有正确的理论指导，这主要有以下 3 层含义。

（1）在金融学的学习过程中，应该始终以马克思主义的基本原理为指导。

马克思主义的指导性体现在学习金融学过程中应该坚持辩证唯物主义和历史唯物主义，弘扬实事求是的精神，以正确的立场、观点和方法去分析并解决金融问题。

（2）吸收全人类一切有益的文明成果，对人类在货币银行问题上已经取得的共识、经验教训，都应该认真学习和记取。因为，市场经济的运作具有明显的客观性和内在规律性，市场经济中的货币、信用、银行等金融范畴也有基本相同的特征，而金融学作为市场经济中研究货币金融范畴的基本概念和基本原理的学科，应该具有基本的客观性和规律性，这是不以社会制度的差别而转移的。因此，对于人类已经揭示出来的金融学方面的内在规律，包括国外学者在金融学方面的研究成果，不仅不能排斥，而且需要认真学习和掌握，并运用这些客观原理分析和解决我国经济体制转轨过程中的现实金融问题，这正是马克思主义开放式理论框架的要求，是符合实事求是精神的。

（3）立足国情，实事求是，在结合中国实际的过程中来学习和研究金融学，既要理论与实际相结合。学习金融学要与现实相结合，经常阅读报刊、关注新闻、关心时局和经济金融问题，特别是热点问题，激发学习的热情和兴趣，带着现实中的问题来学会事半功倍。例如，为什么我国内需不足时要启用货币政策，为什么我国金融机构现在正推广消费信贷，人民币汇率究竟应该升值还是贬值。带着这些问题来学习货币、信用、商业银行、中央银行、货币供求和货币政策等内容，就有助于理解所学内容，也能够解释现实问题。

二、以科学的思维方式进行学习

（1）尽量避免非黑即白、非对即错的两极式和绝对化的思维方式，遵从社会科学的认识规律。一般来说，经济学与金融学中所概括的基本原理和对规律的认识，通常只符合大数定理，即符合大多数情况，代表一种趋势或倾向，可以存在例外。这一点与自然科学有所不同，这主要是因为社会科学的研究对象和所研究的关系有较大的不确定性。因此，既不能因为存在例外而否定基本原理，也不能用某个结论去解释一切。

（2）检验金融学家或经济学家们的理论、政策主张的唯一标准应该是社会实践，要看经济发展的最终效果。但由于社会科学的特殊性，检验效果的时滞很长，即从最初的理论付诸行动到出现最终效果之间有很长的时间滞后性，在这期间的初始效果和最终效果很可能不一致，因此人们在检验其真理性时并不能简单、直观地看问题。例如，研究通货膨胀对经济发展的影响，如果从通货膨胀初期带来的短暂繁荣效果出发，会得出一个通货膨胀有利于经济发展的结论；但若从长期内将造成经济混乱和衰退这个最终效果来看，就会得出通货膨胀不利于经济发展的结论。因此，经济和金融问题是比较复杂的，这也是金融学的魅力所在，研究经济金融问题需要用各种科学的思维方式和分析方法，如静态与动态的分析，存量与流量的分析，事先、事中和事后的分析，长期和短期的分析等，不要“抓住一点不及其余”，应该注重培养具体问题具体分析和辩证看待问题的习惯。

（3）金融学的研究对象是在不断发展变化的，对于各种金融要素及其关系、运行规律，人们的认识有一个逐步深化、逐步接近客观真理的过程，所以人们的探讨研究也是永无止境的。因此，对金融学范畴的认识也要不断地深化，与时俱进，要用发展的眼光、动态的观念来学习金融学，尽可能多查阅相关的文献资料，从新情况、新素材中去发现问题，用所学的知识去分析问题和解决问题，同学之间、师生之间应该尽量多交流，如就现实金融问题用金融学原理进行讨论或辩论等。树立多元化的思维方式，激发讨论和研究问题的兴趣，才能把金融学的学习引向深入。当然，学习重点和前提还是应该放在基本共识上，掌握基本知识和内在联系是首要任务，如果连基本原理和基本概念都没有把握好，急于切入问题的争论中则弊大于利。

三、养成良好的学习习惯与方法

（1）自学与辅导相结合，以自学为主。教师的讲授、辅导与答疑等教学方式都应该是辅助性的，目的只有一个，就是帮助学生理思路、提要领、抓重点、解难点，是为更好地自学提供帮助的。学习金融学最主要的还是要靠自学，靠自己去读书、领会、掌握和运用。自学的能力是培养出来的，也是一种受益终生的能力，因为随着形势的发展毕业以后还需要终生不断地学习，不可能永远靠老师教，而要学会自己自学，因此从现在开始培养自学能力是非常重要的。

（2）精读和泛读相结合，以精读为主。自学主要是读书。读书有两种基本方法：精读与泛读。精读的益处在于增加深度，泛读的意义在于扩大知识面，二者缺一不可。对于教材和一些专家的名著需要精读，花时间、下功夫去思考和钻研。除此之外，还要泛读一些相关的书刊，如各种金融学的专业书刊和经济学的书刊。因为，金融学是一门基础理论课程，以讲原理为主，具体的实务性、技术性、操作性的内容较少，也很难做到与现实发展同步，如果能泛读一些相关的书刊，扩大知识面，补充新信息，会大大加深理解和掌握的程度。

（3）接受与探索相结合。对于金融学的基本知识，应以接受为主，不能怀疑一切，对人类已取得的文明成果、带有共性和规律性的知识与原理，应该认真学习，不仅要接受，还要掌握和消化，以便今后能自如地应用；而对于金融学所涉及的一些问题，则需要有一种科学求是的精神，勤于思考，勇于探索，不必拘泥或迷信某一本书中的一句话，或者某个专家的一个论点，而需要通过应用基本知识和原理来分析与思考，培养自己分析问题和解决问题的能力。

◇ 同步检测（判断题）

1. 经济学与金融学内容完全不同。（　　）
2. 金融学是经济学的一个分支学科。（　　）

实训任务

一、基础知识实训

（一）单项选择题

1. 直接融资的优点是（　　）。

A. 投资者承担较小的投资风险　　B. 容易实现资金供求期限和数量的匹配
C. 有利于降低信息成本和合约成本　　D. 可以节约交易成本

2. 以下对金融资产的描述不正确的是（　　）。

A. 市场价值稳定　　B. 是一种无形资产
C. 是一种未来收益的索取权　　D. 市场价值受市场供求状况影响

3. 以下对金融体系的功能描述不正确的是（　　）。

A. 提供资金的融通　　B. 为融资各方提供相关信息
C. 实现金融资源的优化配置　　D. 不为政府提供借贷

（二）多项选择题

1. 直接融资的缺点包括（　　）等。

A. 投资者需要花费大量的搜集信息、分析信息的时间和成本

B. 投资者要承担较大的投资风险

C. 不利于通过分散化来降低金融风险

D. 融资的门槛比较高

2. 金融机构可以通过（　　）来筹集资金。

A. 发行存单　　B. 提供贷款　　C. 发行债券　　D. 发行股票

3. 以下阐述正确的是（　　）。

A. 金融市场是金融资产交易的场所

B. 金融市场是金融资产的供求关系、交易活动和组织管理等活动的总和

C. 金融市场的发育程度直接影响金融体系功能的发挥

D. 金融市场为有形市场。

（三）判断题

1. 在现代经济条件下，资金的流动主要是通过金融体系来实现的。（　　）

2. 直接融资的缺点是不利于节约交易成本。（　　）

3. 直接融资有利于降低信息成本和合约成本。（　　）

4. 间接融资的优点是有利于通过分散化来降低金融风险。（　　）

5. 间接融资的优点是投资者需要花费大量的搜集信息、分析信息的时间和成本。（　　）

6. 金融体系最基本的功能是能提供资金的融通渠道。（　　）

7. 金融制度是金融运行的行为规范和制度保障。（　　）

8. 资金短缺单位与盈余单位直接建立融资关系被称之为间接融资。（　　）

9. 间接金融是发展中国家资金融通的主要方式。（　　）

10. 直接金融是发展中国家资金融通的主要方式。（　　）

（四）名词解释

1. 金融体系或金融系统　2. 直接融资　3. 间接融资　4. 金融资产　5. 金融制度　6. 金融　7. 信息不对称　8. 逆向选择

（五）简答题

1. 简述金融的含义。

2. 简述金融体系的含义。

3. 简述金融体系的构成要素。

（六）论述题

1. 金融与经济的关系是什么？

2. 直接融资有哪些优缺点？

3. 金融体系有哪些基本功能？

二、技能实训

（一）课堂讨论

把授课班级分成若干个小组就以下问题展开讨论。

1. 从实际情况出发，讨论对金融的认知。

2. 你的个人收支是否平衡？如果失衡，应如何调整？

3. 你本人或你家人有过金融投资经历吗？

4. 你对当前中国物价变动如何评价？物价变动会对你的生活造成什么影响？

（二）案例分析

阅读以下材料，并回答问题。

金融与国家强弱

在国家层面，过去人们总是认为，国库真金白银越多的国家，就越强大；要借钱花的国家，是弱国。冲击这种观念的是以下这段历史。如果把公元 1600 年左右的国家分成两组，一组是国库深藏万宝的国家，像明朝中国国库藏银 1 250 万两（尽管明朝当时快要灭亡）、印度国库藏金 6 200 万块、土耳其帝国藏金 1 600 万块、日本朝廷存金 1 030 万块；另一组是负债累累的国家，像西班牙、英国、法国、荷兰、各意大利城邦国家。那么，从 400 年前到 19 世纪、20 世纪，哪组国家发展得更好呢？当年国库藏金万贯的国家，除日本于 19 世纪后期通过明治维新而改变其命运外，其他的到今天都还是发展中国家，而当时负债累累的却是今天的发达国家。（今天，中国及其他发展中国家又是外汇储备数万亿美元，而西方发达国家则在金融危机的打击下负债累累。）

美国就是近代最好的例子。美国立国之初就是靠负债幸存下来，而中国历朝之初国库满满，但之后每况愈下，到最后财政危机终结朝代；而美国立国之初就负债累累，之后不断利用债券市场透支未来，透支越来越多，可国力却越来越强。

人们一般熟悉美国于 1776 年 7 月 4 日宣布从英国独立，1787 年的宪法大会通过美国宪法等这些政治史实，但未必了解金融借贷对美国历史的支柱作用。

实际上，宣布独立不久的美国，更大的挑战不是在和英军的战场上，而是在经费的来源上。起初，第一届大陆会议考虑在各州征税，但因上面讲到的原因被很快否决。独立战争开支主要靠以下方面来源：① 由政府发行“大陆币”，在 1775—1780 年间共印了 37 次“大陆币”；② 由大陆会议政府发行债券，1775 年发行首批公债用于买军火；③ 是十三州（殖民地）的份子贡献，由各州自己发行战争债提供；④ 从法国借来的贷款，再就是给士兵、给供货商写欠条。

到 1780 年末，政府债已经没人买了，各州也已弹尽粮绝，不愿再发债奉献了，大多数士兵的服役期到年底就结束，不愿再收欠条作军饷，眼看大陆军就要失败，几乎没有人再愿意接受大陆币。

就在独立运动要告终之际，华盛顿派助理前往法国，成功说服法国国王再借给美国 250 万法国金币。法国贷款没到之前，这一消息让后来成为美国第一任财政部长的亚历山大·汉密尔顿先将其做抵押，立即通过再贷款得到救命钱，让独立军维系到次年 9 月。最终，在法国海军的支持下，大陆军于 1781 年 9 月在南方港口城市约克镇打赢关键一战，从此扭转独立战争的局面，迫使英国于 1783 年 9 月签署《巴黎条约》，承认美国独立。一个年轻的国家就这样靠举债幸存下来。

1790 年 1 月，年纪才 33 岁的财政部长亚历山大·汉密尔顿，向国会递交了一份债务重组计划，宣布在 1788 年宪法通过之前美国发行的所有债务，包括联邦与地方政府发行的各种战争债、独立战争军队签的各类借条，全部按原条款一分一文由联邦政府全额付清。为了兑现承诺，联邦政府发行了3只新债券，头两只债券年息6%（一只于1791年1月开始付息，另一只到1801年才付息），第三只债券只付年息3%。换言之，由这3只可以自由交易的债券取代原来五花八门的战争债，大大简化了新国家的债务局面。

今天来看，汉密尔顿的债务重组举措，好像只是一种简单的债务证券化运作，但是他的天才创新在于，这3只债券埋下了纽约证券交易所，也就是“华尔街”的种子。因为，这些债券从1790年10月上市交易后，加上次年由汉密尔顿推出的“美国银行”（Bank of the United States）股票，立即将市场的力量聚焦在这4只证券，强化价格发现机制，提升流动性，集中展现市场活力。从此，美国资本市场一发不可收，为之后的工业革命、科技创新效劳。（摘编自陈志武教授的新书《金融的逻辑》的序言）

问题：

金融对经济的作用是什么？

停车场存在的信息不对称

从到达北京南站下车后，如果去西停车场打的，那么无论高峰与否，等待的时间都很难短于30分钟，基本上遇到的都是一车难求的局面；如果去东停车场打的，那么会很惊讶地发现，这里的情况和西停车场完全相反。的哥在这里成了买方市场，由人们任意选择乘坐的的士汽车。

简简单单的情况，为什么人们宁愿在西边等待而不愿意到东边来尝试呢？为什么东边那么多的的哥宁愿等待而不愿意到西边来增加供给呢？这其实反映的是一个典型的经济学现象——信息不对称。

“信息不对称”表现为买方和卖方之间的信息不对等，由此造成了市场的缺陷，影响了资源配置的效率。解决信息不对称交易产生了委托—代理关系，交易中拥有信息优势的一方为代理人，不具有信息优势的一方是委托人，交易双方通过信息博弈来达到各自资源配置的目的。

在“东西车场”案例中，进行随机选择的乘客和司机（除非已经知道了两个车场差异的人），都是信息资源的短缺者。在西停车场等待的乘客，无法确定另一个停车场的情况会更好，从机会成本的角度考虑，除非没有参与打车的过程（交易），其博弈的结果只能是继续等待，直到等到的士为止。而对东停车场的司机来说，情况也一样。由于不了解如何能便捷地进入西停车场（据了解，去西停车场的路线极不明显），他们的选择也只能是等待。由此导致了市场失灵产生交易双方的效率降低，都无法获得满意的结果。

信息的拥有方其实是北京南站，本来作为信息的中介方，其完全可以采用指示牌引导或安排专人引导的形式来改变这种状况，提高客流疏通的效率。但由于北京南站的不作为，其结果是乘客和司机都不满意，甚至催生出一部分信息优势者的新角色——黑车司机，扰乱了正常的交易秩序。

在资本市场、金融市场、教育界等方面，都存在着类似的现象，而催生这种现象的原因，更多的是由于具有公共资源支配能力的相关部门的不作为。

问题：

1. 何为信息不对称？
2. 举例说明金融活动中有哪些信息不对称现象？带来了哪些问题？

第二单元

揭秘货币与货币制度

人们天天与货币打交道，生活中一时一刻也离不开货币；人们用货币购买商品和物资、支付劳务费用、缴纳税金、衡量价值或将货币储存起来备用。货币是现代经济生存和发展的重要因素，企业间的经济往来、财政收支、金融机构各项业务的开展，以及国际经济的交往都离不开货币。纵观当今世界各国，虽然社会制度、经济体系、意识形态各不相同，但无一例外地使用货币并建立了与之相适应的货币制度。货币在社会经济中的作用和在经济发展中的特殊功能，决定了人们必须去认真地认识它和研究它。因此，在本单元来揭开货币女神的神秘面纱，弄清楚货币到底是什么，它的作用有哪些，以及它是如何运动的。

项目一　货币的本质与职能概述

知识目标

1. 能够简述货币产生的必然性。
2. 能够描述货币的各种形式。
3. 了解货币的本质。
4. 熟知货币的基本职能。

能力目标

1. 能够分析货币产生的必然性。
2. 能够具体分析货币的本质。
3. 能够结合现实生活，分析货币的职能。

案例导入

战俘营里的货币

第二次世界大战期间，在纳粹的战俘营中流通着一种特殊的商品货币：香烟。当时的红十字会设法向战俘营提供了各种人道主义物品，如食物、衣服、香烟等。由于数量有限，这些物品只能根据某种平均主义的原则在战俘之间进行分配，而无法估计每个战俘的特定偏好。但是，人与人之间的偏好显然会有所不同，有人喜欢巧克力，有人喜欢奶酪，还有人则可能更想得到一包香烟。因此，这种分配显然是缺乏效率的，战俘们有进行交换的需要。

但是，即便是在战俘营这样一个狭小的范围内，物物交换也显得非常不方便，因为它要求交易双方恰巧都想要对方的东西，也就是所谓的需求的双重巧合。为了使交换能够更加顺利地进行，需要有一种充当交易媒介的商品，即货币。那么，在战俘营中，究竟哪一种物品适合做交易媒介呢？许多战俘不约而同地选择香烟来扮演这一角色。战俘们用香烟来进行计价和交易，如一根香肠值10根香烟，一件衬衣值80根香烟，替别人洗一件衣服则可换得两根香烟。有了这样一种记账单位和交易媒介之后，战俘之间的物物交换就方便多了。

香烟之所以会成为战俘营中流行的“货币”，是和它自身的特点分不开的。香烟容易标准化，而且具有可分性，同时也不易变质。这些正是和作为“货币”的要求相一致的。当然，并不是所有的战俘都吸烟，但是只要香烟成为一种通用的交易媒介，用它可以换到自己想要的东西，不吸烟又有什么关系。人们现在愿意接受别人付给的钞票，也不是因为人们对这些钞票本身有什么偏好，而仅仅是因为相信，当用这些钞票来买东西时，别人也愿意接受。

问题：

1. 香烟为什么会成为战俘营中的“货币”？
2. 什么是货币？货币的本质与职能是什么？

任务一　探究货币的起源与发展

一、货币的起源和发展

相对人类社会在地球上已有百万年的历史而言，货币自产生至今，只不过有几千年的历史。关于货币的产生，不同历史时期的学者曾经有着各种各样解释。有的人认为，货币是人们“协商”的结果，是某些聪明人的发明。有的人认为，货币就是黄金，把货币看成是黄金的天然属性。还有的人认为，货币是先王的意旨和睿智等。只有马克思第一次科学地阐明了货币的产生和本质，建立了科学的货币理论。

（一）货币的产生

1. 货币是商品交换发展的产物

马克思认为，货币是商品交换发展的产物。在人类社会的初期，不存在商品交换，当然也不存在货币。随着生产力的发展，有了剩余产品，便有了简单的以物易物形式的商品交换。当人类社会出现了第二次大分工，即手工业从农业中分离出来，生产已经不再仅仅为了满足自己的生活需要，而是开始为商品交换而生产。这样，人们就自然不会满足交换的偶然性与个别性，而且还要求能拥有一种可以常规地用来衡量商品价值的东西，并且也可以方便人们的交换，以实现商品交换时间上的错位、空间上的分离。因此，为实现上述目的，必然要求出现一种大家都能接受的中间商品。这种大众都能接受的中间商品就是人们所说的“媒介物”，它后来被称为“一般等价物”，这就是货币的雏形。而对于究竟何者可为一般等价物，这是商品价值形式发展的结果。

2. 货币是商品价值形式发展的结果

在历史上，商品价值的表现形式经历了由低级到高级的演变过程。这个过程大致包括4个阶段：简单价值形式、扩大价值形式、一般价值形式和货币形式。

（1）简单的价值形式。原始社会末期，由于生产力水平极其低下，没有剩余产品，发生在两个部落之间的交换，只能是偶然的多余产品的物与物的交换。在这种简单的交换中，商品价值的表现也是简单的，即一种商品的价值由另外一种商品来表现。因此，一种商品的价值简单地由另一种商品来表现的价值形式，就是简单的、偶然的价值形式。这种交换看似简单，但只要发生了，就有价值表现问题。例如，1 只羊 =2 把石斧。

这个式子看似简单，但它反映的内容却并不简单。通过这个式子至少反映了两个方面的内容。

首先，羊和石斧这两种商品处于不同的地位，起着不同的作用。等式左边羊的所有者通过与石斧的交换，把自己的价值表现出来，起着主动的作用，处于相对价值形式的地位；等式右边的石斧在交换中用其本身的使用价值充当羊的价值的表现材料，用来衡量、表现羊的价值，在价值表现中起着被动的作用，因此把等式右边的石斧叫做等价物。

其次，这一式子还反映了这两种商品的价值量的对比关系。这时，作为等价物的石斧具有同处于相对价值形式的羊的直接交换能力。

简单价值形式反映的只是产品转化为商品的萌芽状态，商品价值的表现无论从质上、量上都是不充分的，价值作为无差别的人类劳动的凝结物的这种性质，交换的比例以价值量为基础这一本质，还没有能够充分地显示出来。

（2）扩大价值形式。随着农业和畜牧业的分离，以及私有制的出现，共同生产逐渐变成个人生产，共同体之间的交换也被个人之间的交换所代替，偶然的交换变成了经常的交换。这时，一种物品不只是偶然地才和另外一种物品发生交换，而是经常性地与另外多种物品交换。用公式表示为：

$$1\text{ 只羊} = \begin{cases} 2\text{ 把斧子} \\ 1\text{ 袋小麦} \\ 1\text{ 件衣服} \\ 3\text{ 斤茶叶} \\ \cdots\cdots \end{cases}$$

这样，一种商品的价值由多种商品表现的价值形式就是扩大的价值形式。在这种价值表现中，等式右边处于等价物形式的商品不再是一种，而是多种，但每次发挥等价物作用的，只是一种商品。

◇ **思一思**

在扩大的物物交换中，人们的交换活动会出现什么困难？

随着交换的发展，物物直接交换的局限性越来越明显。如果石斧的所有者需要羊，羊的所有者也刚好需要石斧，交易能够成立，羊和石斧的价值都能得到社会承认。但经常可能的情况是，羊的所有者需要石斧时，石斧的所有者并不需要羊，而需要粮食，粮食的所有者又需要棉花。于是，一个非常烦琐的简单实物交换链就形成了。为了克服交换的困难，往往需要进行若干次迂回曲折的交易，才能换到所需要的商品。因此，物物直接交换是一种成本高昂、效率低下的交换方式，而且随着交易规模的扩大，这种矛盾越来越突出。

（3）一般价值形式。在商品交换的发展过程中，人们为了克服物物直接交换的局限性，逐渐自发地出现了这样一种倾向：人们习惯地把自己的商品先和某种人们普遍需要的商品相交换，然后再以这种商品去交换自己需要的商品。这时，该种物品成为所有其他产品价值的表现形式，成为所有产品的等价物。马克思称之为一般等价物。这样，物物的直接交换就让位于通过媒介的间接交换。于是，扩大的价值形式便过渡到一般的价值形式。一般的价值形式是指所有商品的价值同时表现在一种商品上的价值形式。用公式表示为：

$$\left.\begin{array}{l}2\text{ 把斧子}\\1\text{ 袋小麦}\\1\text{ 件衣服}\\3\text{ 斤茶叶}\\\cdots\cdots\end{array}\right\}=1\text{ 只羊}$$

一般价值形式的出现，是价值形式发展史上质的飞跃。只有一种商品作为等价物去表现其他一切商品的价值。由于一切商品的价值都通过一种商品来表现，所以价值作为无差别人类劳动凝结物的这种性质，便完全地、充分地表现出来了。既然一切商品在质上表现为共同的东西，那么在量上它们也是可以互相比较的。所以，只要交换成一般等价物，人们的生产劳动就已经得到社会承认。这时，作为一般等价物的商品，已经不是普通商品，而是起着货币作用的商品，是货币的原始形态。

一般价值形式虽然克服了扩大价值形式的缺点，大大促进了商品交换的发展。但是，一般等价物还没有固定在某一种商品上。它在不同地区、不同时期是不一致的，还不能成为整个商品世界的一般等价物。因此，一般等价物的不固定，限制和阻碍了商品交换的扩大和发展。

（4）货币形式。随着交换的商品增多，交换的范围也进一步扩大。商品世界要求一般等价物固定地由某一种商品来充当，从而克服一般等价物的不固定给交换造成的困难。当一般等价物最终固定在某种特殊商品上时，这种商品就成为货币，一般价值形式就转变为货币形式。货币形式是指一切商品的价值都只表现在货币上的价值形式。用公式表示为：

$$\left.\begin{array}{l}2\text{ 把斧子}\\1\text{ 袋小麦}\\1\text{ 件衣服}\\3\text{ 斤茶叶}\\\cdots\cdots\end{array}\right\}=1\text{ 克黄金}$$

一般价值形式转变为货币形式，并没有发生本质的变化。所不同的只是在货币形式中，一般等价物被固定在一种商品上。当一般等价物被固定在某一种特殊商品上时，这种商品就成为货币商品，执行货币的职能。所以，货币是固定地充当一般等价物的特殊商品，其特征是货币作为衡量和表现一切商品价值的材料，可以用来购买任何商品，具有与一切商品直接交换的能力。

◇ 思一思

为什么说："金银天然不是货币，货币天然是金银。"

历史上虽然有许多商品充当过货币材料，但在货币形式中一般等价物同金银本身的自然形态固定地结合在一起。马克思说："金银天然不是货币，但货币天然是金银。"这是因为金银是自然界早已存在的，而货币是商品经济发展到一定阶段的产物。所以，金银不可能天然是货币。但由于金银具有质地均匀、体积小、价值大，便于分割和携带等自然特性，使它们天然具有充当货币材料的优点。所以，货币天然是金银。所以，金和银本来是普通商品，最初充当特殊等价物，后来充当一般等价物，最后人们自然地将一般等价物固定在金银上，金银便成为货币。

货币产生以后，以物物直接交换为特征的商品交换就转变为以货币为媒介的商品流通。货币的产生大大促进了商品经济的发展，并由此把整个经济中的所有商品与货币对应起来，两者相互依存、相互制约。发展到一定程度，人们还把货币的发展水平和流通状况，作为衡量商品经济发展水平的重要标准。

（二）货币形式的发展

如果生活在辛亥革命之前的清朝社会，所持有的货币可能主要是铜钱（孔方兄），还有可以兑换的银票；在辛亥革命之后至新中国成立前，中国流通的货币形式各式各样，既有开国纪念币（印有孙中山、袁世凯等人头像的银元），也有国民党政府发行的法币，还有租界地流通的外国银元（如墨西哥鹰元）；现在不仅使用中国人民银行发行的人民币，还持有随时可用于提取现金和转账结算的信用卡。由此可见，在不同时代，货币具有不同的形式，货币的具体形式是随着生产力的发展和社会的进化而不断变化的。

具体地说，货币的历史发展经历了实物货币、金属货币、代用货币、信用货币 4 个阶段，并逐渐向电子货币的新阶段迈进。货币形式的演变过程如图 2－1 所示。

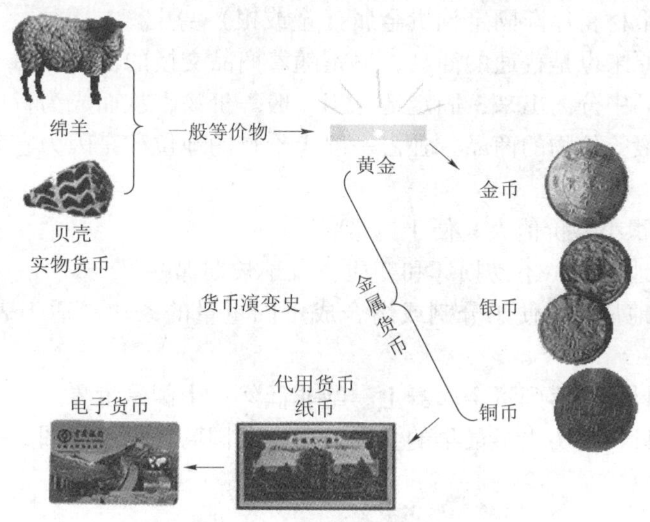

图 2－1 货币形式的演变过程

1. 实物货币

实物货币又称为商品货币，它是货币形态发展的最原始形式。谷物、布、兽皮、家畜等许多商品都作过货币。在我国的夏代，人们已经将贝壳作为货币使用，所以我国汉字中与钱有关的字大都是“贝”字旁（见图 2－2）。人们最早所以选中海贝、龟壳、珠玉、齿、角这类自然物作为货币，首先，是因为这些东西在古代被作为人们的饰品或佩物，为人们所珍视、喜爱；其次，这些东西既坚固耐用又便于携带和转让；再次，贝壳因为分离可数，适宜作计量单位，因而在全世界海滨的民族长期普遍地用贝壳作为货币。这些商品货币的出现，使商品交换更加便利。

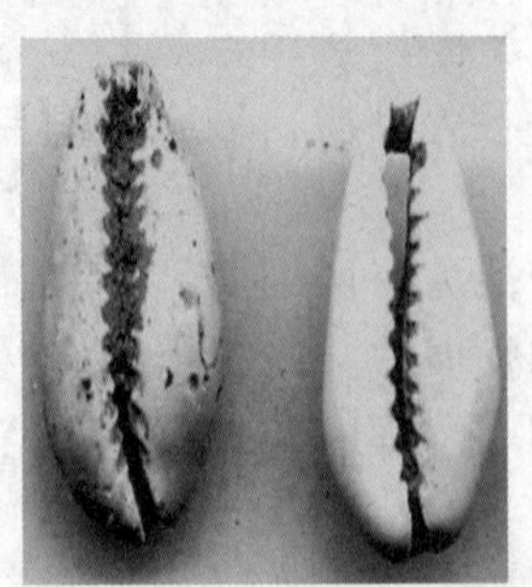

图 2－2　夏代的贝币

但是，一般实物货币或多或少都有缺陷，如有的体积笨重，价值量较小，不易分割和携带等。实物货币的这些缺陷阻碍了商品交换的发展。于是，在商品生产和交换的发展中，货币逐渐自发地固定在金属货币上。

2. 金属货币

凡是用金属做成的货币均称为金属货币。铁器的出现，引起了第二次社会大分工，即手工业和农业的分离。由于冶炼技术的提高，使金属作为商品参加到交换的行列中去，于是导致了实物货币向金属货币的过渡。起初有用铁等贱金属作为货币的。但随着商品交换日益突破地域的限制，货币材料逐渐固定到贵金属（金或银）身上。

金银等贵金属原来也是普通的商品，只是随着商品交换的发展，由于它适合作货币的材料，才自发地从商品中分离出来，固定地充当一般等价物，从而成为货币。贵金属能够排斥其他曾经充当过一般等价物的商品，独占一般等价物的地位，是因为它有着适宜充当一般等价物的自然属性。

（1）贵金属体积小、价值大，便于携带。

（2）贵金属质地坚固，不易损坏和变质，宜于长期保存。

（3）贵金属质地均匀，便于分割或熔合成不同重量的条块，适于表现各种商品的不同价值。

因此，货币材料最终落到贵金属身上，绝非偶然。中国是世界上最早使用金属货币的国家，商代出现的铜贝，是历史上最早的金属货币。我国商代铜币如图 2－3 所示。

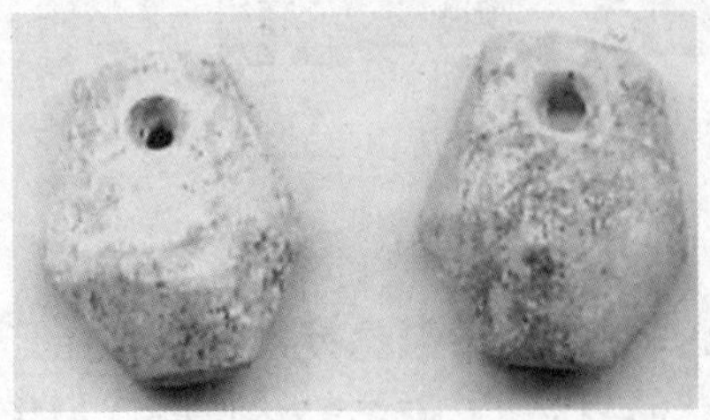

图 2－3　商代铜币

金属货币最初是以实物货币的形式出现的，没有固定的形状和重量，因而很不方便。因为，每笔交易都需要称量重量，鉴定成色，有时还要按交易额的大小把金属块进行分割。

随着商品交换的发展，人们把金属货币铸成具有一定形状、一定重量，并具有一定成色的金属铸币，以便于流通。铸币的出现是货币发展史上一个巨大的进展，它奠定了货币制度的基础。一般铸币是由国家的印记证明其重量和成色的金属块。所谓国家的印记，包括形状、花纹、文字等。最初，各国的铸币有各式各样的形式，但后来都逐步过渡到圆形，这是因为圆形最便于携带且不易磨损。

知识链接

我国古代的金属铸币

1. 秦始皇统一货币与方孔圆钱的流通

秦始皇统一六国，建立中央集权制政权，统一文字，统一度量衡，也统一了货币。从秦“半两”开始，中国钱币以方孔圆形作为定制，文铭重量，铸行纪重钱币。秦代方孔圆钱如图2－4所示。

图2－4　秦代方孔圆钱

2. 汉武帝行“五铢”钱制沿用至隋末

汉武帝元狩五年（公元前118年）废“半两”，改铸“五铢”钱，大小轻重适宜，制作精美，深受欢迎。其后历经两汉魏晋南北朝隋各朝累铸，沿用至唐初长达700余年，是中国历史上最长寿的货币。汉武帝的“五铢”钱如图2－5所示。

图2－5　汉武帝的“五铢”钱

3. 唐初“开元通宝”方孔圆钱

中国钱币从“开元通宝”开始称通宝、元宝和重宝，不再以重量单位为铭，实现了由铢两体系向十进位制年号宝文体系钱币的转变。钱文由欧阳询题写，点画方雅，结构开朗爽健，开创著名书法家艺术入钱文的先河。唐代的“开元通宝”如图2－6所示。

图2-6　唐代的“开元通宝”

4. 两宋铜铁钱并行与纸币出现

宋朝钱币铜铁兼铸，种类繁杂，每个皇帝每次改元都铸新钱，钱文书体多种多样，“对钱”盛行，钱币艺术达到中国历史上的最高水平，如图2-7所示。

图2-7　宋朝钱币

5. 元明清“以银为主，以钱为辅”的货币制度

元明清时期大宗交易用银，同时使用铜钱和纸钞。契丹文、女真文、蒙文、满文等少数民族文字也用于钱文，成为多民族文化相互融合的历史见证，元明清的银元如图2-8所示。

图2-8　元明清的银元

6. 清朝后期开始使用银元铜元机制币

银元铜元圆形无孔，采用机器鼓铸，规格标准，式样新颖，使用方便，颇受社会欢迎，因而迅速取代制钱而起，成为东西方钱币文化交融的典范，银元铜元机制币如图2-9所示。

图 2－9　银元铜元机制币

3. 代用货币（纸币）

在金属货币流通条件下，由于金银的采掘跟不上商品生产和流通发展的需要，就逐渐产生了代用货币，用以代替金属货币，实现商品交易，从而在一定程度上克服流通中对金银需要量日益增加的矛盾。

代用货币产生的可能性是货币作为交换的媒介，只是交换的手段，而不是交换的目的。对于交易者来说，他们关心的并不是货币本身有无价值，而是它能否起到媒介的作用。正如马克思所说，货币处在流通领域中，“只是转瞬即逝的要素。它马上又会被别的商品代替。因此，在货币不断转手的过程中，单有货币的象征存在就够了”。这就产生了由价值符号或代用货币代替真实货币的可能性。而代用货币比较完善的形式是纸币。代用货币作为金属货币的替代物，一般形态是纸制的凭证，故称纸币。这种纸制的代用货币之所以能在市面流通，被人们所普遍接受，是因为它们都有十足的金银等贵金属作为保证，可以自由地用纸币向发行机构兑换成贵金属，如金、银等。例如，我国宋代的“交子”，欧洲最早出现的可兑换的银行券都是其典型的代表。

知识链接

我国宋代的“交子”

我国是世界上最早使用纸币的国家。北宋天圣元年（1023 年），世界上最早的纸币——交子，在我国四川产生了，它比欧洲的兑换券要早几百年。北宋的“交子”和南宋的“会子”是最早的官方纸币，其后盛衰更替，成为各个朝代主要的通货之一。我国宋代的“交子”如图 2－10 所示。

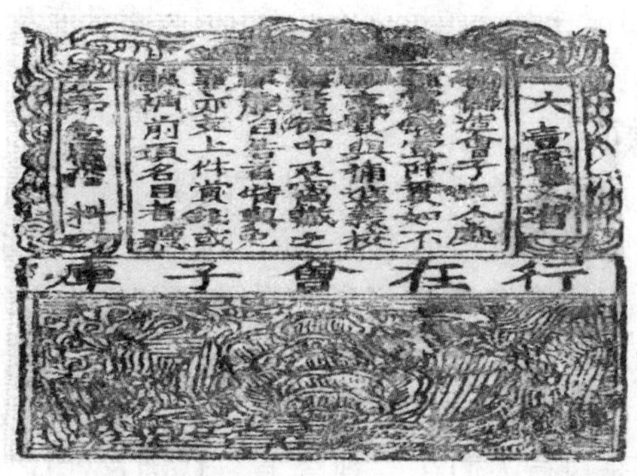

图 2－10　我国宋代的“交子”

4. 信用货币

信用货币是由银行提供的信用流通工具。其本身价值远远低于其货币价值，而且与代用货币不同，它与贵金属完全脱钩，不再直接代表任何贵金属。信用货币是货币形式进一步发展的产物，是金属货币制度崩溃的直接结果。在 20 世纪 30 年代，发生了世界性的经济危机，引起经济的恐慌和金融混乱，迫使主要资本主义国家先后脱离金本位和银本位，国家所发行的纸币不能再兑换金属货币，因此信用货币便应运而生。当今世界各国几乎都采用这一货币形态。

信用货币由一国政府或金融管理当局发行，其发行量要求控制在经济发展的需要之内。在理论上，信用货币作为一般的交换媒介必须有两个条件：货币发行的立法保障和人们对此货币具有信心。

在现代经济中，信用货币包括以下 3 种主要形态。

（1）辅币。辅币多用贱金属制造，一般由政府独占发行，由专门的铸币厂铸造。其主要功能是充当小额或零星交易中的媒介手段。

（2）现金或纸币。现金或纸币多数由一国中央银行发行，其主要功能是承担人们日常生活用品的购买手段。

（3）银行存款。银行存款是存款人对银行的债权，对银行来说，这种货币又是债务货币。存款除在银行账户的转移支付外，还要借助于支票等支付。目前，在全社会的经济交易中，用银行存款作为支付手段的比重占绝大部分。随着信用的发展，一些小额交易，如顾客对零售商的支付、职工的工资等，也广泛使用这种类型的货币。

知识链接

银　行　券

银行发行的、用以代替商业票据的银行票据是一种信用货币。其产生于货币执行支付手段的职能，以商业票据流通为基础。

在商业票据未到期时，票据持有人因某种原因需将商业票据变为现款，就到银行去贴现。而在银行没有现款支付给票据贴现人时，就用自己发行的票据（即银行券）代替私人商业票据。持票人凭银行券可以随时兑现。

银行券具有黄金和信用双重保证，因而得以广泛使用。银行券的发行不仅可以使银行能够超过其实有资本数量来扩大信用业务，而且可以满足商品生产发展引起的对货币的追加需求。

5. 电子货币

电子货币通常是指利用网络或储值卡进行电子资金转移，利用电子计算机记录和转移存款。电子货币是当今货币形态发展的新趋势，由信用货币的“符号化”向电子货币的“观念化”发展。银行在各销售场所安装终端机并与银行计算机中心连接。顾客购买商品时，只需将其专用的货币卡插入终端机，电子计算机便会自动将交易金额分别记入买卖双方的银行账户。究其实质，电子计算机网络内传输的是“数码信号”电子流，并非具体货币形态。电子计算机只是执行人们在“观念上”认为这钱应该由买方向卖方转移的指令，所以电于货币可以被认为是一种观念上的货币。

◇ 想一想

您有信用卡吗？比较一下，现实生活中，现金和信用卡在使用上有什么区别？

电子货币具有转移迅速、相对安全和节约费用的优点。然而，使用电子货币的人们在产生方便感之余，总还有一些担心，如何防范电子货币被盗，如何对个人资产资信情况保密等。电子货币无论有何优点，在与人们传统使用现金手段相比时，其某些竞争上的缺陷和劣势仍然十分明显。因此，电子货币全面应用的时代恐怕还需要相当一段时间，还有赖于科技进步成果的积累，保障设施的完善，以及电于终端的普及。

知识链接

电子货币

电子货币（也称e货币）是一种电子化存储的货币，它有以下4种形式。

1. 借记卡

使用借记卡，消费者在购买商品时可以使用电子支付系统将其银行账户上的资金直接转移到商家的账户上。在中国，1986年中国银行发行了长城卡；1989年中国工商银行发行了牡丹卡；1991年中国建设银行加入了世界最大的VISA信用卡集团，除此之外还有万事达集团（MASTER CARD）。

2. 储值卡

储值卡存有固定量的数字现金。最简单的储值卡是消费者购买预先设定的一定量的货币的卡（如电话IC卡、IP卡）。更复杂的储值卡称为智慧卡，卡上带有计算机芯片，可以在任何需要的时候从其持有人账户上载入数字现金，这一载入过程可以通过ATM机、个人计算机或是特殊装备的电话来实现（如金龙卡，公交IC卡等）。

3. 电子现金

电子现金也称为e现金，可用于在互联网上购买商品或劳务（如游戏币）。

4. 电子支票

电子支票使互联网使用者可以直接通过互联网支付大量的账单，而无须签发纸质的支票。使用者通过计算机签发类似支票的替代物，将这种电子支票传给另一方，接受方随后将之传给其银行。一旦接受银行确认该电子支票有效，资金就会从签发者的银行账户转移到接受者的银行账户。

◇ 同步检测（多项选择题）

1. 在人类经济发展的早期，普通实物成为实物货币的主要条件有（　　）。

A. 传统　　B. 习惯

C. 生产或生活必需品　　D. 相对稀缺

2. 下列哪些属于人类早期实物货币的范畴。（　　）

A. 土地　　B. 耕牛　　C. 银票　　D. 谷物

3. 下列关于朴素的商品货币被金属货币所取代的原因正确的是（　　）。

A. 粮食供应紧张　　B. 金属资源紧张

C. 不易分割　　D. 不易保存

4. 下列哪些属于商品货币的范畴。(　　)

A. 土地　　B. 农具　　C. 铸币　　D. 谷物

任务二　理解货币的本质与职能

同学们以小组为单位，以下面的描述为场景，设计一个情景剧。

在中国大众口语中，一般将货币称为钱。钱，在中国上古社会是一种工具。春秋时期，人们将金属货币制成各种工具状，如铲币、刀币等，钱币是其中的一种。由于钱的形状比刀、铲等更便于携带，所以逐渐取代了各种工具状货币。随着时间的推移，作为工具的钱不见了，作为货币的钱留在了语言中。久而久之，钱就是币，币就是钱了。首先，来看下列生活用语中的“钱”有哪些含义，以区分它与经济学中的货币有什么不同：

场景1：(打劫)“你要钱，还是要命”——现金（通货）。

场景2：“小明很富有，他的钱多得不得了”——财富（包括通货、存款、股票、债券、汽车、房子、游艇等）。

场景3：“王强是一个理想的结婚对象，他工作不错，能挣很多钱”——收入（指一特定时间收益的流量，而货币、财富均指在某一特定时刻的一个确定的数量，是存量）。

一、货币的本质

第一句话中的钱是指通货。在经济学中如果把货币仅仅定义为通货，那就过于狭窄了。因为，可开列支票的存款和通货能执行同样的职能，都可用于以支付所购买的商品和劳务。实际上，人们购买的商品和劳务中仅有很小的比例是用通货来支付的。因此，如果把货币仅仅定义为通货，那么要把货币与人们所进行的全部购买活动联系起来就有很大困难。事实上，正是货币与总购买的相互关联，使货币引起人们的兴趣。由于可开列支票的存款和通货具有相同的职能，还由于人们关心的是货币的用途，因此必须把可开列支票的存款与通货一起包括在货币的定义之中。

第二句话中的钱实际上是指财富，意指他很富有，大致包括现金、银行存款、不动产、股票、债券、专利权等。作为货币的定义，通货过于狭窄，而用财富去定义货币又显得过于宽泛。经济学家所说的货币和作为价值储藏的财富是有区别的。

第三句话里的钱是指收入。货币和收入显然是两个不同的概念。货币是一个存量概念，它表示某一时点上存在的一定数量，如“我现在有存款10万元”。而收入则是一段时期中的流量。假如告诉你某人的收入为50万元，那么只有在得知是每年、每月，还是每周的收入后，才能确定他的收入是高还是低。

经济学中货币的定义是：在支付商品和劳务或偿还债务时被普遍接受的任何东西，或者说是一般等价物。其本质属性就是它是固定地充当一般等价物的特殊商品，并体现一定的生产关系。事实上，也正是由于货币的这种本质特征，才使货币能够区别于其他一切商品。

知识链接

货币的称谓

(1)“孔方兄”——谑称。“孔方兄”一词源自西晋《鲁褒传·钱神论》，“亲之如兄，字曰孔方”。钱形方孔由来已久，从公元前221年秦始皇统一货币铸造方孔“半两”钱，方孔圆钱成为一种定制，直至民国初年方废止使用，共使用了2 000多年。“孔方兄”成为钱之谑称。

（2）“阿堵物”——别称之一。《世说新语》记载，王夷甫（王衍）因雅癖口未尝言钱。妇欲试之，令婢以钱绕床，不得行。夷甫晨起见钱，呼婢曰：“去此阿堵物！”自此，“阿堵物”遂为钱之别称。

（3）邓通。邓通是西汉文帝的一个宠臣，官居上大夫。文帝曾赐给邓通一座铜矿山，并破例允许邓通开矿自由铸钱，故而邓通私铸的半两钱流布四海，富甲天下。因此，后世“邓通”成为钱币的别称。

（一）货币是充当一般等价物的特殊商品

从现象上看，货币和其他一切商品一样，都是用于交换的劳动产品，都是价值和使用价值的统一体。但货币与一般商品又有着本质上的区别，货币的特殊性主要表现在以下两个方面。

（1）货币是表现其他一切商品价值的材料，而其他一切商品没有这种特性。

（2）货币具有和一切商品直接交换的能力。

（二）货币体现一定的生产关系

从生产关系的角度看，货币作为交换的媒介和一般等价物出现，反映了商品交换背后的商品生产者之间互相交换劳动的经济关系，货币体现了一定的社会生产关系。

二、货币的职能

货币的职能是货币在经济中的作用发挥，也是货币本质的具体体现。一般来说，货币具有价值尺度、流通手段、储藏手段、支付手段和世界货币5项职能。其中，价值尺度和流通手段这两个职能统称为货币的基本职能；储藏手段、支付手段和世界货币是由基本职能派生出来的，被称为派生职能。

（一）价值尺度

价值尺度是货币的首要职能。所谓价值尺度，即货币具有表现商品价值并能衡量商品价值量大小的职能。货币之所以能充当价值尺度，是因为作为贵金属的货币本身也是商品，也具有价值，就像衡量长度的尺子本身也具有长度一样。

货币在执行价值尺度的职能时，并不需要现实的货币，而是采取观念形态的货币，即商品的价格。商品的价格是商品价值的货币表现，是为各种商品之间的交换提供便利的基础。在足值的金属货币流通的条件下，价格的变化往往要依存于商品价值和货币价值这两个基本因素的变化。一般地，商品的价格与商品的价值成正比变化；商品的价格与货币的价值成反比变化。而在不足值的金属货币流通和价值符号流通的条件下，情况则不相同。由于价格受劳动生产率和市场因素等多方面的影响，价格的变化并不与商品价值的变化完全一致，有时甚至呈现背离的情况。

为了能够衡量和计量各种商品的价值量，也为了交换的方便，有必要确定货币本身的计量单位，即在技术上把某一标准固定下来作为货币单位，并把这一单位再划分为若干等份，这种货币本身的计量单位及其等份，称为价格标准。例如，以黄金作为货币，就要把黄金划分为两、钱、分等计量单位。在历史上，最初的价格标准和货币重量单位是一致的，如英国的货币单位英镑，原来是重一磅白银的货币名称。但是，在历史发展过程中，价格标准和货币本身的重量标准逐渐脱钩，最后过渡到仅仅作为价值符号的纸币形态。

（二）流通手段

流通手段也是货币的基本职能。流通手段的职能是指货币在商品交换中充当交换的媒介职能。货币作为流通手段，使直接的物物交换（W—W）变成了以货币为媒介的间接交换（W—G—W）。这种间接交换就被称为商品流通。

◇ 想一想

为什么货币执行流通手段职能时，必须是现实货币，而不是观念上的货币？

作为流通手段的货币必须是现实的货币，但不一定是足值的货币，实际为一种价值符号。因为，在这里货币仅仅是交换手段，而不是交换的目的，其本身有无十足价值并不重要。最初，充当交换手段的货币，是以金属条块形式出现的，每次交易时都要验成色、称分量，很不便利。随着商品交换的发展，出现了铸币的萌芽，即有些商人在金属条块上烙有个人印记，以信誉来保证金属条块的质地。后来，逐步由国家出面铸造铸币。铸币是具有一定形状、重量、成色的金属货币。在其流通过程中，出现了因不断磨损而不足值的铸币与铸币的名义重量相背离的状况，但不足值的铸币仍然可以充当流通手段。这是因为，流通手段的作用是转瞬即逝的，人们并不关心币值的大小，而是关心是否能换回等价使用价值的商品。以后，国家就开始有目的地铸造不足值铸币，开始发行无任何内在价值的纸币。

价值尺度和流通手段是货币的两个最基本的职能。商品要进行交换，必须首先把自己的价值表现出来，否则就没有交换的标准，无法进行等价交换，从而需要一个共同的尺度；为了交换的方便，需要有一个交换的媒介。当这两个交换最基本的要求由一种商品来充当时，这种商品就取得了货币的资格。所以，马克思指出，价值尺度和流通手段的统一是货币。

（三）支付手段

货币的支付手段职能是指货币在清偿债务、赋税、支付租金和工资的时候，发挥了支付手段职能。

货币执行支付手段的职能，最初是由商品的赊销买卖引起的，当货币被用于偿还赊销一定期限的货款时，商品的让渡和货币的支付实际上已经在时间上分离开来，货币发生了价值单方面的转移，因此这时的货币已不是充当商品交换的媒介，而是作为偿还债务、延期付款的手段。随着商品经济的发展，又形成了货币借贷关系，货币本身成为商品，货币商品的借和贷之间成为两个独立的行为，货币的借入者在借款到期后必须偿还本息，货币的偿还债务手段更为明显。

货币作为支付手段，能发挥以下两个作用。

（1）扩大商品流通。在商品交易中，人们可以先购买商品，后支付货币，使商品生产和流通突破现货交易的限制，促进商品经济发展。

（2）节约现金流通。借助于货币的支付手段职能，信用关系得以形成。债权、债务到期可以相互抵消和清算，债务人只需支付债务余额，这样可以大大减少现金需要量。但是，当商品生产者不能如期出售商品时，其就无法清偿对别人的债务，从而可能使社会上错综复杂的债权与债务链中断，严重的还会引起支付危机和信用危机。

在流通中，作为流通手段的货币和作为支付手段的货币有着密切的联系，它们共同构成流通中的货币。流通中的每一枚货币，往往交替地发挥着这两种职能。因此，流通中货币的需求实际上包括对流通手段的需求和对支付手段的需求。

（四）储藏手段

货币的储藏手段职能，是指货币作为社会财富的一般代表，在退出流通领域之后可以被人们储藏起来，具有保存价值。储藏手段的职能是在价值尺度和流通手段职能基础上产生的。货币充当价值储藏手段的作用表现在以下 3 个方面。

（1）由于贵金属货币本身具有价值，因此其天然具有价值储藏的职能，而且在金属货币流通的条件下，货币储藏职能的发挥，有自动调节货币流通量的作用，称为货币储藏的“蓄水池作用”。当货币供过于求时，过多的货币就转化为储藏；当货币供不应求时，储藏的货币便相应地进入流通。正因为金属货币流通中货币储藏具有蓄水池作用，所以流通中的货币量总是与流通所需要的货币量相差不大，即在金属货币流通时期，一般情况下是没有通货膨胀的。

◇ 想一想

您如何理解纸币充当储藏手段的职能？

（2）纸币作为当代货币的唯一形式，其本质也是一般等价物，当然也可以作为社会价值和社会财富的一般代表储藏起来。因此，纸币作为货币也具有储藏手段的职能。但纸币充当储藏手段是有条件的，因为现代纸币不能兑换成金属货币，纸币发行也已与黄金储备没有法定关系，纸币币值存在着贬值的可能。所以，只有当纸币币值长期保持稳定的条件下，人们才会储存纸币。当发生严重通货膨胀，物价急剧上涨时，人们就不会储存纸币而去抢购能保值的物品了。与此同时，储存中没使用的这部分货币并没有退出流通，蓄水池作用是不存在的，而是通过种种方式投入到生产、流通、基本建设等过程中。所以，纸币虽然仍能执行价值储藏职能，但与金属货币流通时期已经有了极大的区别，而且在纸币流通条件下，纸币储蓄不能发挥这种自动调节作用，货币供应量的调节是由政府货币管理部门加以控制的。

（3）货币储藏手段和支付手段两个职能的存在与发展，使银行业得以形成和发展。在一定的信用制度下，货币作为支付手段的职能得到了进一步强化，又派生出信用货币，即取代了金属货币而充当支付手段的信用凭证和票据。由于信用货币的推广，债权与债务之间的相互支付，能够集中于某一特定地点进行相互抵消，债务余额减少，从而充当支付手段的货币流通量也就日益减少。

（五）世界货币

随着经济的发展，商品流通越过国界，扩大到世界范围，货币也就超越国界。货币在国际市场上起到一般等价物的作用，即执行世界货币的职能。

世界货币职能具体包括以下 3 个方面的内容。

（1）作为平衡国际收支差额的最后支付手段，用以支付国际收支差额。

（2）作为国际普遍的购买手段，主要是一国向另一国购买商品，货币商品直接同另一国的一般商品相交换。

（3）社会财富的转移手段，即由一国转移到另一国，如战争赔款、资本输出等。

在国际货币流通领域内，一直以贵金属特别是黄金作为世界货币代表。在当代，执行世界货币职能的并不只是黄金，而是国际间广泛使用的货币。例如，世界上各国大多采用美元作为计价、结算和转移财富的世界货币代表。此外，欧元、日元等也在一定范围内起着世界货币的作用。原因就是这些国家的经济实力比较强，外汇储备多，兑现程度较高，币值也相对稳定，加之金融组织机构遍布世界各地服务于各国，因此这些国家的货币易于被其他国接受和使用。与此同时，黄金仍发挥着世界货币的作用，并没有退出历史舞台。

◇ 同步检测（单项选择题）

1. 纸币的发行是建立在货币（　　）职能基础上的。

A. 价值尺度　　B. 流通手段　　C. 支付手段　　D. 储藏手段

2. 用现金货币在专卖店购物的行为体现了货币的哪一种职能？（　　）

A. 价值尺度　　B. 流通手段　　C. 支付手段　　D. 储藏手段

项目二　货币制度概述

知识目标

1. 熟知货币制度的含义。
2. 掌握货币制度的构成要素。
3. 了解货币制度的阶段。
4. 理解劣币驱逐良币的原理。
5. 掌握人民币制度的主要内容。

能力目标

1. 能够分析不同货币制度的区别。
2. 能够运用劣币驱逐良币的原理，分析现实生活中的案例。
3. 能够分析我国的人民币制度。

案例导入

一个美国人的购买故事

一位美国人到非洲原始丛林旅游，看到水天一色，便想租用部落的独木舟泛游湖上。当他拿出美元去租船时，船的主人拒绝了，提出要用象牙交换。这位美国人于是来到另外一个有象牙的部落用美元购买象牙，不料又遭到拒绝，主人提出要用纱布交换。于是，他又来到一个有纱布的部落，用美元购买纱布，不想也遭到拒绝，主人提出用针来交换。他猛然想起帽子上别了几根针，于是他用针换回了纱布，又用纱布换回了象牙。当他拿着象牙来找船主时，船主已经回家了。这位美国人十分沮丧。

问题：

1. 在故事中，象牙、纱布、针这几种东西的共同点是什么？
2. 号称“世界货币”的美元为什么在非洲的原始部落里却“寸步难行”？
3. 如果打算在这个不接受美元的原始部落开发旅游业，你认为首先要解决什么问题？

任务一　了解货币制度的构成与类型

一、货币制度的定义

货币制度简称“币制”，是一个国家以法律形式确定的该国货币流通的结构、体系与组织形式。换句话说，是国家为保障货币流通的正常进行而制定的货币和货币运动的准则和规范。货币制度一般包括货币材料的确定、货币产生程序、货币准备金等制度。

二、货币制度的构成

（一）货币材料的确定

货币材料也称币材，是国家规定哪种材料作为货币，是一个国家建立货币制度的首要步骤，是货币制度的基础。不同的货币材料构成不同的货币制度。如果法律规定用白银作为货币的币材，这就是银本位货币制度；如果是白银和黄金同时作为币材，就称为金银复本位货币制度；如果是单以黄金为货币的币材，就是金本位货币制度；如果不用金属而是用纸作为主要货币材料，那就是纸币制度。

国家不能随心所欲地任意指定某种金属作为货币材料，只能对流通中已经形成的客观现实进行法律上的肯定。具体选择什么金属作为货币材料受到客观经济发展条件和资源禀赋的制约。

（二）货币单位、货币名称和价格标准的确定

1. 货币单位与货币名称

货币材料确定后，就要规定货币单位。货币单位包括货币单位名称及其所含货币金属的重量。货币单位的名称开始时就是金属的重量单位，如中国的两、铢，英国的磅等。后来，由于种种原因货币单位的名称与货币金属的重量脱离了，货币单位有了特定的名称，如很多国家采用的元、镑、法郎、卢布、盾、第纳尔等，非常多。有些国家的货币单位与货币名称相同，如英国的货币单位定名为“英镑”，美国的货币单位是“美元”，也有些国家的货币单位与名称不同，如中国的货币名称是人民币，货币单位是“元”。

2. 价格标准

在金属货币流通条件下，价格标准是铸造单位货币的含金量。例如，英“镑”的含金量长期定为7.97克黄金；美国在1934年规定1美元的含金量为0.888 671克；1914年中国的《国币条例》规定，货币单位名称为“圆”，每圆含纯银6钱4分8毫（合23.977克）。在纸币流通的情况下，纸币只是一种价值符号，因此不再区分含金量，货币单位与价格标准融为一体。货币的价格标准即是货币单位及其划分的等份，如元、角、分。

（三）本位币、辅币的铸造与流通的规定

法律规定的货币种类有本位币和辅币两种。

1. 本位币的铸造及流通

（1）本位币的含义。本位币又叫主币，是一个国家的基本通货和法定的计价结算货币。所谓基本通货，是指一个国家的计价标准单位，如美元、英镑等。本位币的最小规格是 1 个货币单位，比一个货币单位大的货币也是本位币。

（2）在金属货币制度下，本位币是按照国家规定的币材和货币单位所铸成的铸币，关于本位币有以下 3 个规定。

① 在金属货币制度下，本位币可以在国家集中铸造的前提下自由铸造。这种自由铸造是指公民有权把货币金属送到国家造币厂铸成本位币，不受数量限制。造币厂代铸货币，不收或只收取少量的铸造费。

② 本位币可以无限法偿。无限法偿是指货币有无限制的支付能力，法律保护取得这种能力的货币，不管每次支付金额如何大，也不管是什么性质的支付，对方都不能拒绝接受。

③ 规定本位币有磨损公差。为了保证本位币的名义价值和实际价值一致，防止磨损过大而实际价值减少的货币充斥流通领域，国家规定当本位币流通一段时间后允许磨损的最大限度，超过这一限度，公民可以持币向政府换取新的铸币。因为，货币在流通过程中不可避免会发生磨损，导致实际价值下降，成为不足值货币，如果任由不足值货币参与流通，足值货币就不会再进入流通了。

（3）在纸币制度下，本位币的铸造与流通规定。本位币的自由铸造被取消了，本位币由国家垄断发行，本位币的磨损公差规定在许多国家都改为规定纸币的流通年限。本位币的无限法偿规定被保留下来，依然有效。

2. 辅币的铸造与流通

（1）辅币的定义与作用。辅币是指小于一个货币单位的货币规则，主要用于小额支付和找零之用。当商品或劳务的价格低于一个货币单位时就要用到辅币。辅币的面值大多是本位币的等分，一般是 1/10 或 1/100。例如，美国的辅币为“分”，1 美元等于 100 美分；中国的辅币为“角”、“分”。

铸造辅币一般用铜、镍、铝等贱金属，这是因为贵金属价值含量大，不容易铸成小额零钱，而且辅币流通频繁，磨损厉害，如果用贵金属铸造，会使社会财富有较大的损失。

（2）辅币的规定。关于辅币的铸造和流通有以下 4 个规定。

① 辅币是法律规定的不足值货币。辅币之所以不根据其实际价值铸造，是因为辅币只是本位币的一部分，与本位币具有固定比例；如果辅币按实际价值与名义价值一致的原则铸造，那么当辅币金属昂贵时，这种固定的比例就会无法维持，而且大量辅币还会被私自熔毁，从而造成流通中的辅币不足。

② 规定辅币有限法偿。即规定辅币只具有有限的支付能力。在商品交易中，在一定的金额内，买方可以用辅币支付，一旦超过这一规定的金额，对方可以拒绝接受。例如，美国曾经规定，用 10 美分以上的辅币支付，一次支付限额为 10 美元；铜镍所铸造的分币，每次的支付限度为 25 分。规定辅币的有限清偿力是为了更好地发挥货币在商品交易中的作用，而不是给商品交易带来不便。

③ 规定辅币可以与本位币自由兑换，使辅币可以按照固定的比例兑换成本位币，提高货币流通的效率。

④ 规定辅币限制铸造。所谓限制铸造，是只能国家用属于国库的金属来制造。由于辅

币实际价值低于其名义价值，铸造辅币就会得到一部分铸币收入，所以公民不能自由地请求政府代铸辅币，辅币的铸造权完全由政府控制。这样做可以保证辅币铸造收入归国家所有，也可以保证辅币与本位币的固定比例不被破坏。

◇ **想一想**

什么是货币的有限法偿能力与无限法偿能力？

（四）货币发行准备制度

货币发行准备制度也称发行保证制度，是以货币金属作为发行信用货币时的保证。信用货币和纸币都是货币符号，其本身没有任何价值。它们的作用是代替真实金属货币流通，同时也体现社会成本的节约和流通手段的进步。1973 年以后，各国都取消了货币发行保证制度。在信用货币制度下，各国的货币发行准备大都为商品准备和信用准备。

（五）规定货币的对外关系

规定货币的对外关系，即规定本国法定货币同外国货币是自由兑换货币，还是不自由兑换货币，即管制货币。货币的对外关系是由一国的政治、经济、文化和历史传统等诸多因素决定的。

知识链接

本币、本位币、原币、外币和辅币的区分

本币是与外币对应的概念，是指某个国家法定的货币，除了法定货币之外其他的货币都不能在这个国家流通。例如，中国大陆唯一法定货币为人民币，所以这时也把人民币称为本币，但这种概念大多是用在汇市上的。除了本币之外其他的都统称为外币。外币是“外国货币”的简称，是指本国货币以外的其他国家或地区的货币。外币常用于企业因贸易、投资等经济活动引起的对外结算业务中。

本位币和原币都是相对的概念。本位币又称主币，是一国货币制度中的基本通货，它是国家法定的计价、结算货币单位。主币具有无限清偿能力，主要用于大宗商品交易和劳务供应的需要。主币在一国经济生活中起主导作用。而原币则是相对于本位币而言。例如，一家德国外资企业，老板是德国人，企业的财务报表当然要让德国老板看明白，一般情况下都是按照德国马克来向老板汇报财务报表的，这个时候的德国马克在中国国内就被看做原币。同样的情况，如果到了德国，则马克成为本位币，而人民币则成为德国人眼中的原币。一般情况下，国内的外资企业在向国内的一些政府机构上报统计报表的时候，都要换算成本位币的报表。

人民币除了有主币和辅币之分外，还有一种为纪念币。所谓纪念币，是国家为纪念国内外重大事件、重要历史人物或根据特殊需要，有选择、有控制地发行的铸币。

辅币即辅助货币，是指本位币单位以下的小额货币，其辅助大面额货币的流通，供日常零星交易或找零之用，辅币的特点是面额小、流通频繁、磨损快，故多用铜、镍及其合金等贱金属铸造，也有些辅币是纸制的。辅币一般是有限清偿货币，即每次交付的辅币数量有一定限制，超过限额，收方可以拒收。不少国家规定辅币和主币一样具有无限清偿的能力，我国采取了这种做法。

资料来源：百度百科.

三、货币制度的类型和演进过程

货币制度是一种社会经济制度，它经历了一个不断发展和演进的历史过程。

追溯世界各国货币制度的发展历史，大体上经历了银本位制、金银复本位制、金本位制、不兑现信用货币制度等阶段。货币制度史的演进可概括为货币制度类型图，如图 2－11 所示。

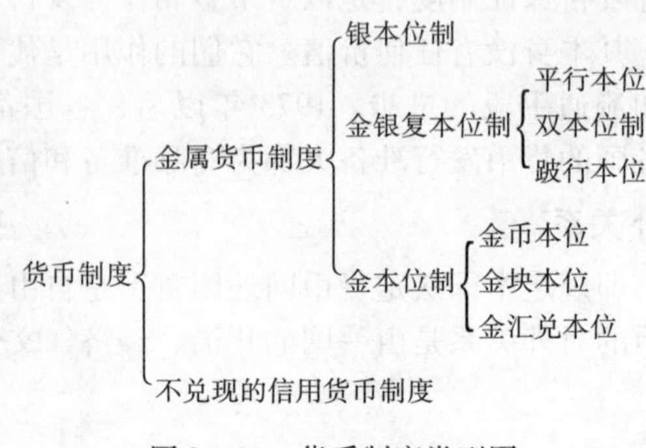

图 2－11　货币制度类型图

（一）银本位制

银本位制是最早的货币制度之一，是指以白银作为币材的一种货币制度。

银本位制的特征如下。

（1）以白银为本位币币材，银币为无限法偿货币，并有强制流通能力。

（2）本位币的名义价值与其所含的白银价值相等。

（3）银币可以自由铸造、自由熔化，白银可以自由兑换银币。

（4）银币和白银可以自由输出与输入。

从世界范围看，银本位制推行时间是从 16 世纪到 19 世纪。由于银本位制中白银具有的价值不稳定，各国先后放弃了银本位制，而采取金银复本位制或金本位制，以及双本位制、跛行本位制。

（二）金银复本位制

1. 金银复本位制的概念

金银复本位制是指以金、银两种金属同时作为本位币币材的货币制度。实行金银复本位制，必须确定金币和银币的比价。

2. 复本位制的分类

按比价的确定方式不同，金银复本位制又有以下 3 种类型。

（1）平行本位制。平行本位制是指金、银两种货币均按其所含金属的实际价值流通的货币制度。

平行本位制的特点是国家不规定金、银的法定比价，两种货币的比价完全由市场价格确定，金、银币可以自由兑换和自由铸造，以及自由输出与输入。

平行本位制的缺点是这种制度会导致由于两种货币金属自身价值的变动而引起市场交易

的混乱。

（2）双本位制。双本位制是各国开始以法律形式规定金、银的比价，两种货币按规定比价流通。双本位制解决了商品交换规模扩大与白银价值较低的矛盾，但是这一做法具有违反经济规律行事的色彩，并且以两种货币同时作为本位币往往会导致把价值相对高的货币挤出流通领域，从而出现“劣币驱逐良币”的现象。

◇ 资料卡

所谓“劣币驱逐良币”的现象，是在两种实际价值不同而面额价值相同的通货同时流通的情况下，实际价值较高的通货（所谓良币）必然会被人们熔化、输出而退出流通领域；而实际价值较低的通货（所谓劣币）反而会充斥市场。这一规律是当时英国王室的财政顾问格雷欣首先提出的，后来被英国经济学家称为“格雷欣法则”。

（3）跛行本位制。在跛行本位制下，金币可以自由铸造，银币不能自由铸造，将银币的铸造权完全收归政府，以保持银币与金币的比价稳定的货币制度。在这样的金银本位制度下，因人们无法再通过铸造银币来获得利润，故复本位制已经变质。这可以形象地比喻为金、银好比人的两只脚，但“银脚”已经不健全了，故而这种制度运行起来自然就像瘸腿的人在走路，故人们称为跛行本位制。这样的一种复本位制已经是一种异常的复本位制，它只会向金本位制度过渡。

（三）金本位制

1. 金本位制的概念

在世界各国中，最早实现金本位制的国家是英国，而这也与最早发现格雷欣现象的格雷欣爵士此前就此向伊丽莎白一世女王所作的奏陈有关。金本位制是指以黄金作为本位货币币材的货币制度。其具体形式先后为金币本位制、金块本位制和金汇兑本位制。

2. 金本位制的类型

（1）金币本位制。金币本位制是典型的金本位制，具有以下特点：金币可以自由铸造、自由熔化，金币作为唯一法偿货币流通；辅币和银行券可自由兑换金币；黄金可以自由输出和输入。

上述特征决定了金币本位制是独具稳定性的货币制度。这种稳定性突出地表现在自发调节货币流通量，通货的币值对黄金的不贬值，外汇行市的相对稳定等方面。英国是最早实行金币本位制的国家，于 1816 年宣布，从 1819 年实施。其后，19 世纪 70 年代先后有德国、丹麦、瑞典、挪威、法国等欧洲工业国家相继由金银复本位制过渡到金币本位制。到 19 世纪末，美国和其他资本主义国家开始实行金币本位制，至 20 世纪初，世界各国已广泛实行金币本位制。

金币本位制这一稳定的货币制度，极大地推动了资本主义经济的发展，建立了历史的功绩。人们把金币本位制下的金币流通称为“货币的黄金时代”。第一次世界大战以后，由于各资本主义国家经济发展的不平衡与黄金存量不平衡的加剧，英、法等国的黄金存量锐减，资本主义各国要恢复战前那种典型的金币本位制已不可能。于是建立了变相的金币本位制，即金块本位制和金汇兑本位制。

（2）金块本位制。金块本位制也称生金本位制，是指没有金币的铸造和流通，而由中央银行发行以金块为准备的银行券作为流通货币。

金块本位制的特点是发行和流通的银行券规定有含金量；不铸造，不流通金币；黄金由政府集中存储；人们可按本位币的含金量（银行券的官方定价），在一定数额以上、一定用途以内兑换黄金。例如，英国1925年规定，银行券在1 700英镑（合400盎司纯金）以上才能兑换黄金；法国1928年规定，兑换黄金的最低限额为21 500法郎。其间实行金块本位制的国家还有荷兰、比利时等国。

（3）金汇兑本位制。金汇兑本位制又称虚金本位制，是实行银行券流通，只准以外汇间接兑换黄金的货币制度。

金汇兑本位制的特点是货币单位规定有含金量，但不能直接兑换黄金，只可换取外汇，以外汇间接兑换黄金；中央银行将黄金存于另一个实行金本位制的国家，规定本国货币与该国货币的法定比率；以固定价买卖外汇以稳定币值和汇率。

第一次世界大战以前，菲律宾、印度等国曾实行金汇兑本位制。1924—1928年资本主义相对稳定时期，战败国和某些殖民地国家整顿币制，如法国、智利、意大利和一些殖民地国家，共有30多个国家实行这种制度。实行金汇兑制的国家，实际上是使本国货币依附于经济实力雄厚的外国货币，如英镑、美元、法郎等，从而在经济上和货币政策上受这些国家的左右及控制。

（四）纸币本位制度

1. 纸本位制的概念

资本主义周期性经济危机，特别是1929—1933年的世界经济危机，使资本主义经济受到重创。严重的经济危机冲击了货币制度，各国纷纷放弃金本位制，转而实行不兑现的纸币本位制度。

纸币本位制是以纸币为本位币，且纸币不能兑换黄金的货币制度。这是当今世界各国普遍实行的一种货币制度。

2. 纸本位制的特点

纸本位制的基本特点如下。

（1）纸币一般是由中央银行发行的，并由国家法律赋予无限法偿的能力。

（2）货币不与任何金属保持等价关系，也不能兑换黄金，货币发行一般不以金银为保证，也不受金银数量的限制。

（3）货币是通过信用程序投入流通领域，货币流通是通过银行的信用活动进行调节，而不像金属货币制度那样，由铸币自身进行自发的调节。银行信用的扩张，意味着货币流通量增加；银行信用的紧缩，则意味着货币流通量减少。

（4）这种货币制度是一种管理货币制度。一国中央银行或货币管理当局通过公开市场业务、存款准备金率、贴现政策等手段，调节货币供应量，以保持货币稳定；通过公开买卖黄金、外汇，设置外汇平准基金，管理外汇市场等手段，保持汇率的稳定。

（5）货币流通的调节构成了国家对宏观经济进行控制的一个重要手段，但流通领域究竟能够容纳多少货币量，则取决于货币流通规律。当国家通过信用程序所投放的货币超过了货币需要量，就会引起通货膨胀，这是不兑现的信用货币流通所特有的经济现象。

（6）流通中的货币不仅是指现钞，也包括银行存款。随着银行转账结算制度的发展，存款通货的数量越来越大，现钞流通的数量越来越小。

四、国际货币制度及其演变过程

国际货币制度是各国政府对货币在国际范围内发挥世界货币职能所确定的规则、措施和组织形式。

（一）国际金本位制

世界上首次出现的国际货币制度是国际金本位制，黄金充当国际货币，各国货币之间的汇率由其各自的含金量比例决定，黄金可以在各国间自由输出和输入。

在1929—1933年资本主义大危机冲击下的国际金本位制最终瓦解，代之的是布雷顿森林体系。

（二）布雷顿森林体系

1. 布雷顿森林体系的内容

第二次世界大战以后，以主要资本主义国家为代表的45个国家在美国新罕布什尔州的小镇布雷顿森林召开了一次国际货币会议，签订了“布雷顿森林体系”协定，其内容主要是世界各国（主要指资本主义国家）的货币与美元挂钩，美元与黄金挂钩，从而建立了以美元为中心的资本主义货币体系，并由新罕布什尔州的布雷顿森林的地名来命名，即布雷顿森林体系。

（1）以黄金作为基础，以美元作为主要的国际储备货币，实行“双挂钩”的国际货币体系。即美元与黄金挂钩，其他国家的货币与美元挂钩，是布雷顿森林体系最主要的内容。

（2）实行固定的汇率制，各国货币对美元的汇率一般只能在平价上下1%的幅度内浮动。即各国货币在兑换美元时的汇率只能在平价以上变动1%和平价以下变动1%。

（3）国际货币基金组织通过预先安排的资金融通措施，保证向会员国提供辅助性储备供应。

（4）会员国不得限制经常项目的支付，不得采取歧视性的货币措施。

2. 布雷顿森林体系存在的问题

由于布雷顿森林体系实际上是一种美元本位制，因此美元作为国际储备货币，要求美国提供足够的美元满足国际间债务清偿的需要；同时，还要保证美元能按照官方价格兑换黄金，以保证世界各国对美元的信心。于是，出现两方面的矛盾：美元供给太多，就会有不能兑换黄金的风险，从而发生信心问题；而美元供给太少，又会发生国际清偿力不足。因此，这种情况被命名为“特里芬难题”。随着时间的推移，布雷顿森林体系暴露出种种弊端，直至彻底瓦解。

知识链接

布雷顿森林体系的形成及崩溃

1944年7月，在美国新罕布什尔州的布雷顿森林召开有44个国家参加的联合国与联盟国家国际货币金融会议，通过了以“怀特计划”为基础的“联合国家货币金融会议的最后决议书”，以及“国际货币基金组织协定”和“国际复兴开发银行协定”两个附件，总称为“布雷顿森林协定”。

布雷顿森林体系主要体现在两个方面：① 美元与黄金直接挂钩；② 其他会员国货币与美元挂钩，即同美元保持固定汇率关系。布雷顿森林体系实际上是一种国际金汇兑本位制，又称美元—黄金本位制。它使美元在战后国际货币体系中处于中心地位，美元成了黄金的“等价物”，各国货币只有通过美元才能同黄金发生关系。从此，美元就成为国际清算的支付手段和各国的主要储备货币。

以美元为中心的布雷顿森林体系的建立，使国际货币金融关系有了统一的标准和基础，结束了战前货币金融领域里的混乱局面，并在相对稳定的情况下扩大了世界贸易。

布雷顿森林体系是以美元和黄金为基础的金汇兑本位制。其必须具备两个基本前提：美国国际收支能保持平衡和美国拥有绝对的黄金储备优势。但是，进入20世纪60年代后，随着资本主义体系危机的加深和政治经济发展不平衡的加剧，各国经济实力对比发生了变化，美国经济实力相对减弱。1950年以后，除个别年度略有顺差外，其余各年度都是逆差，并且有逐年增加的趋势。由于布雷顿森林体系前提的消失，也就暴露了其致命弱点，即“特里芬难题”。体系本身发生了动摇，美元国际信用严重下降，各国争先向美国挤兑黄金，而美国的黄金储备已难于应付，这就导致了从1960年起，美元危机迭起，货币金融领域陷入日益混乱的局面。为此，美国于1971年宣布实行“新经济政策”，停止各国政府用美元向美国兑换黄金，这就使西方货币市场更加混乱。1973年美元危机中，美国再次宣布美元贬值，导致各国相继实行浮动汇率制代替固定汇率制。美元停止兑换黄金和固定汇率制的垮台，标志着战后以美元为中心的货币体系瓦解。

（三）牙买加体系

1. 牙买加体系的形成

布雷顿森林体系崩溃之后，国际货币基金组织会议达成了“牙买加协定”。该协定取消了固定汇率制，实行浮动汇率制，从而形成了新的国际货币制度——牙买加体系。

2. 牙买加体系的内容

牙买加体系的内容主要包括：① 国际储备货币多元化，再不仅以美元为货币了；② 汇率安排多样化，浮动汇率制，会员国自由选择汇率制度，如一些国家选择单独浮动、联合浮动，而另外一些国家则采用“盯住”某一货币的汇率政策；③ 多渠道调节国际收支，除汇率机制外，国际金融市场和国际金融机构发挥了重大的作用。

五、区域性货币制度

（一）区域性货币制度的形成与发展

1. 区域性货币制度的定义

一定地区的有关国家和地区，在货币金融领域实行协调合作，形成统一个体，最终形成一个统一的货币体系。

2. 区域货币制度的发展历程

区域货币制度的发展历程大致经历了以下两个过程。

（1）较低阶段。各成员国仍保持独立的本国货币，但成员国之间的货币采用固定汇率制和自由兑换，成员以外由各国自行决定，对国际储备部分集中保管，但各国保持独立的国际收支和财政货币政策。

（2）较高阶段。区域内实行单一的货币，联合设立一个中央银行为成员国发行共同使用的货币和融资政策，办理成员国共同商定并授权的金融事项，实行资本市场的统一和货币市场的统一。

（二）区域性货币制度的类型

1. 西非货币联盟制度

西非货币联盟制度最初组建于1962年，由非洲西部8个国家组成，并成立了西非国家中央银行，发行共同的货币“非洲金融共同体法郎”，供各成员国使用。

2. 中非货币联盟制度

中非货币联盟制度成立于1973年，由中非5个国家组成，并成立了中非国家中央银行，发行共同的货币“中非金融合作法郎”。

3. 东加勒比货币联盟制度

东加勒比货币联盟制度是于1965年成立了共同的货币管理局，发行“东加勒比元”，实行与英镑挂钩的联系汇率，1976年脱钩改为盯住美元。

4. 欧洲货币制度

欧洲货币制度是从欧洲货币联盟开始的，最早可以追溯到1950年建立的“欧洲支付同盟”和1958年取代该联盟的“欧洲货币协定”。欧共体建立以后，1994年成立欧洲货币局，1998年成立欧洲中央银行，1999年1月1日欧元正式启动。

知识链接

欧元和欧洲货币联盟

欧元是欧洲联盟的统一货币。1999年1月1日，欧元在欧盟当时15个成员国中的12个成员国问世（奥地利、比利时、芬兰、法国、德国、希腊、爱尔兰、意大利、卢森堡、荷兰、葡萄牙和西班牙）。这些国家成功地达到了《欧洲联盟条约》（也称为《马斯特里赫特条约》）在1992年确立的欧洲经济一体化并向欧元过渡的4项统一标准。

要加入欧元区，成员国必须达到下列标准。首先，每一个成员国削减不超过国内生产总值3%的政府开支。其次，国债必须保持在国内生产总值的60%以下或正在在快速接近这一水平。再次，在价格稳定方面，通货膨胀率不能超过3个最佳成员国上年通货膨胀率的1.5%。最后，该国货币至少在两年内必须维持在欧洲货币体系的正常波动幅度以内。

1999年1月，欧元进入国际金融市场，并允许银行和证券交易所进行欧元交易。欧元纸币和硬币于2002年1月才正式流通。2002年7月，本国货币退出流通，欧元成为欧元区唯一的合法货币。

欧元区国家的货币汇率（相互之间的汇率和对欧元的汇率）于1999年1月1日固定，且不可撤销。成员国不能把货币贬值当做摆脱经济困难的手段。

欧元分为100分币。所有欧元区国家的欧元硬币，其技术特色是大小、重量和金属含量全部一样。欧元纸币有7种，分别为5、10、20、50、100、200和500欧元。无论在哪个国家印制，纸币两侧的印刷必须一致。每一种纸币都显示了欧洲各个文化历史时期从古典到现代的建筑风格。纸币背面是欧洲中央银行现任行长的签名。欧元硬币总共分为8种，分别为

2 元、1 元和 1、2、5、10、20 和 50 分。硬币的设计与纸币不同，所有欧元硬币其中一面的设计是一样的，另外一面的设计则反映每个国家的民族特征。

资料来源：http：//dec3. jlu. edu. cn/webcourse/t000124/64/kl/1/欧元 . doc.

◇ 同步检测（多项选择题）

1. 下列关于本位货币性质与特点描述正确的有（　　）。

A. 一国的法定货币　　B. 一般为贵金属货币

C. 无限法偿　　D. 足值货币

2. 下列属于金本位制形式的有（　　）。

A. 金币本位　　B. 生金本位制

C. 金块本位制　　D. 金银复本位制

任务二　掌握人民币制度的主要内容

我国现行的货币制度是人民币本位制度。人民币是由中国人民银行发行的法定货币，任何单位与个人不得拒收。

一、人民币制度的诞生

我国的人民币是1948 年12 月1 日开始发行的。1955 年3 月1 日起发行新人民币，规定以新币1 元兑换旧币1 万元，提高了人民币单位“元”所代表的价值量。人民币地位的确立是与中国共产党政权取代国民党政权相伴而行的。对于国民党政府发行的法币、金圆券和银圆券，新中国成立前后采取了按某一比价迅速收兑的措施；对解放区发行的各种货币也采取逐步收兑、逐步统一的措施，建立了人民的、统一的、独立自主的新货币制度——人民币制度。

二、人民币制度的主要内容

人民币制度包括以下基本内容。

（一）货币单位和票券种类

《中华人民共和国中国人民银行法》明确规定，人民币是我国的法定货币，以人民币支付我国境内的一切公共的和私人的债务，任何单位和个人不得拒收。人民币没有法定含金量，也不能自由兑换黄金。人民币的单位是“元”，元是主币，辅币的名称是“角”和“分”，1 元等于10 角，1 角等于10 分。这些规定明确了人民币的地位和货币单位，对中国人民银行执行货币政策、加强宏观调控都具有深远的指导意义和现实作用。

（二）人民币的印制与发行

人民币由中国人民银行统一印制和发行。国务院每年在国民经济计划综合平衡的基础上，核准货币发行指标，并授权中国人民银行发行。禁止伪造、变造人民币。禁止出售、购买伪造和变造的人民币。禁止故意毁损人民币。禁止在宣传品、出版物或其他商品非法使用人民币图样。任何单位和个人不得印制、发售代币票券以代替人民币在市场上流通。残缺、污损的人民币，按照中国人民银行的规定兑换，并由中国人民银行负责收回、销毁。

中国人民银行设立人民币发行库，在其分支机构设立分库。分库调拨人民币发行基金，应当按照上级库的调拨命令办理。任何单位和个人不得违反规定，动用发行基金。

（三）人民币的发行保证

首先，人民币是信用货币，人民币的发行是根据商品生产的发展和流通的扩大对货币的需要而进行的，这种发行有商品物资作基础，可以稳定币值，这是人民币发行的首要保证；其次，人民币的发行还有大量的信用保证，包括政府债券、商业票据、商业银行票据等；再次，黄金、外汇储备也是人民币发行的一种保证。我国建立的黄金和外汇储备，主要用于平衡国际收支。进口需要大量外汇，这就需要用人民币购买，出口收入外汇必须向指定银行出售，银行在购买外汇的同时也就发行了人民币，因此对人民币的发行也起着保证作用。

（四）人民币实行有管理的货币制度

作为我国市场经济体制构成部分的货币体制，必须是国家宏观调节和管理下的体制，包括货币发行、货币流通、外汇价格等都不是自发的而是有管理的。有管理的货币制度形式是在总结历史经验和逐步认识客观经济规律的基础上，运用市场这只无形的手和计划这只有形的手来灵活有效地引导、组织货币运行。

（五）人民币对外国货币的汇率及可兑换性

我国人民币对外币的汇率在现阶段实行的是有管理的浮动汇率制度。人民币汇率采取直接标价法；银行买卖外汇实行买入价和卖出价；现行挂牌的人民币汇率，是对西方国家或地区，以及双边使用的。

货币的可兑换性是货币制度的内容之一。所谓可兑换性，是指一国货币可以兑换成其他国家货币的可能性。我国实行人民币的可兑换，采取的是一个渐进过程。现阶段，我国的人民币制度已具有相当稳定的经济基础和社会基础。在与我国接壤的一些周边国家中，人民币已被接受，有的还当成“硬通货”。1996 年，我国宣布人民币在国际收支经常项目下可兑换。

知识链接

一国四币：独特的货币文化现象

当政治上的“一国两制”在中国取得重大突破时，经济上的“一国四币”即人民币、港币、澳门币和新台币早已在两岸四地相互流通，这种新的经济文化现象，是很具有独特性的。

据有关资料，目前在大陆流通的港币现金已超过 150 亿港元，占香港货币发行总量的 30% 左右。而从台湾涌向大陆和香港的资金高达 600 多亿美元，其中有相当数量的新台币流到大陆，已在福建等地流通。由于受 20 世纪 90 年代末东南亚金融危机的影响，港元、澳门元与币值稳定的人民币关系十分密切，除金融机构相互挂牌外，形成了地域性的如珠江三角洲一带互为流通使用的局面。广州、深圳、珠海等地，接受港元、澳门元的店铺随处可见。内地城乡居民为了使自己拥有的货币收入分散化，以及投资或收藏等原因，他们也都以拥有港币、澳门元和新台币为荣。与此同时，人民币在香港、澳门已进入流通领域，在这些地区，越来越多的人以人民币为“硬通货”及结算货币。在香港或澳门的街头，除银行外，还随处可见公开挂牌买卖人民币的兑换店。更有趣的是，香港和澳门大多数的商店、饭店、宾馆等很多消费场所都直接接受人民币，一些商店门口甚至挂出“欢迎使用人民币”的牌子招揽顾客。台湾也同样出现了人民币的流通现象，许多人将人民币作为坚挺的货币来看待，台湾警方已视伪造人民币为非法，不少台胞回大陆探亲后，都带着人民币回去使用或留作收藏纪念。

◇ 同步检测（判断题）

1. 人民币实行经济发行的原则。（ ）
2. 现阶段我国人民币发行依然以黄金为基础。（ ）
3. 假币是当前社会的一大公害，人人都有义务参与反假币活动。（ ）

实训任务

一、基础知识实训

（一）单项选择题

1. 货币的产生与（ ）直接相关。
A. 人类的进化　B. 社会的进化　C. 商品的交换　D. 财富的积累
2. 货币起源于（ ）。
A. 原始社会　B. 奴隶社会　C. 封建社会　D. 资本主义社会
3. 货币在发挥（ ）职能时，可以是观念上的货币。
A. 价值尺度　B. 流通手段　C. 储藏手段　D. 支付手段
4. 纸币产生于货币的（ ）职能。
A. 价值尺度　B. 流通手段　C. 储藏手段　D. 支付手段
5. “劣币驱逐良币”现象发生于（ ）制度。
A. 银本位　B. 金本位　C. 金银复本位　D. 纸币本位
6. 货币在表现商品价值并计量商品价值量时，发挥（ ）的职能。
A. 价值尺度　B. 流通手段　C. 储藏手段　D. 支付手段
7. 一种商品的价值要求由许多不同商品来表现的现象属于（ ）。
A. 简单价值形式　B. 扩大价值形式　C. 一般价值形式　D. 货币价值形式
8. 在前资本主义时期，流通中的主要货币形态是（ ）。
A. 纸币　B. 银行券
C. 金属条块或金属铸币　D. 银行票据
9. 企业之间的货币支付基本用（ ）方式进行。
A. 现金　B. 挂账　C. 信用卡　D. 转账
10. 最早的货币制度是（ ）。
A. 银本位制　B. 金本位制　C. 金银复本位制　D. 金块本位制
11. 典型的金本位制是（ ）。
A. 金银复本位制　B. 金币本位制　C. 金块本位制　D. 金汇兑本位制
12. 目前，世界各国都实行（ ）。
A. 金本位制　B. 黄金准备制
C. 外汇准备制　D. 不兑现的信用货币制度

13. 货币在发挥流通手段职能时，必须是（　　）。

A. 观念的货币　　B. 现实的货币　　C. 足值的货币　　D. 货币符号

14. 具有无限法偿能力的货币是（　　）。

A. 金属货币　　B. 货币符号　　C. 本位币　　D. 辅币

15. 货币的两个基本职能是（　　）。

A. 价值尺度和流通手段　　B. 价值尺度和支付手段

C. 流通手段和支付手段　　D. 流通手段和储藏手段

16. 下述行为中，（　　）属于货币执行流通手段职能。

A. 分期付款购房　　B. 饭馆就餐付账

C. 交纳房租水电费　　D. 企业发放职工工资

17. 下述行为中，（　　）属于货币执行支付手段职能。

A. 企业纳税　　B. 超市购物　　C. 买票逛公园　　D. 医院挂号看病

（二）多项选择题

1. 商品价值的表现形式有（　　）。

A. 简单价值形式　　B. 扩大价值形式　　C. 一般价值形式　　D. 特殊价值形式

2. 人民币是（　　）。

A. 纸制的信用货币　　B. 货币的符号或代表

C. 起一般等价物作用　　D. 我国唯一合法流通的货币

3. 货币的职能有（　　）。

A. 价值尺度　　B. 流通手段　　C. 支付手段　　D. 储藏手段

4. 作为流通手段职能的货币可以是（　　）。

A. 现实的货币　　B. 观念上的货币　　C. 价值符号　　D. 足值货币

5. 从货币的职能上定义货币，（　　）种职能的统一就是货币。

A. 价值尺度　　B. 流通手段　　C. 支付手段　　D. 储藏手段

6. 信用货币作为货币发挥职能必须具备的条件有（　　）。

A. 国家法令强制流通　　B. 中央银行合理控制其供给量

C. 为社会所广泛接受　　D. 无人反对

7. 属于货币符号的有（　　）。

A. 金属条块

B. 不足值的金属铸币

C. 可以自由兑换金银的银行券

D. 政府发行并强制流通，不能自由兑换的纸币

8. 货币制度的内容包括（　　）。

A. 货币金属　　B. 货币单位

C. 货币的发行与流通　　D. 准备制度

9. 下列关于本位货币的阐述正确的有（　　）。

A. 是一国的基本通货　　B. 是一国的唯一通货

C. 可以自由铸造　　D. 具有无限法偿能力

10. 信用货币产生的原因有（　　）。

A. 生产力的发展　　B. 金属产量增长缓慢
C. 金属货币不适用　　D. 发行不需要准备金

11. 目前，货币包括下列（　　）内容。
A. 贵金属　　B. 现金　　C. 银行存款　　D. 股票

12. 下述行为，（　　）属于货币执行价值尺度职能。
A. 商品标价　　B. 企业亏损额
C. 公务员工资标准　　D. 国内生产总值增长率

13. 下述行为，（　　）属于货币执行流通手段职能。
A. 超市购物　　B. 饭馆就餐付账
C. 企业缴纳税款　　D. 买票逛公园

14. 下述行为，（　　）属于货币执行支付手段职能。
A. 分期付款购房　　B. 交纳房租水电费
C. 居民去银行办理存款　　D. 企业发放职工工资

（四）判断题

1. 货币执行价值尺度职能可以是观念的货币。（　　）
2. 货币执行流通手段职能必须是现实的货币。（　　）
3. 价值尺度和流通手段是货币的两个最基本的职能。（　　）
4. 辅币必须是足值的货币。（　　）
5. 根据格雷欣法则，银币必然取代金币。（　　）
6. 人民币是人民政府发行的可兑现的纸币。（　　）
7. 各国的法定货币都可以在中国境内使用。（　　）
8. 信用制度越发达，现金在货币流通中的比重越小，存款通货的比重越大。（　　）
9. 在金银复本位制下，会产生劣币驱逐良币现象。（　　）
10. 纸币可以流通，是国家法律赋予的能力。（　　）
11. 买票乘公共汽车，体现了货币的支付手段职能。（　　）
12. 企业缴纳税款，体现了货币的支付手段职能。（　　）

（三）名词解释

1. 货币　2. 货币制度　3. 信用货币　4. 价值尺度　5. 流通手段　6. 支付手段　7. 储藏手段　8. 货币单位　9. 铸币　10. 本位币　11. 辅币　12. 无限法偿　13. 有限法偿　14. 银行券　15. 纸币　16. 银本位制　17. 金本位制　18. 金银复本位制　19. 不兑现的信用货币制度

（四）简答题

1. 简述价值形式发展的4个阶段。
2. 什么是货币的本质？
3. 货币在经济生活中发挥哪些职能？
4. 信用货币制度具有哪些特点？
5. 简述人民币制度的基本内容。
6. 什么是货币制度？其主要构成要素有哪些？
7. 什么是“劣币驱逐良币”现象？试举例说明。

8. 为什么说金币本位制是一种相对稳定的货币制度，金块本位制和金汇兑本位制是不稳定的货币制度？

9. 什么是纸币本位制？其有什么特点？应如何正确理解目前我国的“一国四币”制度？

二、技能实训

（一）课堂讨论

把授课班级分成若干小组，选择以下问题进行讨论。

1. 钱、货币、通货、现金是一回事吗？银行卡是货币吗？

2. 钱是万能的吗？社会经济生活中为什么离不开货币？为什么自古至今，人们又往往把金钱看做是万恶之源？

3. 就你在生活中的体验，说明货币的各种职能，以及各种职能之间的相互关系。如果高度地概括，你认为货币职能最少有几个？

（二）案例分析

阅读以下材料，并回答问题。

金银为什么长期不能成为我国的主要货币

我国有一出相当出名的戏剧名叫《十五贯》，又名《错斩崔宁》，讲的是刘贵将岳父给的十五贯钱，假说成是卖妾所得引出的曲折故事。那么，十五贯铜钱有多重呢？如果这些钱都是合乎标准的铜钱（铜钱一枚称为“一文”，1 000 文为“一贯”，重约 5 斤），则十五贯应有 75 斤重，这是体弱的人背不动、体壮的人背上走不远的原因。史书上又记载有这样一件事：宋太祖赵匡胤有一次带人视察库房，他看到跟随他的有勇将周仁美，就问周仁美：“你能背得动多少钱？”周仁美回答：“我能背得动七十八贯钱。”宋太祖说：“那岂不要让钱压死了！”于是，宋太祖命令周仁美背起四十五贯钱在院内走一圈，周仁美照办，宋太祖就把这些钱赏给了周仁美（《宋史·周仁美传》）。八十贯钱重约 400 斤，宋太祖认为周仁美背不动，四十五贯钱重约 275 斤，周仁美能背着走一圈，自然也是壮汉。在大宗交易中，铜钱就显得非常不适合。如果买一匹马，在宋代要用约 50 贯钱，这些钱重约 250 斤，两个壮汉也未必能背上走 10 里路。一匹马的交易尚且如此，更不要说更大宗的交易了。

问题：

1. 既然铜钱的流通这么不方便，价值含量又低，在我国漫长的封建社会中，为什么作为主要货币的是铜钱，而不是黄金和白银（在我国漫长的封建社会，白银主要是以条块状形式流通，只是到了近代，白银才作为我国的主要货币）？

2. 从该案例来看，并结合第 1 个问题，回答在选用币材的时候，应考虑哪些因素？

拿石头当钱的国家

只要缔结了信任关系，石头、卡片等全部可以当钱来使用。

1984 年 4 月，南太平洋密克罗尼西亚联邦（Micronesia）总统约瑟夫·乌鲁塞马尔（Joseph Urusemal）踏上了访问美国的征途，这本不是什么大事，但他当时准备的欲赠送给美国的礼物却让全世界大饱了眼福，通过空军喷气式飞机运输的总统礼物是满是窟窿的巨大石块。换言之，这就是用石头制造成长像如今 CD 盘的“石盘”。乌鲁塞马尔总统为什么非要把石头千里迢迢送到美国当做礼物，正是总统在对他国进行正式访问时带来的“特别制作的石头”成为了国际话题。

其实，乌鲁塞马尔总统的真心并不是石头，而是打算送钱援助美国，当时美国正处于严重的经济低潮时期，乌鲁塞马尔总统出于真心想支援美国。那么，人们不禁要问，石头果然能够成为流通货币吗？的确如此，在密克罗尼西亚的雅普（Yap）岛上，从很久之前就有把石头作为流通货币通用的习惯。将石头作为圆盘的形状，即所谓的“石盘”刚好就是这个国家的通用货币。

拿石头当货币的国家（Land of Stone Money）历史可以追溯到公元2 000年前。雅普岛是美国的托管地，在杂货店和加油站也用美元，但是在重要交易中，如买地或交易独木舟、求婚等时，仍然沿旧袭使用石头。当需要交易时，求购方就带上石圈去交易，这是多么不方便的一件事。但是，当地人的想法却完全不一样。他们认为，美元交易方便倒是方便，不过其价值却是变色龙似的常变不稳，说不定美元放到哪天就贬值了，相反，石头虽然携带起来并不方便，不过价值却是永远不变。所以，该国在交易重要事项时，认为用石头交易这是百无风险的一件事。在雅普岛，大概30英尺的一个石圈就可以购买一幢别墅。

在这个国家除了石头之外，啤酒也是这个国家主要的支付工具，人们喜欢把啤酒作为各种零活的工资，包括建筑。人口不过1万名左右的这个国家，一年就要消费掉4万～5万箱啤酒，啤酒跟石头在此国的使用和钱完全一样，都是用于交易的工具。

雅普岛把石头当做钱来使用，起始于公元2 000年前传说中的阿那古曼（Anagumang）将军，他发现了帛琉的石灰岩洞，从洞穴里带回巨大的石头，并从月亮处获得灵感，将石头切成圆形模样，为了使运输更为方便，他在石头中间凿出了圆盘似的窟窿。在雅普岛，巨大的石盘就是一种形式的货币，村民将自己所拥有的“石币”在自家门前排成一排，那感觉就像是今天的“银行”一样，一个3.6米的“大家伙”需要20名壮年劳动力才能搬走。

当然，在世界上除了密克罗尼西亚之外，也有不乏将贝壳、麦子、家畜，甚至于盐当做钱来使用的国家。但是，深究一番，大概将石头当做货币来使用的国家可能仅仅只有雅普岛人而已。

问题：

1. 请你谈谈在雅普岛上，人们将石头当做钱使用的原因是什么？

2. “在这个国家除了石头之外，啤酒也是这个国家主要的支付工具。”说明货币的本质是什么？

3. 你对“只要缔结了信任关系，石头、卡片等全部可以当钱来使用”这句话是怎样理解的？

第三单元

评析信用与利率

信用是商品经济发展到一定阶段的产物，它具有特殊的性质。在现代商品货币经济条件下，每时每刻都有大量的信用活动发生。现代市场经济是信用经济。因此，本单元首先从定性的角度论述信用的产生、信用的形式和信用工具，在此基础上进行定量分析，探讨利息与利率问题。

项目一　信用的产生与形式的认知

知识目标

1. 准确地把握信用的概念。
2. 掌握信用的构成要素。
3. 理解信用的特征。
4. 了解信用的产生与发展。

能力目标

1. 能够透过现实中的信用现象，分析信用的特征。
2. 能够初步运用所学知识，联系现实生活正确理解并对待信用。

案例导入

张华的贷款风波

2003 年，张华同学在中国银行办理了一笔 6 000 元的国家助学贷款。2007 年 7 月毕业后，张华到一家公司工作，他认为自己已经远离所在学校，在新的工作环境中无人知道其有过国家助学贷款，父母也已移居，银行联系不到他本人和家人，自己不还国家助学贷款，银行也拿他没办法，于是他连续一年没还款也没和贷款银行联系。

2008 年 7 月，公司准备派张华去外地学习培训，他前往银行申请办理信用卡，准备在外地学习期间使用。当他把申请表交到银行后，被告知因其有拖欠国家助学贷款的记录，银行拒绝为他办理信用卡。张华才大吃一惊，得知个人征信系统已全国联网运行，这才意识到按约还贷的重要性。事后张华马上与贷款银行联系，把拖欠贷款本息全额结清。

通过这个事例，同学们如何理解信用。

问题：

1. 什么是信用？
2. 信用的特征是什么？
3. 信用的构成要素有哪些？
4. 助学贷款是何种信用形式？

任务一　理解信用的概念及其本质特征

一、信用的概念

人类历史发展到今天，“信用”这个词已经包含极其丰富的内涵。其可能是人类认识中最为复杂、最难以捉摸的概念之一。对信用的真正含义的认识，仁者见仁，智者见智。

从伦理角度理解“信用”，实际上是指“信守诺言”的一种道德品质，是指人们在日常交往中应当诚实无欺、遵守诺言的行为准则。人们在日常生活中所说的“诚信”、“可信”、“讲信用”、“一诺千金”、“答应的事一定办到”、“君子一言，驷马难追”实际上反映的就是这个层面的意思。“无信不立”是我国传统道德的核心，一个人失信就意味着与之交往的相对人将面临不可预测的道德风险。

从经济的角度理解“信用”，实际上是指“借”和“贷”的活动。信用这种借贷行为是指商品或货币的所有者把商品或货币暂时让渡给需要者使用，根据借贷双方约定的时间，按期归还本金，并由借者支付给贷者一定数额利息的行为。例如，赊销商品、贷出货币，买方和借方要按约定日期偿还货款并支付利息。

◇思一思

信用与信贷有何区别与联系？

信用与商品买卖不同，商品买卖是商品价值与货币价值双向等量转让运动，信用是定期的单方面转让有价值物，到期再偿还。

二、信用的要素

信用行为发生过程一般需要有以下5个要素。

1. 信用主体

信用作为特定的经济交易行为，要有行为主体，即行为双方当事人。其中，转移资产、服务的一方为授信人，而接受的一方则为受信人。授信人通过授信取得一定的权利，即在一定时间内向受信人收回一定量货币和其他资产与服务的权利，而受信人则有偿还的义务。

2. 信用客体

信用作为一种经济交易行为，必定有被交易的对象，即信用客体。这种被交易的对象就是授信方的资产，它可以是有形的（如以商品或货币形式存在），也可以是无形的（如以服务形式存在）。没有这种信用客体，就不会产生经济交易，因而不会有信用行为的发生。

3. 信用内容

授信人以自身的资产为依据授予对方信用，受信人则以自身的承诺为保证取得信用。因此，在信用交易行为发生的过程中，授信人取得一种权利（债权），受信人承担一种义务（债务）。没有权利与义务的关系也就无所谓信用，所以具有权利和义务关系是信用的内容，是信用的基本要素之一。

4. 信用流通的工具

信用双方的权利与义务关系，需要表现在一定的载体上（如商业票据、股票、债券等），这种载体被称为信用流通工具。信用流通工具是信用关系的载体，没有载体，信用关系无所依附。

作为载体的信用流通工具，一般具有以下主要特征。

（1）返还性。商业票据和债券等信用工具，一般都载明债务的偿还期限，债权人或授信人可以按信用工具上所记载的偿还期限按时收回其债权金额。

（2）可转让性。即流动性，是指信用工具可以在金融市场上买卖。对于信用工具的所有者来说，可以随时将持有的信用工具卖出而获得现金，收回其投放在信用工具上的资金。

（3）收益性。信用工具能定期或不定期地给其持有者带来收益。

5. 时间间隔

信用行为与其他交易行为的最大不同，是它在一定的时间间隔下进行，没有时间间隔，信用就没有栖身之地。

三、信用的特征

在商品货币条件下，信用表现为商品买卖中的延期支付或货币的借贷行为。与一般的商品买卖关系相比，信用关系具有以下特点。

1. 信用是有条件的借贷行为

信用活动是从等价交换原则出发，在借贷双方自愿的前提下，以偿还和支付利息为条件的对商品或货币的一种借贷行为。

2. 信用不改变价值所有权性质，是价值的单方面让渡

在信用活动中，商品或货币的出让者只是暂时将其商品或货币让渡给需要者使用，双方要约定期限偿还，因而出让的商品或货币的所有权没有发生改变。此外，信用方式所引起的价值运动不同于“钱出去、货进来”的价值双向运动，它是通过包括借贷、偿还、支付一系列过程实现的特殊价值运动。在发生借贷行为时，没有对等的交换，而是价值单方面的转移。

3. 信用活动的结果是形成一定的债权与债务关系

信用活动中商品或货币的出让者成为债权人，相对的需求者成为债务人。因而可以说，只要有信用活动就必然产生一定的债权与债务关系。

四、信用的产生与发展

（一）信用的产生条件与原因

1. 私有财产的出现是借贷关系存在的前提条件

原始社会末期，出现了两次社会大分工，即畜牧业从原始农业中分离出来和手工业从农业中分离出来，有了剩余产品，有了商品交换；私有制的出现产生了贫富差别，贫者为了生存就要向富者借贷，信用由此产生。

2. 商品、货币占有的不均衡

商品货币关系的发展，使商品、货币在各个生产者之间分布不均衡，出现了有商品需要卖，但拥有货币的人不需要买，而需要商品的人却没有货币，商品交换无法进行。为了解决这一问题，出现了赊购赊销的方式，即商品赊卖者或货币贷出者成为债权人，商品赊购者或货币借入者成为债务人，两者发生了债权与债务关系，双方达成了到期归还并支付利息的协议，这便是典型的信用关系。

（二）信用发展的历史过程

信用产生之后，与其他的经济范畴一样不断地由低级向高级发展。在历史上，信用基本上表现为两种典型的形态，即高利贷信用和借贷资本信用。

◇ 课堂讨论

小王说信用是会随着社会的发展而消亡的。你认为他说的对吗？

在现阶段能消亡吗？说明理由。

1. 高利贷信用

（1）高利贷信用的概念。高利贷信用是最古老的信用形态，是通过贷放货币或实物以收取高额利息为目的的一种信用关系。

（2）高利贷的产生。私有制的产生，使原始公社内部发生了财富的分化，出现了富裕家族和贫穷家族。货币资财集中在富裕家族手中，而贫穷家族缺少生活资料和生产资料。为了维持生活和继续从事生产，或者遇到天灾人祸，贫穷家庭不得不向富裕家族借贷，于是出现了信用活动。最早的信用活动是实物借贷。货币产生之后逐步发展为货币借贷，其间经历了以实物借贷为主，辅之以货币借贷的形式。

高利贷在奴隶社会和封建社会得到广泛的发展，其根源是上述社会形态由自给自足的小生产经济占统治地位。小生产经济是个人拥有简单的生产资料，以家庭为单位，从事简单劳动，极不稳定，任何微小的自然灾害或意外打击都可能击垮小生产者的简单再生产，为维持简单再生产和极其低下的生活，有时也为支付苛捐杂税、地租，小生产者必须去借高利贷而不考虑能否承受高额利息。除小生产者外，奴隶主和地主也是高利贷的借者，所不同的是奴隶主和地主不是为了满足再生产的需要或增加生产资料，而是为了满足他们荒淫腐化的生活或为巩固其统治地位，如修建豪宅，豢养武士、保镖，购置武器装备等。马克思指出：“榨取贫苦小生产者的高利贷是和榨取富有大地主的高利贷携手并进的。”

（3）高利贷信用的特点。

① 利息率高。高利贷信用的年利率一般在30%以上，100%～200%也较常见，甚至没有最高限制。中国历史上高利贷的利息率很高，在旧中国的国民党统治时期，俗称“驴打滚”就是年利率在100%以上。高利贷的利率高，其原因有3个方面。首先，受到统治阶级的支持和保护，因为发放高利贷者本身就是统治者。其次，高利贷的借者是为了获得必不可少的购买手段和支付手段，不是为了获得追加资本。如果是为了获得追加资本，借者考虑到无利可图，就不愿意借了。最后，商品经济的不发达使货币供给愈紧张，人们对货币的需求愈大，为高利率的形成提供了条件。

◇ 思一思

1. 我国现阶段还有高利贷吗?

2. 利率高就是高利贷吗?

知识链接

旧中国最有名的高利贷

1. “驴打滚”

“驴打滚”盛行于华北一带。贷款以1个月为期，利息的起息为4分或5分，到期还不了，利息加倍，利上加利，越滚越多，利息翻番速度之快如同驴子打滚翻身一般。

2. “印子钱”

“印子钱”曾流行于全国各地。在抗日战争前的上海，借印子钱10元，放债人先扣下1元，实借出9元，分60天还清，连本带利每天还两角钱，到期要还12元。

② 非生产性。高利贷资本的来源不是社会再生产过程中暂时闲置的资本，而是靠掠夺剥削而来的社会生产以外的财富。从高利贷的用途看，奴隶主和封建主是为了满足奢侈的生活与巩固统治，小生产者则是为了维持生存而不是再生产。

（4）高利贷信用的作用。高利贷信用具有双重作用，既有消极作用，也有积极作用。

① 高利贷的消极作用。高利贷极具保守性、寄生性。高利贷极高的利息率使通过高利贷借得的资本不是主要用于生产，因为生产所得无法支付高额利息，而其非生产性又使生产不能快速发展，甚至破坏生产力。虽然，高利贷盘剥积累了大量财富是促进资本主义生产方式形成的主要因素，但其依附于小生产经济，维护旧的生产方式，破坏生产力，阻碍高利贷资本向产业资本转化，因而是保守的、寄生的。

② 高利贷也有积极的历史作用。其主要表现在以下方面。

首先，高利贷信用促进了自然经济的解体和商品货币关系的发展。由于高利贷主要是货币借贷，迫使小生产者到市场上出卖劳动产品以支付高利贷本金利息，同样迫使奴隶主和封建主把剥夺而来的产品拿到市场上出售，因而促进了自然经济的解体和商品货币关系的发展。

其次，高利贷为资本主义生产方式的产生提供了两个必备条件。高利贷使小生产者、奴隶主和封建主成为无产者，为资本主义生产需要大量的雇佣劳动创造了条件；积累了大量资财成为资本主义生产方式的货币资本。

2. 借贷资本信用

资本主义生产方式的建立和社会化大生产的出现，使得与小生产方式相适应的高利贷信用逐渐失去了赖以存在的基础。借贷活动服从于生产利润，这是资本主义生产方式的要求，因此资本主义信用表现为借贷资本的运动形式。

（1）借贷资本的含义。借贷资本是货币资本家为了获得利息而贷放给职能资本家的一种货币资本，它是在产业资本循环周转中产生和发展起来的一种生息资本，并长期服务于现代市场经济社会。

（2）借贷资本的产生。在产业资本的循环过程中，一方面必然形成一部分暂时闲置的货币资本，即形成了可以贷放出去的资本；另一方面也存在临时补充资本的需要，即需要借贷。

① 暂时闲置货币资本的形成。首先，固定资本在周转过程中其价值逐渐地、部分地转移到产品中去。转移到产品中去的固定资本以提取折旧基金的方式积累，直至固定资产更新为止，因而在固定资产更新以前，固定资本表现为闲置的货币资本。其次，流动资本在再生产过程中由于种种原因也会出现暂时闲置。例如，商品出卖所得销售收入，在没有立即购买原材料、燃料和辅助材料之前和在未支付工资以前，均会成为闲置的货币资本。最后，当用货币形式所积累的利润在没有作为资本来追加投资之前，以及在未支付股息和纳税之前也表现为闲置。

这些闲置的资本，停止执行资本的职能，与资本的特征相矛盾。贷放出去获取收益是闲置资本的客观需求。

② 在社会化大生产过程中，有借入货币资本的客观要求。首先，在再生产过程中，当企业需要更新固定资产而其折旧基金的提取尚未达到足够数量的情况下，需要借入一部分资本。其次，为维持产业资本的正常周转，需要临时借入资本以补充自有流动资金的不足，如季节性、临时性地大量购买原材料、燃料和辅助材料等。最后，当积累资本的数额不能满足投资需要而又想扩大生产规模时，也需要借入资本。

在市场经济条件下，获取更多的利润是生产经营者共同的追求，这样就使资金盈余者与资金短缺者联系在一起，形成借贷关系。于是，暂时闲置的货币资本便转化为借贷资本。

（3）借贷资本的特点。借贷资本虽然是在职能资本运动基础上产生的，但其与职能资本相比有自己的特点。

① 借贷资本是商品资本。借贷资本和普通商品一样，具有使用价值和价值。但这是一种既有别于普通商品，又有别于货币的特殊使用价值和价值。其特殊使用价值是能带来价值的增值，产生利润；其特殊的价值是其有以利息形态表现出来的“价格”。货币所有者把其货币资本借给职能资本家，实际上是把货币作为资本的使用价值，即生产利润的能力，让渡给职能资本家。所以，借贷资本是一种特殊的商品资本。

② 借贷资本是所有权资本。借贷资本虽然是一种作为商品的资本，但其“买”（借入）“卖”（贷出）并不是真正意义上的买卖。借贷资本被“卖”出的仅仅是它的使用权，即增值价值，是带来利润的能力，并没有放弃对货币资本的所有权，借贷资本的所有权仍然在贷款人手中。贷款人正是凭借着这种所有权，以及对使用权的暂时让渡获得利息。

③ 借贷资本有特殊的运动形式。借贷资本有着与产业资本不同的运动形式。产业资本的循环周转表现为：G—W—P—W′—G′，而借贷资本的运动则表现为 G—G′，即货币资本—带来增值的货币资本，借和还同为货币形态，无质的变化，只有量的增长。

（4）社会主义信用。在社会主义市场经济中，信用仍然是客观存在的，其原因表现如下。

① 各个经济行为主体盈余和赤字的存在。首先，企业经营活动中形成资金的盈余和赤字。企业作为一个整体，既是巨大的资金需求者，又是巨大的资金供应者。但需求与供应两相比较，通常需求大大超过供给。其次，个人货币收支也会有盈余和赤字。但把所有的个人作为一个整体，几乎任何国家，通常大多数年份是盈余，从而是金融市场货币资金的主要供给者。最后，政府货币收支。政府在参与国民收入分配中也有盈余和赤字的存在，但政府一

般是货币资金的需求者。

② 不同经济行为主体之间的利益差别。由于所有制的不同，导致了经济利益的差别；同一所有制内部各个不同企业之间利益的差别也是存在的。这就决定了资本余缺的调剂要采用信用的方式。

◇ **同步检测（判断题）**

1. 高利贷没有任何作用。（　）
2. 在信用借贷活动中，货币充当流通手段的职能。（　）

任务二　掌握信用的形式与工具

一、信用的形式

信用关系表现出来的具体形式就是信用形式，它是信用活动的外在表现。在社会化生产和商品经济发展中，信用形式也不断发展，主要形式有商业信用、银行信用、国家信用和消费信用等。其中，商业信用和银行信用是现代市场经济最基本要的两种信用形式。

（一）商业信用

1. 商业信用的概念与产生

（1）商业信用的概念。商业信用是指企业之间在销售商品时，以商品赊销、预付货款、委托代销、分期付款等形式提供，与商品交易直接相联系的一种信用形式。

以这种方式买卖商品，在商品转手时，买方不立即支付现金，而是承诺在一定时期后再支付。这样，双方形成一种债务关系，卖方是债权人，买方是债务人。卖方所提供的商业信用，相当于把一笔资本贷给买方，因而买方要支付利息。赊销的商品价格一般要高于现金买卖商品的价格，其差额就形成赊购者向赊销者支付的利息。商业信用的工具是商业票据。

（2）商业信用发生的基本原因。在商品经济条件下，生产者之间的生产时间和流通时间的不一致，使商品运动和货币运动在时间上与空间上脱节。即在社会再生产过程中，一些企业生产出商品等待销售，而需要购买商品的企业又暂时没有资金，因为这些企业只有在售出自己的产品后，才能获得足够的资金。商业信用通过赊销商品，以延期付款的方式解决了买卖双方暂时的矛盾。这样，即使卖方顺利地实现了商品价值，又满足了买方补充资金的需要，从而加速了商品价值实现的过程，缩短了生产和流通时间，促进了社会再生产的顺利进行。

2. 商业信用的特点

与其他信用形式相比，商业信用具有以下主要特点。

（1）商业信用是企业之间发生的最简单的直接信用形式。商业信用是企业之间以商品形态提供的信用，其借贷双方或债权人与债务人都是商品的生产者或经营者。

（2）单向性。商业信用是单方向的债权与债务关系。

（3）票据化。商业信用中信用的双方一般有稳定的经济联系和严格的契约关系，并且把这种信用关系做成商业票据。

（4）短期性。商业信用只能解决工商业企业短期资金的调剂。

3. 商业信用的局限性

由于商业信用本身具有的特征，决定了商业信用的存在和发展具有局限性。

(1) 规模和数量上的局限性。商业信用是企业间买卖商品时发生的信用，是以商品交易为基础的。因此，信用的规模受商品交易量的限制，生产企业不可能超出自己所拥有的商品量向对方提供商业信用。商业信用无法满足由于经济高速发展所产生的巨额的资金需求。

(2) 方向上的局限性。因为，商业信用的需求者就是商品的购买者，这就决定了企业只能在与自己的经济业务有联系的企业之间发生信用关系，通常只能由卖方提供给买方，而且只能用于限定的商品交易。

(3) 信用能力上的局限性。商业信用的借贷行为之所以能成立，不仅是因为买卖关系的成立，重要的是出卖商品的人比较确切了解需求者的支付能力，也只有商品出售者相信购买者到期后能如数偿付货款，这种信用关系才能成立。因此，在相互不甚了解信用能力的企业之间就不容易发生商业信用。

(二) 银行信用

1. 银行信用的概念与形式

(1) 银行信用的概念。银行信用是指银行以货币形式向企业或个人提供的信用。

(2) 银行信用的形式。银行信用的主要形式：① 银行以吸收存款等形式，筹集社会各方面的闲散资金；② 通过贷款等形式运用所筹集到的资金。

2. 银行信用的特点

银行信用的主要特点有以下方面。

(1) 银行信用的债权人是银行或其他金融机构，债务人是企业。

(2) 银行信用借贷的客体是货币。

(3) 银行信用是一种中介信用。银行信用活动的主体是银行和其他金融机构，但其在信用活动中仅充当信用中介。

(4) 银行信用具有创造信用的功能。在整个银行体系中，一笔原始存款经过银行发放贷款，贷款又转化为新的存款，这样循环往复，就会形成数倍于原始存款的派生存款，以满足社会再生产过程中的货币需求。

3. 银行信用的地位

银行信用是在商业信用基础上发展起来的一种间接信用，在规模、范围、期限上大大超过商业信用，是现代经济中占主导地位的信用形式。

(1) 银行信用消除了商业信用的局限性。

① 银行信用具有广泛性。银行信用是以货币形态提供的信用，因此银行可以把货币贷给任何一个企业，克服了商业信用在方向上的限制。

② 银行信用具有规模性。银行信用贷放的是社会资本。银行信用不受交易额度的影响，小额资金主可以聚集为大额资金借贷，大额资金也可以分散为小额资金放贷。

③ 银行信用具有贷款期限上的灵活性。在银行信用形式下，可以提供不同期限的贷款，满足短中长期的不同需求。

④ 银行信用在其他信用中处于核心的地位。现代银行信用是信用的主要形式，是其他信用赖以正常运行的基础，尤其是商业信用，更需要银行通过承兑、贴现和抵押贷款为其提供支持。

（2）银行本身具有规模大、成本低、风险小的优势，任何其他信用形式都难以与之竞争。银行作为专营货币的企业，具有集中社会闲散资金提供贷款的能力，其资金来源广、成本低，融资能力强；并且，银行作为专业信用机构，具有较强的专业能力来识别与防范风险。

（3）银行作为吸收存款和发放贷款的企业，不仅能够提供信用，而且还能创造信用，使其能够以较低的成本提供信用。

银行信用的上述优点，使其在整个经济社会信用体系中占据核心地位，发挥着主导作用。商业信用的发展也越来越依赖银行信用，银行贴现商业票据将分散的商业信用集中统一为银行信用，为商业信用的进一步发展提供了条件。同时，银行在商业票据贴现过程中发行了稳定性强、信誉性高、流通性大的银行券，创造了适应全社会经济发展的流通工具。

4. 银行信用与商业信用之间的关系

现代信用形式中，商业信用和银行信用是两种最基本的信用形式。银行信用是伴随着现代资本主义银行的产生，在商业信用的基础上发展起来的一种间接信用。银行信用在规模上、范围上、期限上都大大超过了商业信用，成为现代经济中最基本的占主导地位的信用形式。两者的关系可进行以下理解。

（1）商业信用始终是信用制度的基础。历史上商业信用产生在先，其直接与商品的生产和流通相关联，直接为生产和交换服务。企业在购销过程中，彼此之间如果能够通过商业信用直接融通所需资金，就不一定依赖于银行。

◇ 思一思

银行信用与商业信用的连接点是什么？

（2）只有商业信用发展到一定程度后才出现银行信用。资本主义的银行信用体系，正是在商业信用广泛发展的基础上产生与发展的。

（3）银行信用的出现使商业信用进一步完善。因为，商业信用工具、商业票据都有一定期限，当商业票据未到期而持票人又急需现金时，持票人可到银行办理票据贴现，及时取得急需的现金，商业信用就转化为银行信用。由于银行办理的以商业票据为对象的贷款业务，如商业票据贴现、票据抵押贷款等，使商业票据及时兑现，商业信用得到进一步发展。

（4）商业信用与银行信用各具特点，各有独特的作用。二者之间是互相促进的关系，而不存在互相取代的问题。因此，应该充分利用这两种信用形式促进经济发展。

（三）国家信用

1. 国家信用的概念

国家信用是指国家直接向公众进行的借贷活动。国家在这种信用关系中处于债务人的地位。

2. 国家信用的形式

国家信用在国内的基本形式是国债，通常以发行公债券和国库券的形式来实现。公债券是由政府发行的一种长期债券，发行公债筹措的资金主要用于弥补财政赤字和其他非生产性开支。国库券是由国家直接发行的一种短期公债，主要是为了解决短期的国库开支急需。除此之外，还有专项债券和财政透支或借款。专项债券是一种指明用途的债券，如中国发行的国家重点建设债券等。

3. 国家信用的作用

现代国家信用的作用主要表现在以下方面。

(1) 国家信用是动员国民收入、弥补财政赤字的重要工具。当今世界上许多国家由于种种原因，在不同程度上出现了财政赤字。解决财政赤字的主要办法有增税、发行纸币和举债。在这3种办法中，增税不仅程序繁杂，而且容易引起公众的不满；发行货币超额会导致通货膨胀；只有举债是较为主动、直接的办法。因此，许多国家都把发行公债作为筹措国家预算资金的重要来源之一。

(2) 国家信用是筹措资金用于特定庞大支出的重要手段。一个国家要履行其在维持管理、保护安全和发展经济等方面的基本职能，如出现战争、特大灾害或举办大规模改造大自然，以及新兴开发性项目建设等，需要一笔庞大的临时支出。这种在特定情况下急需的巨额支出，许多国家是运用国家信用来解决的。

(3) 国家信用是调节货币流通、稳定经济发展的重要杠杆。由于国债信誉高于其他任何信用工具，其转让流通性较强。因此，利用国家信用，通过公债在市场上的吞吐，既可以改变建设资金的规模和投向，对经济发展作出一定的干预，同时又可以利用市场机制增大或减少市场货币流通量，以求实现货币流通正常，稳定币值和稳定经济。

(四) 消费信用

1. 消费信用的定义

消费信用是工商、企业、银行或其他信用机构向暂时缺乏货币购买力的消费者提供贷款，支持其消费的活动。

2. 消费信用的形式

消费信用的形式主要有赊账、分期付款和发放消费信贷等。

(1) 赊账。赊账是利用结账信用卡，凭信用卡先购买后支付。

◇ 思一思

在现实生活中有哪些消费信用的例子？

(2) 分期付款。分期付款是消费者购买商品后，先支付部分现款，然后根据签订的合同，分期加息支付余下的贷款。在贷款未付清前，商品所有权属于卖者。赊账、分期付款都属于商业信用范畴。

(3) 消费信贷。消费信贷是指银行或其他金融机构采取信用、抵押、质押担保或保证方式，以商品型货币形式向个人消费者提供的信用。按接受贷款对象的不同，消费信贷又分为买方信贷和卖方信贷。买方信贷是对购买消费品的消费者发放的贷款，如个人旅游贷款、个人综合消费贷款、个人短期信用贷款等。卖方信贷是以分期付款单证作抵押，对销售消费品的企业发放的贷款，如个人小额贷款、个人住房贷款、个人汽车贷款等。按担保的不同，又可分为抵押贷款、质押贷款、保证贷款和信用贷款等。

3. 消费信用的作用

消费信用的作用包括积极作用与消极作用两个方面。

(1) 积极作用。消费信用的积极作用主要体现在：① 解决消费和购买力，特别是耐用消费品购买力和消费品供给之间的不平衡；② 提高消费水平，消费信用可在一定程度上缓和消费者的购买力与现代化生活需求的矛盾，有助于提高全社会的消费水平。

（2）消极作用。消费信用的消极作用主要体现在：① 消费信用过分发展，掩盖消费品供求之间的矛盾，造成一时虚假繁荣，给生产传递错误信息，使某些消费品的生产盲目发展；② 过量发展消费信用会导致信用膨胀；③ 在信用卡大量使用下，过度透支，超前消费极易使消费者债务负担过重，成为“卡奴”，增加了社会不稳定因素。

（五）民间信用

1. 民间信用的概念

民间信用又称个人信用，是指城乡居民个人之间以货币或实物形式提供的直接信贷。近年来，我国商品经济发展迅猛，银行、信用社网点的结算和服务方式难以适应个体经济发展的需要，因此民间信用成为一个重要的补充形式。

2. 民间信用的形式

我国民间信用的主要形式有私人之间的货币借贷、私人之间通过中介进行的货币借贷、有一定组织程序的借贷活动和以实物作抵押取得贷款的典当等。

3. 民间信用的特点

民间信用的特点，如图 3－1 所示。

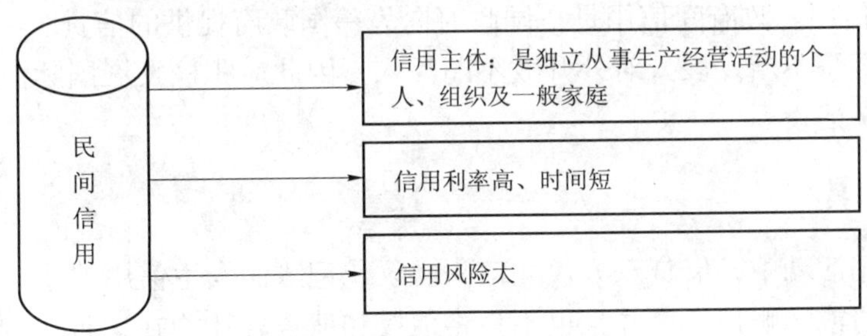

图 3－1　民间信用的特点

民间信用的资金是绕过正规金融机构运行的，它具有利率高、风险大、易发生违约纠纷等特点，因此应当对其加强引导和管理。

典型案例

温州的民间信用

温州民间信用活动呈现多样化、利率灵活性、操作简易性、活动区域性、关系依附性和风险隐藏性等特点。各地的民间利率水平反映了当地不同的资金余缺程度，同时又与借款人信誉、期限等因素密切相关。月息一般为 1%～1.2%，信誉好，用款时间长的，甚至可以降低至 0.8%～0.6%，接近银行信用社利率水平。民间直接融资的操作手续比较简单，近 90% 的企业借款是信用方式，60% 的个人在借款时只备借据，而且借据陈述简单，仅有借贷双方姓名和金额，利率有时是口头协商或随行就市，期限大多并不事先确定，借出方可临时通知收回，借入方也可要求展期，还有超过 20% 的借贷无任何手续。从地域上看，农村的民间信用活动明显比城市活跃。同时，民间信用活动一般限制在有限的社区范围之内，借贷双方大多具有亲友、邻里或生意伙伴等社会关系。

资料来源：《温州民间信用情况调查》. 中国金融年鉴 2002，2003.

问题：

1. 民间信用形式的特点是什么？
2. 民间信用存在哪些问题？

（六）国际信用

1. 国际信用的定义

国际信用是国与国之间相互提供的信用，它是国际间相互联系的一个重要方面。在现代社会，国家要发展就必须要利用他国的先进技术设备和资金。尤其是在科技飞速发展的今天，生产国际化和资本国际化日益发展的情况下，这种国与国之间的信用活动显得更为重要。

2. 国际信用的形式

国际信用包括国际商业信用、国际银行信用和政府间信用等形式。

（1）国际商业信用。国际商业信用是发生国际商品交易过程中，以延期支付方式由卖方提供的信用。

（2）国际银行信用。国际银行信用是银行以货币形态向另一国借款人提供的信用。

（3）政府间信用。政府间信用是一国政府向另一国政府提供的信贷。

我国的市场经济不断发展，对外开放不断深入，因此应积极发展国际信用关系，利用外资，加速本国经济建设。

二、信用工具

在早期的信用活动中，借贷双方仅凭口头协议或记账而发生信用关系，因无法律上的保障，极易引起纠纷或坏账损失，并且也不易将债权和债务转让。在这种情况下，“矛盾的解决和解决矛盾的手段一并产生”，信用工具就应运而生了。

（一）信用工具的含义

信用工具是指以书面形式发行和流通、借以保证债权人或投资人权利的凭证，是资金供应者和需求者之间继续进行资金融通时，用来证明债权的各种合法凭证。在现代市场经济条件下，信用工具也是电子系统记载的数据。

信用工具也叫金融工具，是重要的金融资产，是金融市场上重要的交易对象。

一般来说，信用工具由五大要素构成：① 面值，即凭证的票面价格，包括面值币种和金额；② 到期日，即债务人必须向债权人偿还本金的最后日期；③ 期限，即债权与债务关系持续的时间；④ 利率，即债权人获得的收益水平；⑤ 利息的支付方式。

知识链接

信用工具的其他称谓

信用工具也称为金融工具、融资工具、筹资工具和投资工具。视角不同，信用工具强调的是债权与债务关系；金融工具强调的是金融市场的交易对象；融资工具强调的是实现融通资金的载体；筹资工具强调的是能获得资金的使用权；投资工具强调的是通过出让资金使用权获得收益。

（二）信用工具的分类

1. 按信用形式划分

按信用形式划分，信用工具可分为商业信用工具，如各种商业票据等；银行信用工具，如银行券和银行票据等；国家信用工具，如国库券等各种政府债券；证券投资信用工具，如债券、股票等。

2. 按期限划分

按期限划分，信用工具可分为长期、短期和不定期信用工具。长期与短期的划分没有一个绝对的标准，一般以 1 年为界，1 年以上为长期，1 年以下则为短期。短期信用工具主要是指国库券、各种商业票据，包括汇票、本票、支票等。西方国家一般把短期信用工具称为“准货币”，这是由于其偿还期短，流动性强，随时可以变现，近似于货币。长期信用工具通常是指有价证券，主要有债券和股票。不定期信用工具是指银行券和多数的民间借贷凭证。

3. 按是否与实际信用活动直接相关划分

按是否与实际信用活动直接相关划分，信用工具可分为基础性信用工具和衍生性信用工具。基础性信用工具是指在实际信用活动中出具的能证明信用关系的合法凭证，如商业票据、股票、债券等；衍生性信用工具则是在基础性金融工具之上派生出来的可交易凭证，如各种金融期货合约、期权合约、掉期合约等。

（三）信用工具的特征

信用工具种类繁多，但各种信用工具一般都具有以下 4 个特征。

1. 收益性

信用工具能定期或不定期带来收益，这是信用的目的。信用工具的收益有以下 3 种。

（1）固定收益。这是投资者按事先规定好的利息率获得的收益，如债券和存单在到期时，投资者即可领取约定利息。固定收益在一定程度上就是名义收益，是信用工具票面收益与本金的比例。

（2）即期收益。即期收益又叫当期收益，是按市场价格出卖时所获得的收益，如股票买卖价格之差即为一种即期收益。

（3）实际收益。这是指名义收益或当期收益扣除因物价变动而引起的货币购买力下降后的真实收益。在现实生活中，实际收益并不真实存在，而必须通过再计算。

投资者所能接触到的是名义收益和当期收益。

2. 风险性

为了获得收益提供信用，同时必须承担风险。风险相对于安全而言，所以风险性从另一个角度说就是安全性。信用工具的风险是指投入的本金和利息收入遭到损失的可能性。任何信用工具都有风险，只是程度不同而已。

信用风险主要有违约风险、市场风险、政治风险和流动性风险。

（1）违约风险。违约风险一般称为信用风险，是指发行者不按合同履约或是公司破产等因素造成信用工具持有者遭受损失的可能性。

（2）市场风险。市场风险是指由于市场各种经济因素发生变化，如市场利率变动、汇率变动、物价波动等各种情况造成信用凭证价格下跌，遭受损失的可能性。

（3）政治风险。政治风险是指由于政策变化、战争、社会环境变化等各种政治情况直接引起或间接引起的信用凭证遭受损失的可能性。

3. 流动性

信用工具的流通性是指信用工具的变现能力，即信用工具在金融市场上买卖和交易，换得货币。在短期内，信用工具在不遭受损失的情况下，能够迅速出卖并换回货币，称为流动性强；反之，则称为流动性差。

4. 偿还性

偿还性是指信用工具的发行主体或债务人按期还本付息的特征。信用工具一般均载明期限，债务人到期必须偿还信用凭证上记载的债务，但也存在着例外。例如，普通股票上并未载明期限，其偿还期是无限的。

总之，大多数信用工具都具有上述4个特征，但各种信用工具的特征表现是有差异的。这种差异便是金融工具购买者在进行选择时所要考虑的主要内容。

（四）主要信用工具

在现代经济生活中，信用工具作为社会资金融通的重要手段，其种类越来越多，并不断地被创新。但主要的信用工具主要有以下两种。

1. 短期信用工具

短期信用工具一般是指期限在1年以内的票据，包括票据、大额可转让定期存单、信用证、信用卡等。

（1）票据。票据是具有一定格式，载明金额和日期，到期由付款人对持票人或指定人无条件支付一定款项的信用凭证。

票据的一般行为有出票、背书、承兑、保证、贴现等。

① 出票。即签发票据，是创造票据的行为。签发票据形成债权与债务关系。

② 背书。这是转让人为了将未到期的票据转让给别人而在票据的背面作转让签名、盖章表示负责的行为。背书人一经背书即为票据的债务人，背书人与出票人同样具有对票据的支付责任。若票据的出票人或承兑人不能按期支付款项，票据持有人有权向背书人要求付款。

③ 承兑。这是票据的付款人在票据上以文字表示“承认兑付”，承诺票据到期付款的行为。

④ 贴现。这是持票人以未到期的票据向银行兑取现款，银行扣除自贴现日至到期日的利息买进该票据的行为。贴现在形式上是票据买卖，但实际上是一种信用活动。

票据一般分为汇票、本票、支票。

① 汇票。汇票是由出票人签发，付款人见票后或到期时，对收款人无条件支付款项的信用凭证。汇票按出票人不同，又可分为银行汇票和商业汇票。

银行汇票是指汇款人将款项交给当地银行，由银行签发给汇款人持往异地指定银行办理转账结算或向银行兑取现款的票据。

商业汇票是由债权人发给债务人，命令债务人在一定时期内向指定的收款人或持票人支付一定款项的支付命令书。商业汇票一般有3个当事人：出票人（债权人）、受票人或付款人（债务人）、收款人或持票人（债权人的债权人）。由于商业汇票是由债权人发出的，所以必须经过票据的承兑手续才具有法律效力。在信用买卖中，由债务人承兑的汇票，称为商业承兑汇票；由银行受债务人委托承兑的汇票，称为银行承兑汇票。

② 本票。本票是债务人对债权人签发的在一定时期内承诺付款的信用凭证。本票又分为银行本票和商业本票。在我国现行的票据制度中只规定有银行本票。银行本票是申请人将款项交存银行，由银行签发给申请人凭此在同城范围内办理转账结算或支取现金的票据。商业本票又叫商业期票。其和商业汇票同是商业信用的信用工具，统称为商业票据。因为，商业本票是债务人对债权人签发的，因此无须承兑。商业本票也可经背书后转让或向银行贴现。

③ 支票。支票是银行活期存款人通知银行从其账户上无条件支付一定金额给票面指定人或持票人的信用凭证。支票按支付方式可分为现金支票和转账支票。现金支票可以用来支取现金，也可以办理转账结算。转账支票只能用于转账，不能提取现金。因为其常常在票面上用两条平行线来表示，所以又称为划线支票。当存款人所签发支票的票面金额超过其银行存款账户余额时，这种支票称为"空头支票"。空头支票是不能兑付的。在我国，如签发空头支票，要给予结算制裁，通常是按支票面额的一定比例处以罚款。

此外，还有一种特殊的支票即旅行支票，是由银行或旅行社签发，由旅行者购买，以供其在外地使用的定额支票。

知识链接

我国的票号鼻祖——雷履泰

票号即票庄、汇兑庄，主要办理国内外汇兑和存放款业务，是为适应国内外贸易的发展而产生的。票号产生于中国的封建社会。在票号出现以前，人们用雇佣镖局运送现银的办法支付交易，费时误事，开支大，不安全。从嘉庆、道光年间开始，民间有了信局，通行各省，官吏及商人迫切要求以汇兑取代运现，因此诞生了票号。

最早的票号产生于道光年间。最早，山西平遥人雷履泰代替别人管理一家"日升昌"颜料铺，由于颜料铺的生意兴隆，雷履泰把经营范围扩大到了四川，经常到四川采购颜料。但是，雷履泰出入四川采购颜料必须随身携带大量的现金，在以行路困难著称的蜀道上长途跋涉，风险极高，一旦碰到抢劫的匪徒，后果不堪设想。

于是，雷履泰就决定由日升昌开出票据，凭票据到四川指定的地点可以兑换现银，即当时的通用货币。这种方式类似于今天的汇票，大大提高了支付的效率，降低了交易中的风险。雷履泰用金融票据往来的方式，代替施行了几千年的商业往来必须用金、银作支付和结算手段的老办法。在意识到这种新结算方式的发展前景以后，雷履泰干脆把"日升昌"改造成为一家专门的票号。

"日升昌"是一家特殊的商号。它的与众不同是因为其经营的商品不是一般货物，而是金融票据、存款、货款和汇款这些业务，它是中国历史上第一家做这种生意的商号。雷履泰虽然只开办了"日升昌"这一家票号，但实际上是开创了一个全新的行业。在此后的100多年时间里，别人仿效"日升昌"的模式，开设了许多家类似的商号。因为，都是以经营汇票为主，而且又都由山西人开办，所以当时的人们和后来的研究学者把它们统称为"山西票号"。票号办理汇兑、存放款，解决了运送现银的困难，加速了资金周转，促进了商业繁荣。

资料来源：杨长江，张波，王一富．金融学教程．上海：复旦大学出版社，2004.

（2）大额可转让定期存单。大额可转让定期存单是20世纪60年代产生的一种金融工具，其英文全称是Negotiable Certificate of Deposit，简称CD。CD既是银行的存款单，又具有与一般存款单不同的地方，其特点是存单面额固定且面额大；存单期限固定；未到期以前不能提前兑现，但可以转让流通；期限较短。例如，美国的CD期限最短的为14天，最长的达1年，有100万美元面额的，也有10万美元面额的。

（3）信用证。信用证有商业信用证和旅行信用证两种。

① 商业信用证。商业信用证是商业银行受客户委托开出的证明客户有支付能力并保证支付的信用证。客户申请开立信用证时，必须预先向开户银行缴纳一定的保证金。商业信用证既可以用于国内商业，也可以用于国际贸易。在国内商业中，购货商请银行开立商业信用证，送交卖方，卖方可按信用证写明的条款向银行开发汇票收取货款。在国际贸易中，商业信用证是银行保证本国进口商有支付能力的证明，是国际贸易的主要支付方式。进口商要求商业银行开立商业信用证须交纳货款的一部分或全部作为保证金。出口商可通过联行或在国外的代理行把商业信用证交给出口商，也可以把信用证直接寄给进口商。允许其在一定期间和一定金额限度内，向进口商开发汇票，银行保证其到期付款。

② 旅行信用证。旅行信用证又称货币信用证，是银行发给客户据以支付现金的一种凭证。由于信用证是银行专门为方便旅行者出国旅行时支付款项所发行的，因此国际上一般称之为旅行信用证。

（4）信用卡。信用卡是一张带有磁条或智能芯片的塑料卡片，是银行或专营机构利用计算机网络对具有一定信用的客户签发的代替现金和支票使用的信用凭证。持卡人可凭卡经签字在指定的商店、宾馆等购物或享受劳务，商店或宾馆则凭签购的单据与发卡银行进行收款结账。信用卡一般可以进行小额的透支。信用卡的主要优点是节约现金使用，便利大额零售买卖。使用信用卡，银行可以得到手续费、利息、扩大存款；持卡人不使用现金，不开支票就可以消费，方便、安全；商店可以及时收回款项，扩大营业。因此，信用卡业务发展极其迅速。

目前，世界上流行最广的有维萨卡、万事达卡、运通卡、欧洲卡等。我国近几年来，通过各商业银行，分别发行了牡丹卡、长城卡、金穗卡、龙卡、太平洋卡等。

2. 长期信用工具

长期信用工具一般被称为“有价证券”，主要有债券和股票。

（1）债券。债券是债务人向债权人承诺在一定时期内还本付息的债务凭证。债券一般分为政府债券、公司债券和金融债券。政府债券是政府为筹集资金而发行的债务凭证，是一种国家信用工具，一般包括中央政府债券和地方政府债券。公司债券（企业债券）是公司或企业向社会发行的承诺在一定时期内还本付息的债务凭证。金融债券是银行或其他非银行类金融机构作为债务人发行的债务凭证。金融债券是金融机构一种较为理想的筹集长期资金的信用工具。我国金融债券的期限一般为1～5年不等，利率略高于同等期限的定期存款。

（2）股票。股票是股份公司签发的，证明股东按其所持股份享有权利和承担义务的所有权凭证。

股票的种类非常多，根据股东承担风险和享受权利的不同，可分为普通股和优先股。

① 普通股。普通股是指在公司的经营管理和盈利，以及财产的分配上享有普通权利的股份，是股份公司发行的最基本、最重要、最常见的一种标准股票。其基本特征：第一，持

有普通股的股东有权获得股息和红利，但必须是在公司支付了债息和优先股的股息之后才能分得；第二，当公司因破产或解散而进行清算时，普通股的股东有权分得公司剩余资产，但普通股的股东必须在公司的债权人、优先股的股东之后才能分得财产；第三，普通股的股东一般都拥有发言权和表决权，即有权就公司重大问题进行发言和投票表决；第四，普通股的股东一般具有优先认股权，即当公司增发新普通股时，现有股东有权优先（可能还以低价）购买新发行的股票。

② 优先股。优先股是与普通股股票相对应的一种特别股股票，是指在公司收益和剩余资产分配方面比普通股具有优先权的股票。优先股的基本特征：第一，约定固定的股息率并且不随公司业绩好坏而波动；第二，分派股息和清偿剩余资产优于普通股；第三，表决权受到一定限制，优先股的股东不享有公司的决策参与权，在公司增发新股时一般也没有优先认股权。

目前，我国的股票分为 A 股、B 股、H 股、N 股。A 股是以人民币标明面值，以人民币认购和进行交易的股票。B 股又称为人民币特种股票，是指以人民币标明面值，以外币认购和进行交易的股票。H 股是指由中国境内注册的公司发行，直接在中国香港股票市场上市的股票。N 股是指由中国境内注册的公司发行，直接在美国纽约股票市场上市的股票。

◇ **同步检测（填空题）**

1. 现代信用的主要形式有________、________、________、________、________。
2. 根据出票人的不同，商业票据可分为________和________两种。

项目二　利息与利率概述

知识目标

1. 理解利息的概念与本质特征。
2. 理解利率的各种形式与作用。

能力目标

1. 通过利率的学习，能用单利法和复利法计算利息。
2. 能够利用所学的利率知识，分析利率的变化对经济的影响。

案例导入

玫瑰花债务案

1984 年，法国与卢森堡两国之间发生了一件轰动全球的债务案。让人意想不到的是，这起纠纷竟然是由一束玫瑰花引起的。原来 1797 年，法国总统拿破仑偕夫人访问卢森堡，在参观卢森堡一所小学时，向女校长赠送了一束玫瑰花，价值 3 个金路易，他还在致词中说："只要法国存在一天，每年的今天我都将派人送上一束玫瑰花，作为法卢友谊的象征。"可是，拿破仑后来并没有兑现这个诺言。你想法国那么大，内政外交的事务那么多，他怎么会记得这个小小的许诺呢。然而，卢森堡没有忘记。时隔 187 年后的 1984 年，卢森堡政府通知法国政府，要求赔款。法国政府的官员们哭笑不得，想不到卢森堡政府为一束玫瑰花认真起来。赔款的数目怎么算呢？卢森堡政府提出，自1797年起，按每年3个金路易、加上0.5%的利息，并以复利计算。法国政府官员开始很不以为然，以为不过是区区小数，可是当电子计算机将结果打印出来时，官员们全都傻眼了，这项赔款竟高达138万法郎。于是，一件国际债务案由此产生了。

同学们，你们想知道这项巨额债务是如何计算出来的吗？

任务一　探讨利息的本质

情境导入

老师：老师的家里有1万元钱暂时还用不着，可是现金放在家里又不安全，有哪位同学帮老师想个办法，可以更好地处理这些钱？

学生1：可以用这些钱来炒股，赚大钱。（众生笑）

学生2：可以用这些钱进行投资，比如说买保险等。

学生3：我觉得还是储蓄比较安全，什么时候用就可以直接取出来。炒股的风险比较大，万一损失了就什么也没有了。（众生大都点头表示认同）

老师：这位同学的建议不错，我就把这1万元进行储蓄。在储蓄之前，老师还想了解一下关于为什么要储蓄？利息是多少？

一、利息的含义

利息是在资金借贷中债务人支付给债权人超过本金的部分，也是债务人运用借入资金所付出的代价。信用作为一种借贷行为，借款者除按约定的期限偿还所借的货币外，还要付出一定的代价，即支付一定的利息。利息是与信用相伴随的一个经济范畴，是货币所有者因为贷出货币而从借入者手中获得的报酬。利息随着借贷行为而产生，其必要性是由信用形式特征所决定的。

二、利息的来源与本质

关于利息的来源与本质，各经济学派对此从不同立场、角度出发，阐述了自己的观点。

1. 西方经济学家关于利息来源与本质的理论

（1）利息报酬论。该理论由配第（英国）提出。他认为，利息是因为所有者暂时放弃货币使用权而给其带来不方便的报酬。

（2）资本生产力论。该理论由萨伊（法国）提出。他认为，资本、劳动、土地是生产的三要素，在生产中它们各自提供了服务，资本具有生产力，利息是资本生产力的产物。

（3）节欲论。该理论由西尼尔（英国）提出。他认为，资本来自储蓄，要储蓄就必须节制当前的消费和享受，利息来自于对未来享受的等待，是对为积累资本而牺牲现在消费的一种报酬，是资本家节欲行为的报酬。

（4）灵活偏好论，也称为流动性偏好论。该理论是由凯恩斯提出。他认为，利息是在一个特定的时期内，人们放弃货币周转流动性的补偿。

2. 马克思关于利息的来源与本质的理论

上述这些理论大多脱离经济关系本身，甚至从非经济现象进行考察，从而无法揭示利息的真正来源与本质，只有马克思科学阐述了利息的本质。

马克思认为，利息是作为借款人的职能资本家支付给货币资金所有者或贷出者的一部分利润，是剩余价值的一种分割。职能资本家由于其经营牟利的资本是借入的，所以他必须将取得利润的一部分以利息的形式支付给借贷资本家。所以，“利息不外是一部分利润的特别名称，特别项目”。因此，在资本主义社会，利息就其本质来说，乃是剩余价值的特殊表现形式，是利润的一部分，体现了借贷资本家和职能资本家瓜分剩余价值的关系。

3. 社会主义市场经济条件下利息的来源与本质

在我国社会主义市场经济中，利息是从企业纯收入中分割出来的一部分，是劳动者为社会创造新价值的一部分。银行等金融机构对企业、单位的贷款要收取利息，对它们的存款也要支付利息，对居民储蓄存款也要支付利息。利息也是银行等金融机构费用开支和利润的来源。银行利用贷款所得利息，支付存款利息及经营活动的费用，这两项的差额就构成其利润的来源。银行等金融机构将利润的一部分上交财政部门，其余留作本身的信贷基金。由此可见，利息体现了国民收入的再分配，涉及国家、集体单位和个人之间的经济利益，需要正确处理。

三、利息与收益的一般形态

利息是资金所有者由于借出资金而取得的报酬，它来自于生产者使用该笔资金发挥生产职能而形成利润的一部分。显然，没有借贷，就没有利息。但在现实生活中，利息被看做是收益的一般形态，无论贷出资金与否，利息都被看作是资金所有者理所当然的收入——可能取得或将会取得的收入。与此相对应，无论借入资金与否，生产经营者也总是把自己的利润分成利息与企业收入两部分，似乎只有扣除利息后的利润才是经营所得。于是，利息率就成为一个尺度：如果投资额与所获得利润之比低于利率，则不应该投资；如果扣除利息，所余利润与投资的比很低，则说明经营的效益不高。在会计制度中，利息支出在会计中列入成本。利润表现为扣除利息的余额。

马克思认为，利息之所以能转化为收益的一般形态，主要是因为以下原因。

首先，利息是资本所有权的果实这种观念已得到广泛认同，取得了普遍存在的意义；一旦人们忽略借贷过程中创造价值这个实质内容，而仅仅注意货币资本的所有权可带来利息这一联系，便会形成货币资本自身天然具有收益性的概念。

其次，利息虽然就其实质来说，是利润的一部分，但利率同利润率的区别在于利率是一个事先确定的量。利率的大小在其他因素不变的条件下，直接制约企业收入的多少。因此，从这个意义出发，人们通常用利率衡量收益，用利息表示收益。

最后，利息的历史悠久。货币可提供利息早已为人们所熟知。因此，无论货币是否作为资本使用，人们通常认为，货币可带来收益。

在一般的贷放中，本金、利息收益和利率的关系可用公式表示为：

$$收益 = 本金 \times 利率。$$

所以：本金 = 收益/利率

通过收益与利率相比，得出的资本金，习惯称之为资本化。例如，土地价格是地租的资本化；股票价格是股息的资本化；人力资本是工资的资本化等。资本化是商品经济的规律，只要存在利息，这一规律就存在并发挥作用。

拓展阅读

对利息的各种看法

柏拉图：强烈谴责放贷取息的行为，认为偿付利息现象的存在构成了对整个社会安定的重大威胁。在《理想国》中，柏拉图把高利贷者比喻为蜜蜂，谴责他们将蜂针（货币）刺入借款人的身上为取得增值的利息而损害他们，从而使因借债而沦为奴隶的人和放贷取息而变得懒惰的人遍布全国，他建议禁止放贷取息。

亚里士多德：从货币职能的角度出发反对放贷取息。人们是为了交换的方便才使用货币，而贷放业者却强使货币做父亲以进行生殖，像父亲生子一样由货币产生利息，是对货币职能的歪曲。货币是“不会生育的金属”，因为金属不能培育和饲养，任何超过贷出资本的货币报酬，均与其本金毫无关系。

威廉·配第：从人们出租土地来收取地租的合理性，来说明人们贷出货币收取利息的合理性。人们出借货币给自己造成了不方便，因此可以索取补偿，利息正是人们在一定时期内因放弃货币的支配权而获得的报酬。利息是人们因出借货币给自己带来了“不方便”而索取的补偿。

亚当·斯密：借款人借钱后，可以用于消费，也可以用于投资，因此利息来源有两个方面：一个是借款用于投资时，利息来源于利润；另一个是当借款用于消费时，利息来源于别的收入，如地租等。

庞巴维克：“时差利息说”，其理论基础是边际效用价值论。他认为，“现在物品”的价值大于“未来物品”，“这种价值上的差别是一切资本利息的来源”。

马歇尔：利息是对人们延期消费的一种报酬，之所以需要这种报酬，是因为绝大多数人都喜欢现在的满足而不喜欢延期的满足。

费雪：利息是对“人性不耐”的报酬。“人性不耐”是指人们都有一种时间偏好，即人们对现在财货的主观评价高于对将来财货的主观评价。

凯恩斯：利息并不是对延期消费或人性不耐的补偿，而是对人们放弃流动性的补偿。为什么要有补偿，是因为人们存在流动性偏好，即人们普遍具有的喜欢持有可灵活周转的货币的倾向。人们持有货币虽然没有收益，但持有货币有着高度的安全性和流动性。因此，在借贷活动中，借者应该向贷者支付一定的利息，作为对贷者丧失流动性的补偿。

◇ 同步检测（判断题）

1. 从贷方角度，利息可看做是出让资金所有权所获得的补偿。（ ）

2. 英国经济学家西尼尔认为，利息是资本家为积累资本而牺牲现时享受的报酬，这就是所谓的“时差利息论”。（ ）

3. 关于利息是人们在特定时期内放弃货币流动性的报酬的观点最早是由经济学家庞巴维克提出来的。（ ）

4. 凯恩斯关于利息理论的主要贡献是提出了“流动性偏好理论”。（ ）

5. 根据凯恩斯“流动性偏好理论”，利率主要取决于货币存量的供求和人们对流动性偏

好的强弱。　　　　　　　　　　　　　　　　　　　　　　　　　　　　　（　）

任务二　计算利率、分析利率的类型与作用

一、利率的定义

利率其实就是利息率，是指在一定时期内，利息收入与本金的比例，它体现一定的利息水平。利率的表示方法一般分为年利率、月利率和日利率。年利率是按年计息的比率，一般用百分比的形式来表示，我国惯称为“分”。例如，本金 100 元，年利率为 7.2%，则每年每百元利息收入是 7.2 元。月利率是按月计息的比率，一般用千分比的形式来表示，我国惯称为“厘”。例如，本金 1 000 元，月利率为 6‰，则每月每千元利息收入是 6 元。日利率是按日计息的比率，一般用万分比的形式来表示，我国惯称为“毫”。例如，本金 10 000 元，日利率为 29 600，则每日每万元可得利息 2 元。年、月、日利率之间可以互相换算。已知月利率可以乘以 12 则为年利率，而除以 30（无论大月小月）则为日利率。

◇ 思一思

利率是借贷期内所获得的利息额与借贷本金的比率，这句话对吗？

二、利率的计算

利息总额的计算方法有两种：单利和复利。

1. 单利计息

单利计息是指在计算利息额时，无论期限长短，永远在初始本金上计算利息。其计算原理为：

$$利息 = 本金 \times 利息率 \times 计息期限$$

其计算公式为：

$$I = P \cdot r \cdot n \tag{3-1}$$

$$S = P(1 + n \cdot r) \tag{3-2}$$

式中：I 为利息；P 为本金；n 为期限；r 为利率；S 为本利和。

单利计息方法简便，容易计算借款成本，与复利计息方法相比，有利于减轻债务人的利息负担。

2. 复利计息

复利计息是指按一定期限（如 1 年）将所生利息加入下一年计息的本金再计利息、逐期滚算的一种计息方法。其计算原理为：

$$利息 = 本金(1 + 利息率)^{计息期} - 本金$$

其计算公式为：

$$S = P \cdot (1 + r)^n \tag{3-3}$$

$$I = S - P \tag{3-4}$$

式中：I 为利息；P 为本金；n 为期限；r 为利率；S 为本利和。

例 3－1　工商银行向同仁堂贷放一笔为期 5 年，年利率为 10% 的 100 万元贷款，则到

期日企业应付利息额与本利和分别为：

（1）按单利计息：$I = 100 \times 10\% \times 5 = 50$ 万元　$S = 100(1 + 10\% \times 5) = 150$（万元）

（2）按复利计息：$I = 100[(1 + 10\%)^5 - 1] = 61.051$（万元）

$$S = 100(1 + 10\%)^5 = 161.051 \text{（万元）}$$

运用复利计息不仅仅是一种方法，更重要的是一种价值判断。它能更加准确地计算货币所有者的收益，有利于提高资金的时间观念，有利于发挥利息杠杆的调节作用和社会资金的使用效益。尤其是作为一种收益标准对企业的投资选择、个人资产的投资选择等都是非常适用的。复利计息在现代经济中的运用范围越来越广泛，也越来越被人们所重视。

三、利率的种类

利率可以从不同的角度加以分类，其中经常应用的有以下 6 种。

（一）年利率、月利率和日利率

按照计算利率的时间长短，利率可分为年利率、月利率和日利率。

年利率是以年为计息的时间单位计算的利息，通常以百分比表示，俗称“分”。

月利率是以月为单位计算利息，通常以千分比表示，俗称“厘”。

日利率也称为“拆息”，是以日为单位计算的利息，以万分比表示，俗称“毫”。

年利率、月利率和日利率之间的换算关系是：年利率等于月利率乘以 12，月利率等于日利率乘以 30；年利率除以 12 为月利率，月利率除以 30 为日利率。在实践中，我国无论是年利率、月利率，还是日利率，都用“厘”作单位。例如，年利率 4 厘、月利率 3 厘、日利率 1 厘。虽然都叫厘，但年利率的厘是指百分之一，月利率的厘是指千分之一，日利率的厘是指万分之一。例如，年利率 4 厘是指 4%，月利率 3 厘是指 0.3%，日利率 1 厘是指 0.01%。

（二）长期利率与短期利率

以信用行为的期限长短为划分依据，利率可分为短期利率和长期利率。

（1）短期利率。短期利率是指与 1 年期以下的信用行为相应的利率。

（2）长期利率。长期利率是与 1 年期以上的信用行为相应的利率。

（三）固定利率与浮动利率

固定利率是指在整个借款期间利率不变，不会因市场利率的波动而改变。其最大的特点是简便易行，便于计算和掌握借款成本。在借款期限较短或市场利率变化不大的条件下，一般使用固定利率。

浮动利率是指随着市场利率变化而定期调整的利率。至于调整期限和调整时依据哪种市场利率为基础，由借贷双方议定。当借款期较长或市场利率变化较快时，借贷双方常愿意使用浮动利率。采用浮动利率时，借款人在计算借款成本时，要复杂一些，利息负担有可能重一些，但是借贷双方承担的利率风险较小，因此一般中长期贷款都选用浮动利率。

我国金融机构的存款一般使用固定利率。国家对同一种类、同一期限的存款和贷款，规定统一的利率，各金融机构据以执行。同时，中国人民银行按照国家授权，允许某些金融机构在国家规定的统一利率基础上，在一定幅度内将贷款利率上下浮动。

固定利率和浮动利率的区别如表 3－1 所示。

表 3-1　固定利率和浮动利率的比较

项目	固定利率	浮动利率
优点	计算成本与收益精确方便	能随通货膨胀适时调整，减少债权人的损失
缺点	由于忽略通货膨胀的影响，给债权人尤其是长期放贷的债权人带来较大的损失	因手续繁杂、计算依据多样，而增加费用支出
适用范围	多用于短期借贷	多用于长期尤其是 3 年以上的借贷，特别是在国际金融市场上

（四）名义利率与实际利率

按利率与通货膨胀的关系划分，利率可以分为名义利率和实际利率。

名义利率又称“货币利率”，是一定时点上对物价变动因素未作剔除的利率。实际利率是在一定时点上对物价因素进行剔除后的利率。

名义利率和实际利率的关系是：

实际利率 = 名义利率 - 物价上涨率

在经济活动中，区别名义利率和实际利率至关重要。投资者是赔钱还是赚钱不能看名义利率，而要看实际利率。实际利率有两种，一种是事后的实际利率，它等于名义利率减去实际发生的物价变动率；另一种是事前的实际利率，它等于名义利率减去预期的物价变动率。在经济决策中，事前的实际利率的估算更重要，而事后的实际利率常用于经济分析。

（五）基准利率和非基准利率

按在整个利率体系中产生的影响不同，利率可以分为基准利率和非基准利率。

基准利率是指在多种利率并存的条件下起决定作用的利率。这种利率变动，其他利率也相应变动。西方国家的基准利率通常是指中央银行的再贴现率，我国的基准利率是中国人民银行对商业银行贷款的利率。

基准利率以外的利率被称为非基准利率。

拓展阅读

基准利率的确定

基准利率是指在整个金融市场上和整个利率体系中处于关键地位、起决定性作用的利率。基准利率一般多由中央银行直接调控，并能够对市场其他利率产生稳定且可预测的影响。在放松利率管制以后，中央银行就是依靠对基准利率的调控来实现对其他市场利率的影响。

基准利率对应的金融产品必须具有足够的交易规模和交易频率，以保证对其他利率的有效引导。其他任何利率品种都是在基准利率的基础上加上一定百分点的风险溢价得出的。

各国在货币政策的实践中，通常以同业拆借利率或国债回购利率充当基准利率。我国目前以中国人民银行对各商业银行的贷款利率为基准利率。基准利率变动时，其他各档次的利率也相应地跟着变动。随着我国银行间同业拆借市场和国债回购市场等货币市场发展及相关利率的放开，同业拆借利率或国债回购利率现在也逐步起到基准利率的作用。

上海银行间同业拆借利率（Shibor）自 2007 年 1 月 4 日正式运行。按照国际基准利率以国际金融中心城市名命名的惯例，Shibor以位于上海的全国银行间同业拆借中心为技术平台计算、发布并命名，Shibor因此而得名，同时也有利于上海国际金融中心的建设。

Shibor是单利、无担保、批发性利率。目前，对社会公布的shibor品种包括隔夜、1周、2周、1个月、3个月、6个月、9个月和1年。每个交易日由信用等级较高的16家银行组成报价团自主报出人民币同业拆出利率，全国银行间同业拆借中心根据各报价行的报价，剔除最高、最低各2家报价，对其余报价进行算术平均计算后，得出每一期限品种的Shibor。Shibor被称为中国未来的基准利率。

美国的基准利率为联邦基金利率，主要是通过公开市场操作来使该利率在一个狭窄的目标区间内波动，每年10次的美联储公开市场委员会会议将选择并公开一个联邦基金利率目标水平。同时，美联储也会根据联邦基金利率调整对商业银行的贴现窗口利率。

自1994年2月起，美联储实行以利率为中介目标、联邦基金利率为操作指标的货币政策，通过联邦基金利率来影响银行存贷款利率，进而达到调控经济和通胀的目的。

联邦基金利率是指商业银行间拆借资金的利率，以隔夜为主。美联储公开市场委员会每次的利率决定仅是制定联邦基金利率的目标，这个目标利率是其自身向商业银行拆借资金的利率。当实际运行中的联邦基金利率高于这个目标时，商业银行之间的拆借就会转向商业银行与美联储之间进行，市场流动性增加，联邦基金利率降至目标值；反之，若联邦基金利率低于目标时，美联储则会通过公开市场操作吸纳银行超额储备，同业拆借市场资金紧张，进而令联邦基金利率提升至目标水平。

（六）市场利率、官方利率与公定利率

市场利率是在金融市场上由借贷资金供求关系直接决定并由借贷双方自由议定的利息率。

官方利率是政府货币管理当局或中央银行确定发布的，各银行都必须执行的各种利息率。

在现代经济中，利率作为国家调节经济的重要杠杆，官方利率在整个利率体系中处于主导地位，并且与市场利率关系十分密切。市场利率受借贷供求状况影响而频繁地波动，但在一定程度上又受官方利率的影响而变化。市场利率变化十分灵敏地反映信贷资金供求状况，是国家确定和调整官方利率的重要依据。官方利率是为了使利率水平体现政府货币政策的意图，根据货币政策目标需要和市场利率变化趋势而制定的，对市场利率起导向作用。通过官方利率的变化，可调节资金供求状况，进而调节市场利率水平，以实现调节经济的目标。

公定利率是由非政府部门的民间金融组织如银行工会等确定的利率，它对会员有约束性。

知识链接

我国利率市场化的进展

利率市场化是指通过市场和价值规律机制，在某一时点上由供求关系决定的利率运行机制，它是价值规律作用的结果。

利率市场化是我国利率改革的目标，已经取得了重大的进展。我国利率市场化的进程

如下。

1996 年全国统一银行间同业拆借市场联网运行，全国统一的银行间同业拆借市场利率形成；1998 年 9 月放开了政策性金融债券市场化发行利率；1998 年和 1999 年两次扩大贷款利率浮动幅度；从 2000 年 9 月 21 日开始实行外汇利率管理体制改革，放开了外汇贷款的利率。改革中国外币利率管理体制，首先是放开外币贷款利率，由金融机构根据国际金融市场利率的变动情况，以及资金成本、风险差异等因素，自行确定各种外币贷款利率及其结息方式。

2002 年初，在 8 个县农村信用社进行了利率市场化改革试点，贷款利率浮动幅度由 50% 扩大到 100%，存款利率最高可上浮 50%；2002 年 9 月，农村信用社利率浮动试点范围进一步扩大。

从 2013 年 7 月 20 日起，中国政府全面放开金融机构贷款利率管制。

我国利率市场化改革的总体思路是“先外币、后本币；先贷款，后存款；先长期、大额，后短期、小额”，显示了中央银行加大利率市场化改革力度的决心。

我国利率市场化改革的目标是：建立由市场供求关系决定金融机构存、贷款水平的利率形成机制，中央银行通过运用货币政策工具调控和引导市场利率，使市场机制在金融资源配置中发挥主导作用。

四、利率决定理论与影响因素分析

利率水平如何决定，哪些因素影响利率的变化，是金融理论中的重大课题。对此，经济学家曾进行广泛的论证，提出了一些有价值理论。

（一）利率的决定理论

1. 马克思的利率决定论

马克思的利率决定论以剩余价值在不同的资本家之间分割为起点，认为利息是贷出资本的资本家从借入资本的资本家那里分割来的一部分剩余价值。剩余价值表现为利润，所以利息量的多少取决于利润总额，利率的高低取决于平均利润率。由于利息只是利润的一部分，利润本身也就成为利息的最高界限。一般情况下，利率不会与平均利润率恰巧相等，也不会超过平均利润率。

总之，利率的变化范围在零与平均利润率之间。

马克思明确指出，在利率的变化范围内，有两个因素决定着利率的高低：利润率和总利润在贷款人与借款人之间分配的比例。利润率决定利率，从而使利率具有以下特点。

（1）随着技术发展和资本有机构成的提高，平均利润率有下降趋势，因而也影响平均利率有同方向变化的趋势。

（2）平均利润率虽有下降趋势，但却是一个非常缓慢的过程。换句话说，平均利润率具有相对稳定性。

（3）由于利率高低取决于两类资本家对利润分割的结果，因而使利率的决定具有很大的偶然性。也就是说，平均利率无法由任何规律决定，而传统习惯、法律规定、竞争等却可以直接或间接地对利率产生影响。

需要注意的是，平均利率是一个纯理论概念。在现实生活中，人们面对的是市场利率而非平均利率。市场利率的多变性直接决定于资本借贷的供求对比变化。至于总利润在贷款人与借款人之间分配的比例，也可能出现不同情况。如果总利润在贷款人和借款人之间的分割比例是固定的，则利率随着利润率的提高而提高；相反，则会随利润率的下降而下降。

2. 西方利率决定理论的几种观点

近300多年来，利率决定理论经历了古典学派、凯恩斯学派和新古典学派3个时期。

（1）储蓄投资利率论。古典经济学派的奠基人马歇尔提出，利率取决于储蓄和投资之间的均衡点。利率是资本供求趋于相等的价格，而储蓄构成资本的供给、投资构成资本的需求，因此利率是由储蓄、投资决定的。

（2）货币供求利率论。凯恩斯提出，货币数量和灵活偏好是决定利率的两大因素。其中，灵活偏好是指公众愿意持有货币资产的一种心理倾向，分为交易动机、预防动机和投机动机。

（3）IS－LM利率论。该理论由英国著名的经济学家希克斯和汉森提出，在当代西方经济学中占有支配的地位。其主要观点是：影响利率决定的因素有生产率、节约、灵活偏好、收入水平和货币供给量。希克斯认为，利率是一种特殊的价格，必须从整个经济体系来研究它的决定。因此，应将生产率、节约、灵活偏好、收入水平和货币供给量结合起来，运用一般均衡的方法来探索利率的决定。

一般均衡分析法中有两个市场：实物市场和货币市场。在实物市场上，投资与利率负相关，而储蓄与收入正相关。据投资与储蓄的恒等关系，可得出一条向下倾斜的*IS*曲线，曲线上任一点代表实物市场上投资与储蓄相等条件下的局部均衡点。在货币市场上，货币需求与利率负相关，而与收入水平正相关，在货币供给量由中央银行决定时，可导出一条向上倾斜的*LM*曲线。*LM*曲线上任一点意味着货币市场上货币供需相等情况下的局部均衡。

（二）决定与影响利率变化的因素

在现代市场经济中，决定和影响利息率变化的主要因素如下。

1. 平均利润率

在资本主义制度下，利息是借贷资本的伴生物，是利润的一部分，因此利率不能超过平均利润率，且随平均利润率的变动而变动。只有在特殊情况下，利率才会等于或超过平均利润率。例如，1929—1933年世界经济危机时期，由于借贷资本奇缺，少数资本家急于偿债，被迫以高于平均利润率的利率借款。

在社会主义制度下，利息来源于社会纯收入——利润，为保证企业的合理利润，利率也必须受平均利润率的制约。

2. 资金供求状况

利率实际上是借贷资本的价格。一般情况下，平均利润率决定利率水平的总趋势，而资本供求状况在某一时期、某一领域对利率的升降起直接作用。市场上资本供应紧张，利率就上升；反之，则利率下降。

3. 借贷期限

利率随借贷期限的长短而有所不同。通常，借贷期限越长，利率越高；反之，则利率越低。从存款来看，存期越长，资金越多，银行就有可能更有效地运用资金，赚取更多的利润，同时也必须向存款人支付较高的利息；从贷款来看，贷款期限越长，银行受到机会成本损失的可能性越大，银行收取的利息也较高。

4. 预期价格变动率

有纸币流通就有通货膨胀的可能性，通货膨胀会引起物价上涨、纸币贬值。而纸币贬值又给借贷资本造成损失。从存款来看，如预期物价上涨率高于存款利率，即实际利率为负值，那么储户就会产生“存钱不如购物”的心理，从而大量提取存款，发生“挤兑”现象，甚至引发金融危机；从贷款来看，预期物价上涨率过高，贷款利率过低同样会给银行造成损失，为弥补这种损失，银行必须提高利率水平。

5. 国家宏观经济政策

利率政策是国家宏观经济政策的一部分。在西方国家，中央银行的贴现率政策起着引导市场利率走向的重要作用。在中国，利率的调整须根据国家宏观经济政策及产业政策区别不同情况，实行差别利率政策。此外，利率的高低还受借贷资本的风险大小、历史因素和社会习惯等影响。

五、利率的作用

利率作为经济杠杆，在市场经济中具有“牵一发而动全身”的效应，对一国经济的发展起到至关重要的作用。利率的作用不仅体现在宏观经济运行当中，还表现在对企业及个人经济活动等微观方面的影响上。

（一）利率在宏观经济活动中的调节作用

1. 利用利率杠杠，使宏观经济保持平衡

各国政府及金融管理当局常常利用利率手段来调节经济，使利率成为国家宏观调控的重要经济杠杆。当经济过热、发生通货膨胀时，中央银行就会采取各种措施，提高利率，减少货币供应量，这样就会减少投资与消费，控制总需求，避免经济过热；反之，当经济过冷时，中央银行就会采取相反的措施，降低利率，增加货币供应量，进而刺进消费与投资，避免经济过冷。

2. 调节国民收入分配

调节国民收入分配是利率的基本作用。分配从根本上说是物质利益的分配，利率的高低在一定程度上影响国民经济中企业、银行、存款人等不同主体的物质利益关系，影响着不同主体在国民收入中的分配份额。正因为如此，利率的变化才能促使不同经济主体调整行为，最终引起国民经济运行的变化。

3. 调节国民经济结构

首先，国家利用利率积聚资金的功能，使分散在社会各阶层的货币收入和再生产过程中暂时闲置的货币资金得以集中并转化为信贷资金，通过信贷资金的分配，满足生产发展的资金需要，促进经济快速发展。其次，国家再对急需发展的农业、能源、交通运输等行业，适当降低利率，支持其大力发展；对需要限制的某些加工行业，则适当提高利率，从资金上限制其发展。从而使国民经济各部门能够健康、协调的发展。

（二）利率在微观经济活动中的作用

1. 影响企业的经济效益与投资活动

对企业来说，利率能够促进企业加强经济核算，提高经济效益。因为，企业利润收入 = 销售收入 -（产品成本 + 利息 + 税金）。在通常情况下，产品成本和税金是相对稳定的，企业利润取决于应付利息的多少，而利息的多少又与企业占有信贷资金的多少、占用的时间长短和利息率有关。

企业的投资活动与利率的变化有着密切的关系。一般理论认为，低利率对投资有刺激作用，高利率则不利于投资规模的扩大。低利率有利于投资，主要是因为在其他条件不变的情况下，低利率可以减少企业在投资和生产成本中的利息支出，从而增加企业盈利，使企业更加有利可图，于是刺激企业扩大投资和扩大生产。

2. 影响个人储蓄与投资行为

利率对储蓄的影响有以下两个方面。

（1）利率提高，储蓄增加的替代效应。这表示人们在利率水平提高的情况下，愿意增加未来消费——储蓄，来替代当前消费。这一效应反映了人们有较强的增加利息收入从而增加财富积累的偏好。

（2）利率提高，储蓄减少的收入效应。这表示人们在利率水平提高时，希望增加现期消费，从而减少储蓄。这一效应反映了人们在收入水平由于利率提高而提高时，希望进一步改善生活水准的偏好。

利率的变化对个人的证券投资也有一定的影响。证券投资是指人们对金融商品，即股票、债券等有价证券的购买和持有。在正常的经济情况下，利率与证券价格呈反方向变化，即市场利率下降时，引导资金更多地流向证券市场，证券价格上升；反之亦然。市场利率变化是影响证券行情的一个重要因素。

◇ **同步检测（判断题）**

1. 马克思利息理论的核心内容是关于利率变动的理论。（　　）
2. 基准利率是决定其他利率走势的关键利率。（　　）
3. 西方国家通常以中央银行的再贴现率作为一国的基准利率。（　　）
4. 基准利率是决定一国利率政策和利率体系结构的中心环节。（　　）
5. 所谓官定利率，是由官员们集体开会决定的利率。（　　）
6. 官定利率也就是法定利率。（　　）
7. 通常由一国货币金融当局确定的利率称之为公定利率。（　　）
8. 所谓公定利率，是由政府和银行两方共同协商形成的利率。（　　）

◇ **技能实训**

假如张先生有10万元人民币，年利率为3%，分别采用单利和复利方法，帮他计算一下2年后的本利和。

实训任务

一、基础知识实训

（一）单项选择题

1. 现代信用是指（　　）。

A. 商品买卖　　B. 商品借贷　　C. 货币买卖　　D. 货币借贷

2. 在现代经济生活中，主动借钱负债说明（　　）。

A. 穷困潦倒，难以度日　　B. 很不光彩

C. 有较高的信誉　　D. 有市场经济意识

3. 现代信用体系的基础是（　　）。

A. 银行信用　　B. 商业信用　　C. 消费信用　　D. 国家信用

4. 在商业信用关系中，提供信用的方向一般是（　　）。

A. 上游企业向下游企业　　B. 下游企业向上游企业

C. 企业之间相互提供　　D. 实力强的企业向实力弱的企业

5. 在银行信用中，银行充当的角色是（　　）。

A. 债权人　　B. 债务人

C. 债权人兼债务人　　D. 既非债权人也非债务人

6. 信用最本质的特征是（　　）。

A. 偿还性　　B. 期限性

C. 体现一定的生产关系　　D. 价值运动的特殊形式

7. 直接为企业的生产流通服务，与生产过程相联系的信用形式是（　　）。

A. 国际信用　　B. 国家信用　　C. 银行信用　　D. 商业信用

8. 我国信用的主体是（　　）。

A. 银行信用　　B. 商业信用　　C. 国家信用　　D. 消费信用

9. 消费信用的对象通常是（　　）。

A. 个人　　B. 企业　　C. 单位　　D. 政府

10. 国家信用主要是指（　　）。

A. 对国外负债　　B. 对国内负债　　C. 国家负债　　D. 国家投资

11. 在我国企业与企业之间存在的“三角债”状况，本质上属于（　　）。

A. 商业信用　　B. 银行信用　　C. 国家信用　　D. 消费信用

12. 利息是资金的（　　）。

A. 价值　　B. 价格　　C. 指标　　D. 水平

13. 利率是衡量利息高低的（　　）。

A. 价值　　B. 价格　　C. 指标　　D. 水平

14. 马克思经济学认为，利息是（　　）。

A. 劳动者创造的　　B. 来源于地租

C. 放弃货币流动性的补偿　　D. 放弃货币使用权的报酬

15. 利率是一种重要的（　　）。

A. 经济杠杆　　B. 政治手段　　C. 法制手段　　D. 经济措施

16. 我国利率目前是以（　　）为主。

A. 市场利率　　B. 官定利率　　C. 浮动利率　　D. 长期利率

17. 西方国家一般以（　　）为基准利率。

A. 长期利率　　B. 浮动利率

C. 中央银行的再贴现利率　　D. 中央银行的再贷款利率

18. 我国目前是以（　　）为基准利率。

A. 长期利率　　B. 浮动利率

C. 中央银行的再贴现利率　　D. 中央银行的再贷款利率

19. 我国发行的国库券经常采用（　　）计算利息。

A. 复利法　　B. 单利法

C. 到期收益率法　　D. 现值法

20. 我国的银行存款经常采用（　　）计算利息。

A. 复利法　　B. 单利法　　C. 到期收益率法　　D. 现值法

（二）多项选择题

1. 利率可以表现为（　　）。

A. 存款利率　　B. 贷款利率

C. 购买证券的收益率　　D. 利息

2. 利率按期限可以分为（　　）。

A. 长期利率　　B. 短期利率　　C. 固定利率　　D. 浮动利率

3. 西方经济学中对利息本质进行论述的典型人物有（　　）。

A. 威廉·配第　　B. 亚当·斯密　　C. 凯恩斯　　D. 马克思

4. 利息的计算方法有（　　）。

A. 单利法　　B. 复利法　　C. 现值法　　D. 终值法

5. 按利率是否可以根据市场变化而变动，利率分为（　　）。

A. 市场利率　　B. 官定利率　　C. 浮动利率　　D. 固定利率

6. 以借贷期内利率是否调整为标准，利率分为（　　）。

A. 市场利率　　B. 官定利率　　C. 浮动利率　　D. 固定利率

7. 利率决定理论有（　　）。

A. 古典学派的储蓄投资理论　　B. 凯恩斯学派的流动性偏好利率理论

C. 新古典学派的可贷资金利率理论　　D. 预期理论

8. 决定利率水平的因素有（　　）。

A. 平均利润率　　B. 经济周期　　C. 通货膨胀　　D. 经济政策

9. 信用的基本特征包括（　　）。

A. 所有权转移　　B. 使用权让渡

C. 到期偿还本金　　D. 支付利息

10. 现代信用的基本形式有（　　）。

A. 商业信用　　B. 银行信用　　C. 国家信用　　D. 企业信用

11. 在银行信用中，银行充当着（　　）角色。

A. 债权人　　B. 债务人　　C. 中介人　　D. 资金所有者

12. 目前，我国消费信用涉及的消费内容主要有（　　）。

A. 住房　　B. 汽车　　C. 耐用消费品　　D. 旅游

13. 商业信用的局限性在于（　　）。

A. 须伴随商品交易　　B. 严格的方向性

C. 信用由企业提供　　D. 信用规模受产业规模限制

14. 国债的购买者包括（　　）。

A. 个人　　B. 企业　　C. 事业单位　　D. 商业银行

（三）判断题

1. 一般来说，长期利率比短期利率高。

2. 浮动利率是指在借贷期内随市场利率的变化而自由变化的利率。（ ）

3. 利率上升，债券价格上升；利率下降，债券价格也下降。（ ）

4. 到期收益率是指从证券上获得的报酬。（ ）

5. 在经济周期的危机阶段，由于生产过剩，商品积压，利率也下降。（ ）

6. 市场经济国家的利率政策是完全自由化的。（ ）

7. 利率对投资有重要的影响，利率越低越能激发投资热情。（ ）

8. 利率自由化是利率改革的趋势。（ ）

9. 在现实生活中，经常会出现利率随时间的延长而下降的趋势。（ ）

10. 利息来源于地租。（ ）

11. 信用关系是一种债权与债务关系。（ ）

12. 商业信用是指企业之间发生商品交易时提供的信用。（ ）

13. 发放贷款和吸收存款都是银行信用。（ ）

14. 在发行国债中，政府是债务人，企业、个人是债权人。（ ）

15. 商业信用是直接融资，银行信用是间接融资。（ ）

16. 消费信用是银行向消费者提供贷款购买消费品的一种信用形式。（ ）

17. 国家信用是国家对企业和个人的负债，如税收。（ ）

（四）名词解释

1. 信用 2. 商业信用 3. 国家信用 4. 银行信用 5. 消费信用 6. 汇票 7. 本票 8. 支票 9. 国库券 10. 普通股 11. 优先股 12. 利息 13. 利息率 14. 基准利率 15. 市场利率 16. 官定利率 17. 公定利率 18. 名义利率 19. 实际利率 20. 固定利率 21. 浮动利率

（五）简答题

1. 如何理解信用的形式特征？

2. 简述民间信用的特点及其在我国经济中的地位。

3. 为什么说现代经济是信用经济？

4. 简述商业信用的特点、作用及其局限性。

5. 比较商业信用与银行信用的特点，二者之间有怎样的联系？

6. 消费信用的功能和作用是什么？

7. 简述国家信用的作用。

8. 利息的计算方法有哪些？它们有什么不同？

（六）论述题

1. 如何认识利息的本质？

2. 影响利率水平的因素有哪些？

3. 试述利率在现代经济生活中的作用。

4. 为什么说利率市场化是经济发展的必然？

二、技能实训

（一）课堂讨论

把授课班级分成若干小组，选择以下问题进行讨论。

（1）经济学意义上的“信用”，与日常生活和道德规范里的“信用”，有没有关系？是怎样的关系？

（2）为什么说在现代经济生活中，信用联系几乎无所不在，以至可以称为“信用经济”？能否谈谈你本人的体验。

（3）比较商业信用与银行信用的特点，二者之间有怎样的联系？我国目前为什么大力推广票据的使用？

（4）1997年以来，我国开始大力发展消费信用，其意义是什么？了解一下我国商业银行目前推出的有关消费信用的贷款有哪些类型。大学生助学贷款算不算一种消费信用？

（二）案例分析

阅读以下材料，并回答问题。

韩国的利率自由化之路

韩国的金融改革始于20世纪80年代初商业银行的私有化，随着银行所有权的转移，政府对银行的经营管理和利率放松管制也随之进行。虽然1965年“利率现实化”改革，对于当时动员储蓄起到非常重要的作用，但是这是一次短命的改革。严格来说，还并非真正的利率自由化，因为其他金融发展的措施并未跟上，这也就注定了其最终的命运，到1972年时已恢复到原来的低利率体制。20世纪70年代大部分时间实际利率仍维持负水平，所以真正的利率自由化改革是20世纪80年代之后的事情。1979年韩国货币当局开始上调利率水平，但是第二次石油危机引起的通货膨胀将其效应掩盖，实际利率水平并未得到有效提高。到1982年通货膨胀稳定后，显著的正利率水平便开始出现了。同年6月，韩国货币当局也开始对贷款利率实行部分放开，取消了各种长期优惠贷款和选择性补贴的限制，将银行贷款利率统一为10%，对非银行类金融机构的进入限制也放宽了许多。1984年，银行贷款利率开始限级浮动，区间为10%～11.5%。1988年11月，大部分银行和非银行类金融机构的贷款利率和一些长期存款利率开始放开，到1991年11月，10%的银行存款和贷款利率、非银行类金融机构25%的贷款利率和45%的存款利率放开，到1993年底，银行中有75%的贷款利率和30%的存款利率实现了自由化，非银行类金融机构中25%的贷款、65%的存款利率实现自由化，至此韩政府利率自由化计划中的前两步得以完成。从1991年11月开始，的第二次利率自由化改革采取渐进方式，特点是较早地、一次性地放开了贷款利率，存款利率和债券利率大致遵循从长期到短期、从大额到小额的顺序。从1994年12月起，第三轮利率自由化方案付诸实施，银行对1年期以上的定期储蓄存款有权自由制定有吸引力的存款利率，21家银行和非银行类金融机构在8.5%～12.5%范围内有权制定认为合适的贷款利率。韩国曾经计划到1997年时，放开全部利率管制，实现彻底的利率自由化。但结果是1997年存贷款利率大幅上升，并发生金融危机。

问题：

韩国的利率自由化对中国有什么借鉴意义？

第四单元

透视金融机构

随着经济的发展，出现了专门从事各种金融活动的组织，主要是提供金融产品和金融服务，统称为金融机构。这些机构形成一个有机的整体，有序高效运行，即金融机构体系。金融市场上的各种金融活动都要借助于一定的金融机构来完成，金融机构是金融市场不可或缺的中介主体。一国社会经济条件对该国金融机构体系的构成具有制约作用；各国经济发展状况不同，因此形成了不同的金融机构体系。

项目一　金融机构体系的总体认知

知识目标

1. 了解金融机构体系的组成、金融机构的性质及作用。
2. 掌握我国金融机构体系的构成。

能力目标

1. 能够根据金融机构体系构成的知识，分析我国的金融结构体系。
2. 能够分析金融机构未来的发展趋势。

案例导入

判断在一般情况下，下列各项金融业务最有可能是哪家金融机构来完成。

(1) 证券公司员工小王应该把刚刚分到的2 000元奖金存入哪一类金融机构?

(2) 公司员工小张想开账户买股票，应该到哪一类金融机构办理该项业务?

(3) 人民币是由哪家金融机构发行的?

(4) 某工厂以厂房作抵押，应向哪家金融机构借入500万元资金?

(5) 某银行营业所失火受损后，从哪个金融机构能得到一笔补偿性资金?

(7) 哪个金融机构可以向甘肃省贫困地区提供一笔低息贷款，扶持当地的农业发展?

(8) 大学生小王应该向哪些金融机构申请助学贷款?

(9) 公司上市发行股票应该找哪家金融机构帮忙?

任务一　了解金融机构的特点与职能及金融机构体系的构成

一、金融机构的含义

金融机构是专门从事货币信用活动的中介组织。它通常以一定量的自有资金为资本，通过吸收存款、发行各种证券等方式形成资金来源，并通过贷款、投资等形式运用资金，通过向社会提供各种金融工具和金融服务获得利润。

知识链接

金融中介、金融中介机构、金融机构

在通常情况下，金融中介、金融中介机构和金融机构 3 个词组交替使用，意思没有区别。狭义的“中介”是指借贷的中介，有时就是指银行。广义的“中介”是金融领域中一切从事经营活动的机构，乃至自然人。

二、金融机构的特点

金融机构与一般经济单位之间既有共性，又有特殊性。

其共性主要表现为具备普通企业的基本要素，如有一定的自有资本，向社会提供特定的商品（金融工具）和服务，必须依法经营、独立核算、自负盈亏、照章纳税等。

其特殊性主要表现在以下 3 点。

（1）经营对象与经营内容不同。金融机构的经营对象是货币资金这种特殊的商品，经营内容则是货币的收付、借贷和与货币运动有关的或与之相联系的各种金融服务。

（2）经营关系与活动原则不同。金融机构与客户个人之间主要是货币资金的借贷或投资关系，其经济活动遵循信用原则。

（3）经营风险及影响程度不同。金融机构因其业务大多是以还本付息为条件的货币信用业务，故其风险主要表现为信用风险、挤兑风险、利率风险、汇率风险等。

◇ 课堂讨论

金融机构的特点是什么？

三、金融机构的基本职能

1. 提供支付结算服务的功能

支付结算服务是金融机构适应经济发展需求最早产生的功能。金融机构最初提供的主要业务之一就是汇兑与结算，现在商业银行仍然是最基本的提供支付结算的金融单位。只要有债权与债务关系存在，支付结算就有运行的基础。随着经济一体化和金融市场国际化的发展，银行之间支付金额大幅增加，各经济活动参与者更加注重结算体系的效率性和安全性。

2. 融通资金的功能

融通资金的功能是现代市场经济条件下，金融机构最重要的功能。融通资金功能是所有金融机构所具有的，不同金融机构因发行的融资工具不同，从而融资方式有所不同，最终都是实现社会资金的有效配置。

3. 降低交易成本并提供金融便利

金融机构通过规模经营，可以合理控制利率、费用、时间等成本，并表现在对各类企业和居民家庭、个人开展广泛的理财服务，以及对发行证券筹资的企业提供融资代理服务等方面。

四、金融机构的分类

按照主要业务类别，金融机构可以划分为银行类金融机构和非银行类金融机构。

按照业务性质，金融机构可以划分为商业性金融机构和政策性金融机构。商业性金融机构是指以经营工商业存放款、证券交易与发行、资金管理等一种或多种业务，以利润为其主要经营目标的金融企业，如各种商业银行或存款机构、商业性保险公司、投资银行、信托公司、投资基金、租赁公司等。政策性金融机构是指那些专门配合宏观经济调控，根据政策要求从事各种政策性金融活动的金融机构。这类金融机构的建立旨在支持政府发展经济，促进社会全面进步。

按照资金来源，金融机构可以划分为存款性金融机构和非存款性金融机构。

按照业务所辖的地理范围，金融机构可以划分为国内金融机构和国际金融机构。国内金融机构是一国主权之内存在的金融机构。国际金融机构是多国共同建立的金融机构的总称。广义的国际金融机构体系包括政府间国际金融机构、跨国银行、多国银行集团等。狭义的国际金融机构主要是指各国政府或联合国建立的国际金融机构组织，主要由全球性和区域性国际金融机构组成。

知识链接

国际金融机构

1. 国际货币基金组织

国际货币基金组织是根据1944年联合国国际货币金融会议通过的《国际货币基金协定》建立的，1945年2月正式成立，1947年成为联合国的一个专门机构。其宗旨是通过会员国共同探讨和协商国际货币问题，促进国际货币合作；促进国际贸易的扩大和平衡发展，开发会员国的生产资源；促进汇率稳定和会员国汇率有条不紊的安排，避免竞争性的货币贬值；协助会员国建立多边支付制度，消除妨碍世界贸易增长的外汇管制；协助会员国克服国际收支困难。会员国缴纳的基金份额是基金组织最主要的资金来源。

国际货币基金组织的主要业务活动除了对会员的汇率政策进行监督，与会员国就经济、金融形势进行磋商和协调外，还向会员国提供借款和各种培训、咨询服务。

2. 世界银行集团

世界银行集团包括世界银行、国际开发协会和国际金融公司。世界银行的资金来源有会员缴纳的股金、从国际金融市场获得的借款、出让债权和经营中的利润收入。其主要业务为向发展中国家提供长期贷款。

国际开发协会是专门对较穷的发展中国家发放条件优惠的长期贷款的金融机构，成立于1960年9月。

国际金融公司建立于1956年7月，申请加入该组织的国家必须是世界银行会员国。其主要任务是对属于发展中国家的会员国中私人企业的新建、改建和扩建提供资金。

3. 国际清算银行与巴塞尔银行监管委员会

国际清算银行（BIS）于1930年成立于瑞士巴塞尔，其目的是处理第一次世界大战后德国赔款的支付和解决德国国际清算问题。此后，其宗旨改为促进各国中央银行间的合作，为国际金融往来提供额外便利，以及接受委托或作为代理人办理国际清算业务等。该行建立时只有7个成员国，现已发展到45个国家和地区。

巴塞尔银行监管委员会是1975年由十国集团国家的中央银行行长建立的。1998年7月，巴塞尔银行监管委员会通过《巴塞尔协议》（全称是《关于统一国际银行的资本计算和资本标准的协议》），成为国际银行监管方面代表性的文件。

五、现代金融机构体系的一般构成

（一）金融机构体系的含义

金融机构体系是一国金融体系的骨骼和载体，是由一国金融机构构成的相互联系的有机体。市场经济国家的金融机构体系大多数是以中央银行为核心，商业银行为主体，以非银行类金融机构为重要组成部分。

在建立市场经济的进程中，我国形成了以中国人民银行（中央银行）为核心，商业银行为主体，证券、保险、信托等非银行类金融机构并存和分工协作的金融机构体系。

◇ 课堂讨论

金融体系与金融机构体系是一回事吗？

（二）现代金融机构体系的一般构成

金融机构体系包括银行类金融机构和非银行类金融机构两大类。一般来说，银行类金融机构在整个金融机构体系中处于支配地位。

1. 银行类金融机构

银行类金融机构可分为商业银行、中央银行、专业银行3种类型。这3类银行构成现代银行制度。商业银行办理各种存款、放款和汇兑业务，是金融机构体系的主体。中央银行是在商业银行的基础上发展形成的，是一国的金融管理机构，有“发行的银行”、“国家的银行”、“银行的银行”之称。专业银行是集中经营特定业务并提供专门金融服务的银行，包括不动产抵押银行、开发银行、储蓄银行、进出口银行等，专业银行的特点是专业化较强、业务范围较窄。

2. 非银行类金融机构

非银行类金融机构是整个金融机构体系的重要组成部分，其发展程度通常作为衡量一国金融体系是否成熟的重要标志。非银行类金融机构以某种特定方式吸收资金和运用其资金，并从中获取利润。非银行类金融机构包括证券公司、保险公司、信托公司、租赁公司、消费信用机构和财务公司等。

（三）非银行类金融机构与银行类金融机构的比较

1. 银行类金融机构与非银行类金融机构的共同点

银行类金融机构与非银行类金融机构的共性表现在两者都是通过某种特定途径吸收资金，又以某种特定方式运用资金的金融企业，它们都以盈利为经营目的，并且通过办理货币资金业务在经济运行中发挥着融通资金的作用。

2. 银行类金融机构和非银行类金融机构的区别

（1）筹集资金的途径不同。银行类金融机构通过吸收存款来筹集资金，而非银行类金融机构则以非存款方式筹集资金。

（2）开办的业务不同。银行类金融机构的主要业务是存款和贷款，而非银行类金融机构的业务方式则呈现出多样化、专业化的特点。例如，证券公司主要从事股票、债券和期货投资业务，保险公司主要从事保险业务，信托公司从事信托业务，租赁公司则主要从事租赁业务。

（3）在金融交易中的角色不同。银行在其业务中，既是债务人，又是债权人，而非银行类金融机构的交易角色则比较复杂。例如，保险公司主要是充当保险人，证券公司则多作为代理人和经纪人，信托公司则主要充当受托人。

3. 非银行类金融机构与银行类金融机构的联系

银行类金融机构和非银行类金融机构共同组成一个完整的金融机构体系，共同向社会提供全面和完善的金融服务。银行类金融机构在整个金融机构体系中居主导地位，而非银行类金融机构的存在则丰富了金融业务，充分满足现代经济对金融的多样化需要。总之，银行类金融机构运行是否良好，关系金融机构体系的稳定与否，而非银行类金融机构的繁荣与否，是一国金融机构体系发达程度的重要标志。

六、现代金融机构的发展趋势

20 世纪 50 年代特别是 70 年代以来，以西方发达国家为代表，金融业出现了大规模、全方位的金融创新，与此相对应，金融机构的发展也出现了许多新的变化，比较明显的有以下方面。

（1）金融机构在业务上不断创新，向综合化方向发展。美、日等国从法律上作出调整，允许原分业经营的机构实行混业经营。非银行类金融机构通过业务创新开始涉足银行业务，使金融业发展更趋综合化。

（2）兼并重组成为现代金融机构进行整合的一个有效手段。进入 20 世纪 90 年代后，金融创新使金融机构之间的竞争更加激烈，各国不断爆发金融机构倒闭事件，巩固自己的阵地、开发新领域成为金融机构发展的重要内容之一。金融机构通过兼并重组，将各自的优势结合起来，走上了强强联合的发展之路，以适应形势的变化及新的发展要求。

知识链接

金融机构的兼并重组

▲ 1996 年 9 月 4 日著名的化学银行与大通曼哈顿银行合并。

▲ 1997 年初，著名的投资银行摩根斯坦利银行又与迪恩威特银行合并成立了摩根斯坦

利－迪恩威特银行。

▲ 1998 年 4 月 6 日花旗银行与经营保险、证券业务的旅行者集团合并成为美国最大的金融机构——花旗集团。

▲ 第一银行与第一芝加哥银行合并为新的第一银行，成为全美第五大银行。

银行间合并主要出于以下考虑：减少业务重叠，降低成本；加强银行承担风险的能力。

（3）金融机构的组织形式不断创新。金融机构组织形式出现了虚拟化发展的现象，如屏幕式的证券交易所、电话银行、网络银行等，可以 24 小时提供服务；客户足不出户即可办理各种金融业务。

阅读材料

阿里金融

阿里金融亦称阿里巴巴金融，是阿里巴巴旗下独立的事业群体，主要面向小微企业、个人创业者，为他们提供小额信贷等业务。目前，阿里金融已经搭建了分别面向阿里巴巴 B2B（Business To Business，是指互联网市场领域的一种，是企业对企业之间的营销关系）平台小微企业的阿里贷款业务群体和面向淘宝、天猫平台上小微企业和个人创业者的淘宝贷款业务群体，并已经推出淘宝（天猫）信用贷款、淘宝（天猫）订单贷款、阿里信用贷款等微贷产品。截至 2012 年中期，阿里金融服务的小微企业已经超过 13 万家。

作为阿里巴巴集团旗下的一员，阿里金融秉承阿里巴巴的企业文化和价值观，同时作为专注小微金融创新的机构，阿里金融有着独特的使命和文化。

阿里金融的使命——让诚信创造财富。

微贷理念——以小为美（服务小微企业，满足其小额信贷需求）。

企业文化：直升机文化——直升机不同于飞机，更像低空飞行器。阿里金融专注服务小微企业，也绝不能高高在上，而应该更贴近小微企业，了解其需求。都江堰文化——逢正抽心，遇弯截角。阿里金融力求通过微贷技术革新，以满足小微企业融资需求，打造符合小微企业融资特点的金融灌溉系统。

◇ **课堂讨论**

阿里金融对传统银行有何影响？

（4）金融机构的经营管理频繁创新。其主要表现在业务制度、操作程序不断改进；旧部门撤并，新部门设立，不断推出新的管理方法，如 20 世纪 60 年代的负债管理；20 世纪 70 年代的资产管理、资产组合管理；20 世纪 80 年代的资产负债综合管理；20 世纪 90 年代的全面质量管理、全方位客户满意管理等。

◇ **同步检测（单项选择题）**

1. 1995 年以后，中国人民银行成为我国的（　　）。

A. 中央银行　　B. 商业银行　　C. 国有商业银行　　D. 政策性银行

2. 下面属于非银行类金融机构有（　　）。

A. 中国人民银行　B. 中国银行　　C. 农村信用合作社　D. 农村商业银行

任务二 掌握我国金融机构体系的构成

一、新中国金融机构体系的前身——解放区的金融机构体系

中国共产党领导下的解放区的金融机构体系主要是由银行和农村信用合作社组成的。在根据地和解放区，当时建立了30多家银行。根据地和解放区的银行一般分为两级机构，即省级和县级；只有中华苏维埃共和国国家银行有总行、省级行和县级行三级机构。根据地和解放区的银行除办理存款、贷款业务外，一般均发行地方性货币，以支持生产和革命事业发展的需要。

农村信用社是根据地和解放区的群众性集体金融组织，主要是为了抵制高利贷剥削而成立的。随着根据地和解放区的不断扩大，农村信用社也在不断发展，并在帮助农民发展生产、解决生活困难、促进解放区经济发展和支援革命战争等方面发挥了十分重要的作用。

二、新中国金融机构体系的建立与发展

新中国金融机构体系是通过组建中国人民银行、合并解放区银行、没收官僚资本银行、改造私人银行与钱庄，以及发展农村信用社等途径建立的。新中国金融机构体系的建立与发展大致可分为以下5个阶段。

（一）初步形成阶段（1948—1953年）

1948年12月，在原华北银行、北海银行和西北农民银行的基础上建立了中国人民银行。

（二）“大一统”的金融体系（1953—1978年）

与这个时期的经济体制和管理方式相适应，金融机构体系也实行了高度集中的“大一统”模式。这个模式的基本特征为：中国人民银行是全国唯一一家办理各项银行业务的金融机构，集中央银行和普通银行于一身，其内部实行高度集中管理，利润分配上实行统收统支。

（三）改革初期（1979—1983年9月）

改革初期，中国银行、中国农业银行、中国人民建设银行从中国人民银行中分设出来，打破了中国人民银行一家包揽的局面。但是，中国人民银行仍然集货币发行和信贷于一身，不可能有效地对专业银行和金融全局进行领导、调控与管理。

（四）初具规模阶段（1983年9月—1993年）

初具规模阶段，形成了以中央银行（中国人民银行）为核心，以四大专业银行为主体，其他各种金融机构并存和分工协作的金融机构体系，并初具规模。

（五）新型金融机构体系的提出与建设阶段（1994年至今）

改革的目标之一是建立在中央银行宏观调控下的政策性金融与商业性金融分离，以国有商业银行为主体，多种金融机构并存的金融机构体系。为此，1994年我国先后建立了3家政策性银行，同时着手进行专业银行向商业性银行的转换，当前正处在实现和完善这一新的

金融机构体系的过程之中。

三、中国大陆现行的金融机构体系

（一）金融机构的构成

经过30多年的改革开放，中国大陆已逐步形成多元化的金融机构体系，主要由管理性金融机构、商业经营性金融机构和政策性金融机构三大类构成。商业经营性金融机构与政策性金融机构各司其职，分业经营，同时又相互补充，构成一个完整的金融机构体系。由中国人民银行、中国银行业监督管理委员会、中国证券业监督管理委员会、中国保险业监督管理委员会作为最高金融监督管理机构，对各类金融机构施行分业监管。

中国大陆金融机构体系的构成情况如图4－1所示。

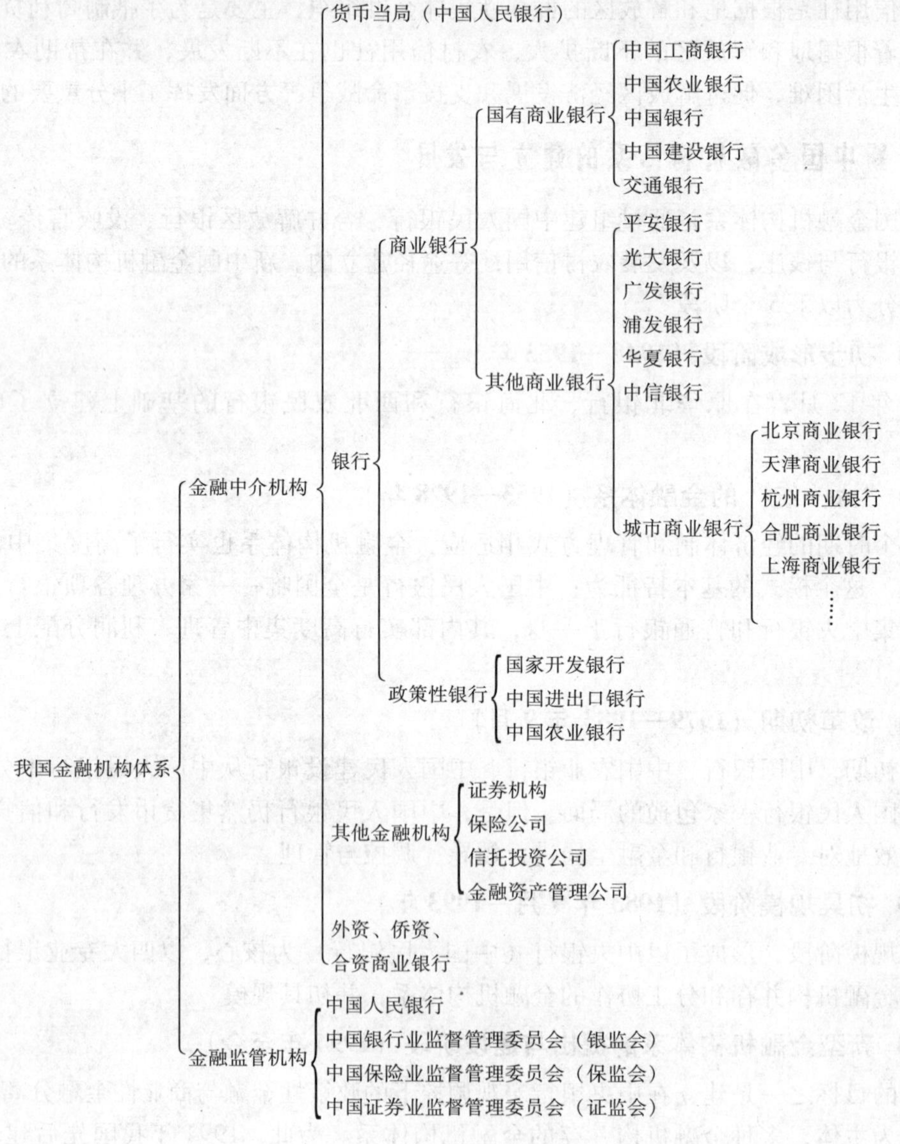

图4－1　中国大陆金融机构体系的构成

（二）金融监管机构

管理性金融机构是一个国家或地区具有金融管理、监督职能的机构。目前，中国大陆金融监管机构主要有 3 类：① 负责管理货币的中央银行或货币管理局；② 按分业监管原则设立的监管机构，即银监会、证监会、保监会；③ 金融同业自律组织，即各类金融行业协会。

1. 中国人民银行

中国人民银行是我国的中央银行，在国务院领导下制定和执行货币政策，防范和化解金融风险，维护金融稳定，提供金融服务。

2. 中国银行业监督管理委员会

中国银行业监督管理委员会于 2003 年 3 月设立，根据国务院授权，统一监督管理银行、金融资产管理公司、信托投资公司和其他存款类金融机构，维护银行业的合法、稳健运行。

知识链接

银监会监管的金融机构

1. 大型商业银行
2. 股份制商业银行
3. 城市商业银行（城市信用合作社）
4. 农村信用合作社、农村商业银行、农村合作银行
5. 邮政储蓄银行
6. 政策性银行
7. 外资银行
8. 村镇银行
9. 企业集团财务公司
10. 信托投资公司
11. 金融租赁公司
12. 汽车金融公司
13. 货币经纪公司
14. 贷款公司
15. 资产管理公司
16. 农村资金互助社

3. 中国证券监督管理委员会

1992 年 10 月，国务院证券委员会（简称国务院证券委）和中国证券监督管理委员会（简称中国证监会）宣告成立，标志着中国证券市场监督体制开始形成。1998 年 4 月，国务院证券委与中国证监会合并组成新的中国证券监督管理委员会，它是全国证券期货市场的主管部门。经过不断的改革，中国证监会职能明显加强，集中统一的全国证券管理体制基本形成。

4. 中国保险监督管理委员会

中国保险监督管理委员会于 1998 年 11 月成立，是全国商业保险的主管部门，为国务院

直属单位，根据国务院授权履行行政管理职能，研究和拟定保险业的方针政策、发展战略和行业规则；起草保险业的法律、法规；制定保险业的规章，依照法律、法规统一监督管理全国保险市场。依法对境内保险及非保险机构在境外设立的保险机构进行监管。

5. 金融机构行业自律组织

我国的金融行业自律组织主要有中国银行业协会、中国证券业协会、中国财务公司协会和中国保险业协会等。

（三）商业经营性金融机构

1. 商业银行

我国商业银行体系的建立是随着经济体制改革和对外开放而逐步形成的，构成模式为股份制商业银行、城市和农村商业银行、外资与合资商业银行。

（1）大型国有控股的商业银行。即中国工商银行、中国农业银行、中国银行、中国建设银行、交通银行和中国邮政储蓄银行，如图 4－2 所示。

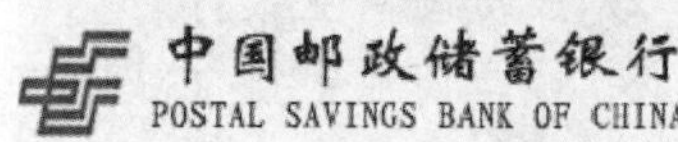

图 4－2　大型国有控股的商业银行

上述国有大型商业银行是由国家专业银行演变而来的，其中中国工商银行、中国农业银行、中国银行和中国建设银行，基本上是在 1979 年以后陆续恢复、分设的。原来这四大银行的分工比较明确，中国工商银行主要承担城市工商信贷业务；中国建设银行主要承担中长期投资信贷业务；中国农业银行以开办农村信贷业务为主；中国银行主要经营外汇业务。随着金融改革的不断深化，这 4 家银行的传统分工已逐步被打破。1994 年，原国家专业银行的政策性业务被划分出去，由 3 家政策性银行负责经营。国有专业银行专营商业性业务，成为国有控股的商业银行，各行业务的交叉进一步扩大，传统分工更加淡化。交通银行成立于 1986 年，是全国首家股份制商业银行，目前是第五大国有银行。5 家国有商业银行是我国金融体系的主体。

知识链接

中国邮政储蓄银行成立

1986 年 2 月，经国务院批准，邮政部门恢复邮政储蓄业务，并相应组建了邮储机构。2006 年 12 月 31 日，经国务院同意，中国银监会正式批准中国邮政储蓄银行（Postal Savings Bank of China）成立。2007 年 3 月 6 日，经中国政府批准，中国邮政储蓄银行有限责任公司依法成立。

2007 年 3 月 20 日，中国邮政储蓄银行成立仪式在北京举行。经银监会批准，邮政储蓄银行依托邮政网络优势，完善城乡金融服务功能，以零售业务和中间业务为主。注册资本

200 亿元人民币。

◇ **思一思**

目前，我国已有12 家全国性的股份制商业银行，请查查这12 家银行的来龙去脉及发展趋势。

（2）全国性股份制商业银行。全国性股份制商业银行共12 家，包括深圳发展银行、中信实业银行、中国光大银行、华夏银行、招商银行、广东发展银行、福建兴业银行、上海浦东发展银行、中国民生银行、恒丰银行、浙商银行和渤海银行，如图4－3 所示。

图4－3　部分全国性股份制商业银行

（3）城市商业银行。城市商业银行的前身是城市合作信用社。我国原有约5 000 家城市合作信用社，有相当多城市合作信用社已失去合作性质，实际上已办成小型商业银行。为规避风险，形成规模，1995 年国务院决定，在城市合作信用社清产核资的基础上，通过吸收地方财政、企业入股组建城市合作银行。其服务领域是依照商业银行经营原则为地方经济发展服务，为中小企业发展服务。1998 年，城市合作信用社全部改名为城市商业银行，如图4－4 所示。

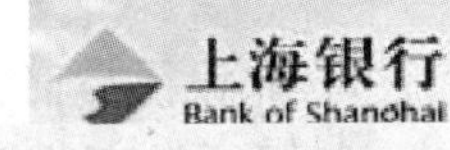

图4－4　城市商业银行

（4）外商独资银行、中外合资银行，以及外国银行分行、代表处统称为外资银行营业性机构。1979 年，日本输出入银行成为首家获准在我国设立代表处的外资金融机构。从此，拉开了我国金融业对外开放的序幕。目前，在我国境内设立的外资银行有4 类：① 外资独资银行，是指在中国境内注册，拥有全部外规资本股份的银行；② 中外合资银行，是指在中国境内注册、拥有部分外国资本股份的银行；③ 外国银行在中国境内的分行；④ 外国银行驻华代表机构。

截至2012 年年底，中国境内外资银行营业机构总数为412 家（来自中国银监会网站），银监会批准21 家外资银行改制成内地法人银行。首批获准改制的是汇丰银行、渣打银行、花旗银行、东亚银行4 家，如图4－5 所示。

图 4-5 首批获准改制的外资银行

开心果

银行业的缩写

- 中国建设银行 CBC（Construction Bank of China）——“存不存?”
- 中国银行 BC（Bank of China）——“不存!”
- 中国农业银行 ABC（Agriculture Bank of China）——“啊，不存。”
- 中国工商银行 ICBC ——“爱存不存。”
- 民生银行 CMSB ——“存吗? sb”
- 招商银行 CMBC ——“存吗?? baichi!”
- 兴业银行 CIB ——“存一百”
- 国家开发银行 CDB ——“存点吧！”
- 北京市商业银行 BCCB ——“白存存不?”
- 汇丰银行 HSBC ——“还是不存。”

2. 非银行类商业性金融机构

非银行类商业性金融机构主要有保险公司、证券机构、信托投资公司、城市和农村信用合作社，还有金融资产管理公司、邮政储蓄机构、金融租赁公司、基金公司等。

（1）保险公司。保险公司的业务范围有两大类：① 财产保险业务，具体包括财产损失保险、责任保险、信用保险等业务；② 人身保险业务，具体包括人寿保险、健康保险、意外伤害保险等。我国保险业基本形成了以中国人民保险公司为主体，多种保险形式并存，多家保险公司竞争、共同发展的保险体系。

知识链接

我国保险业的主要机构

1998 年以前，我国的保险业由中国人民保险公司独家经营。

1996 年 7 月，中国人民保险公司改建为中国人民保险（集团）公司（简称中保集团），下设 3 个专业子公司：中保财产保险有限公司、中保人寿保险有限公司、中保再保险有限公司。

1998 年 10 月，中保集团宣布撤销，其下属 3 家子公司成为 3 家独立的国有保险公司，即中国财产保险有限公司、中国人寿保险有限公司、中国再保险有限公司。

（2）证券公司。我国的证券公司划分为两种类型，即专门从事经纪业务的证券公司和可以从事所有证券业务的综合类证券公司，后者将逐渐向投资银行靠拢。

（3）农村信用合作社。农村信用合作社是集体所有制的合作金融组织，其特征是由社员入股组成，实行民主管理，主要为社员提供信用服务。2003 年 6 月，中央政府的《深化农村信用社改革试点的意见》和 2004 年 8 月的《关于进一步深化农村信用社改革试点方案》进一步确立了信用社管理体制和产权制度改革思想，允许多种产权形式存在，即股份制、股份合作制和合作制。

（4）信托投资公司。信托投资公司是一种以受托人的身份，代人理财的金融机构。它与银行信贷、证券、保险并称为现代金融业的四大支柱。我国信托投资公司的主要业务是经营资金和财产委托、代理资产保管、金融租赁、经济咨询、证券发行和投资等。我国的信托业起源于 20 世纪初期商品经济较发达的上海。1921 年成立的"上海通商信托公司"是我国最早的信托公司。

20 世纪 80 年代中期，我国出现了全社会大办信托业的热潮，从国务院及各部委到银行系统、地方政府纷纷办起了隶属各自的信托公司。到 2007 年底，经过 6 次整顿，伴随着《中华人民共和国信托法》的颁布与实施，我国的信托业逐步走上规范发展的道路。2003 年 4 月 28 日，中国银行业监督管理委员会正式履行职责，信托业务开始由中国银行业监督管理委员会进行监管。

（5）基金公司。证券投资基金管理公司（一般称基金公司）是指经中国证券监督管理委员会批准，在中国境内设立，从事证券投资基金管理业务的企业法人。随着证券市场的发展，我国相继成立了很多证券投资基金公司。

（6）财务公司。我国的财务公司是应企业集团发展之需，由企业集团内部各成员单位入股，向社会募集中长期资金，为企业技术改造和技术进步服务的金融股份有限公司。例如，中国化工进出口财务公司、中国有色金属工业总公司财务公司等。财务公司在业务上受中国人民银行领导、监督和管理，在行政上则受各企业集团领导，是自主经营、自负盈亏、独立核算的企业法人。2003 年 4 月 28 日，中国银行业监督管理委员会正式履行职责。企业集团财务公司业务开始由中国银行业监督管理委员进行监管。

（7）汽车金融公司。汽车金融公司是从事汽车消费信贷业务并提供相关汽车金融服务的专业机构，在国外有近百年的历史。通常，汽车金融公司隶属于较大的汽车工业集团，成为向消费者提供汽车消费服务的重要组成部分。有的国家将此类机构作为金融机构管理，有的国家只作为一般工商企业管理。我国现行法规规定，消费信贷是金融业务，只有金融机构才可以办理。因此，汽车金融公司是为中国境内的汽车购买者及销售者提供贷款的非银行类金融企业法人。

（8）金融租赁公司。金融租赁公司是指经中国银行业监督管理委员会批准，以经营融资租赁业务为主的非银行类金融机构。我国的金融租赁业起始于 20 世纪 80 年代初期。目前，我国租赁公司主要分为三大类：① 中国人民银行审批管理的金融租赁公司；② 原外经贸部审批管理的中外合资租赁公司；③ 原国家内贸局及其他有关部门管理的经营性租赁公司。

（9）资产管理公司。1999 年 3—10 月，我国先后成立华融、长城、东方、信达 4 家金融资产管理公司，它们分别收购、管理和处置从中国工商银行、中国农业银行、中国银行和中国建设银行4家国有银行剥离出的不良资产。组建资产管理公司的目的是改善这4家银行的资产负债状况，化解金融风险；实现不良贷款价值回收最大化；对符合条件的企业实施债权转股权，支持国有大中型亏损企业摆脱困境。

(10) 典当行。典当行亦称当铺，是专门发放质押贷款的非正规边缘性金融机构，是以货币借贷为主和商品销售为辅的市场中介组织。1987年12月，四川省成都市开办了新中国第一家典当行——成都市华茂典当服务商行，率先恢复了古老的典当业。不久，典当行遍及全国。

(四) 政策性金融机构

政策性金融机构是指那些专门配合宏观经济调控，根据政策要求从事各种政策性金融活动的金融机构。我国的政策性金融机构主要是政策性专业银行，有中国国家开发银行、中国进出口银行、中国农业发展银行等。

知识链接

我国三大政策性银行

中国国家开发银行给国家基础设施、基础产业和支柱产业的大中型基本建设和技术改造等政策项目及其配套工程提供贷款支持。2008年12月16日，国家开发银行股份有限公司正式挂牌，注册资本为3 000亿元人民币。我国最大的政策性银行——国家开发银行转型为商业银行，标志着我国政策性银行改革取得重大进展。

中国进出口银行为扩大机电产品和成套设备等的资本性货物出口提供政策性金融支持(出口信用保险、进出口保险、出口信贷担保、国际保理等)。

中国农业发展银行主要办理粮食、棉花等主要农副产品的国家专项储备和收购贷款、扶贫贷款和农业综合开发贷款，以及国家确定的小型农、林、牧、水基本建设和技术改造贷款。

四、我国香港、澳门和台湾的金融机构体系概况

(一) 香港的金融机构体系概况

香港是以国际金融资本为主体，以银行业为中心，外汇、黄金、证券、期货、共同基金和保险金融市场高度发达的多元化的国际金融中心。其主要特点如下。

(1) 香港的金融机构体系分为银行类与非银行类金融机构两种。香港银行业实行三级管理制度。

知识链接

关于香港银行业的三级管理制度

香港银行业实行三级管理制度或称银行业三级制，只有3类金融机构获准向公众吸收存款。这3类是持牌银行、持牌接受存款公司、注册接受存款公司。

银行三级制的实行，对促进香港银行业的发展起到积极的作用。它不仅使持牌银行在竞争中处于有利地位，提高了银行的整体素质，而且使各类存款机构数量更趋于合理，同时还保护了中小存款者的利益。

（2）由于香港历史发展的特殊性，外资银行一直在当地经济发展中发挥重要的作用，外资拥有或控制的金融机构达90%。

（3）香港的金融机构监管主体是金融管理局。香港金融管理局（Hong Kong Monetary Authority，HKMA），简称金管局，是中华人民共和国香港特别行政区政府管辖下的独立部门，负责香港的金融政策，以及银行、货币管理，担当类似中央银行的角色，直接向财政司司长负责。

知识链接

香港金融管理局

香港金融管理局于1993年4月1日成立，由外汇基金管理局与银行业监理处合并而成。金管局是香港政府架构中负责维持货币及银行体系稳定的机构，其主要职能如下：

（1）维持港元汇价稳定。

（2）透过稳健投资策略，管理外汇基金（即香港的官方储备）。

（3）促进香港银行体系稳健。

（4）发展香港金融市场基础设施，使货币畅顺流通。

香港金管局的上述职能与世界各中央银行的职能基本相同，但其不具有发行钞票和结算的职能，同时也不具有政府银行的职能。港币的发行是由汇丰银行、渣打银行和中国银行3家承担。

（二）澳门的金融机构体系概况

澳门的金融机构体系由银行类和非银行类金融机构组成，其中银行类金融机构所占市场比重较大。

1970年8月，澳门颁布第一套银行法，标志着澳门银行制度正式建立，首次形成了澳门银行业“三级制”银行体系：注册银行、注册银号和找换店。

◇ 资料卡

找换店即兑换店是澳门从事货币兑换业务的机构，特别是外币兑换澳门币或相反方向的兑换业务。澳门是不实行外汇管制的地区，货币可以自由兑换。

从1995年10月16日起，中国银行澳门分行加入发钞行列，与澳门大西洋银行各自发钞的额度均为50%，结束了自1906年以来只有澳门大西洋银行发钞的局面。

（三）台湾的金融机构体系概况

台湾的金融机构体系包括正式的金融体系和民间借贷两个部分，如图4－6所示。

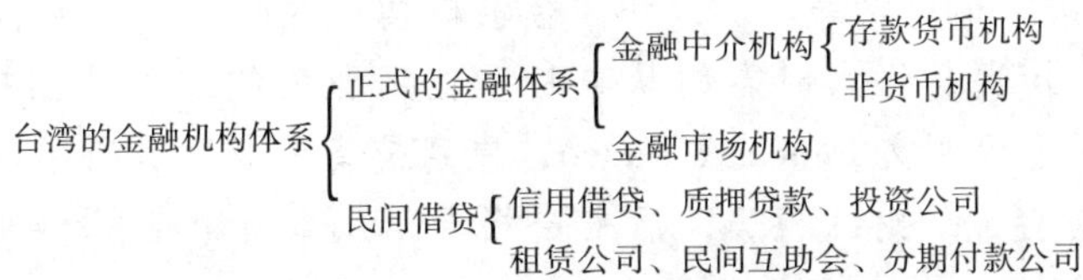

图4－6　台湾的金融机构体系

（1）台湾正式的金融体系分为金融中介机构与金融市场机构，由“财政部”和“中央银行”共同管理。其中，金融中介机构依据是否创造存款货币又可分为存款货币机构和非货币机构。

（2）台湾设有中央存款保险公司。存款货币机构包括当地商业银行、储蓄银行、专业银行、基层合作金融机构、中央信托局和外国银行在台分行等。非货币机构包括邮政储金汇业局、信托投资公司和保险公司。

（3）民间借贷范围包括信用借贷、质押借贷、民间互助会、租赁公司、分期付款公司和投资公司等。

（4）在经济性质上，各机构大致可以分为“公营”和“民营”两种。

◇ 同步检测（判断题）

1. 中国农业银行与中国农业发展银行都是商业银行。（　　）
2. 中国银行与中国人民银行都是商业银行。（　　）
3. 企业和个人可以到中国人民银行办理存贷款业务。（　　）
4. 港币是香港金融管理局发行的。（　　）
5. 我国金融机构实行分业经营、分业监管。（　　）

项目二　商业银行概述

知识目标

1. 掌握商业银行的概念、性质和职能。
2. 掌握商业银行资本业务、存款业务、贷款业务、中间业务的种类与管理。

能力目标

1. 能够区分商业银行与其他金融机构的不同，理解商业银行的功能和在金融体系中的地位。
2. 能够正确掌握银行资本业务、存款业务、贷款业务、中间业务种类的管理。

案例导入

银行业的产生与发展

中国古代就有“银行”一词，是指从事银器铸造或交易的行业。据说在11世纪，当时金陵就有“银行街”，即银铺集中之地。现代意义的“银行”是近代从西方引入我国的，是英语Bank的中文译语。鸦片战争之后，外国金融机构进驻我国，人们根据我国长期使用白银作为货币材料这一情况，将当时专门从事货币信用业务的这类外国机构Bank叫做“银行”。英文Bank源于意大利文Banca或Banco，原意是指商业交易所用的长凳或桌子；英语移植为Bank，原意为存放钱财的柜子，后来泛指专门从事货币存贷和办理汇兑、结算业务的金融机构。

从历史上看，银行起源于意大利。中世纪的威尼斯凭借其优越的地理位置，成为著名的世界贸易中心，各国商人云集于此。为了顺利地进行商品交换，需要把各自携带的大量的各地货币兑换成威尼斯地方货币，于是就出现了专门的货币兑换商，从事货币兑换业务。

货币兑换商借此集中了大量的货币资金。后来，货币兑换商发现这些手中的货币余额相当稳定，可以用来发放高利贷，获取高额利息收入，这时货币兑换商便由原来被动地接受客户委托保管货币，变成积极、主动地揽取货币保管业务，并通过降低保管费或不收取保管费来吸引商人的资金，后来还给委托保管货币的客户一定的好处，这时保管货币业务就变成存款业务了。同时，货币兑换商根据经验，不再像以前那样实行全额准备，防止客户兑现提款，而是实行部分准备金制度，其余所吸收的存款则用于贷款取得利息。这样，货币兑换商也就演变成为集存款、贷款和汇兑支付于一身的早期银行。当时的威尼斯银行也就应运而生。

随着西欧其他国家近代资本主义经济的发展，各国在与高利贷作斗争的过程中，银行这一新型的金融机构由意大利传播到欧洲其他国家。1694 年，英国政府为了反对高利贷，从而满足新生资产阶级发展工业和商业的需要，决定成立一家股份制银行——英格兰银行，并规定英格兰银行向工商业企业发放低利率（利率约为 5%～6%）贷款，支持工商业的发展。英格兰银行是历史上第一家股份制银行，也是现代银行业产生的象征。

问题：

谈谈您对银行的认识。

任务一　掌握商业银行的概念与职能

一、商业银行的概念

商业银行是指以吸收存款为主要资金来源，以开展贷款和中间业务为主要业务，以盈利为目的的综合性、多功能的金融企业。

◇ 思一思

商业银行与一般企业有什么区别？

我国的《商业银行法》指出：商业银行是指依照本法和《中华人民共和国公司法》设立的吸收公众存款、发放贷款、办理结算业务的企业法人。

二、商业银行的职能

1. 信用中介职能

信用中介职能是商业银行最基本、最能反映其经营活动特征的职能。商业银行一方面通过负债业务，把社会上大量的闲散货币集中起来，另一方面又通过资产业务，将其投入到社会再生产过程中需要资金的部门中去。

2. 支付中介职能

支付中介是指商业银行借助为客户开设的账户，充当客户之间货币收付与结算的中间人，成为客户的现金出纳和保管者，并从中赚取手续费收入。

3. 信用创造职能

创造存款货币是商业银行的重要职能。这种创造存款货币的能力是由商业银行和中央银行共同完成的。商业银行利用其所吸收的存款发放贷款，在支票流通和转账结算的基础上，贷款又转化为存款，如此循环，在整个商业银行体系内，形成数倍于原始存款的派生存款。

4. 金融服务职能

金融服务是商业银行利用其在国民经济活动中的特殊地位及其在提供信用中介和支付中介的业务过程中所获得的大量信息，凭借这些优势，运用电子计算机等先进手段和工具，为客户提供的其他服务，如信息咨询、财务管理、现金管理、担保、代理和保管等。

5. 调控经济职能

首先，通过传递中央银行货币政策来调节经济。中央银行的货币政策工具一般不能直接作用于企业，而是通过商业银行来对企业施加影响，如再贴现率、法定存款准备金率。

其次，商业银行经常要根据国家经济政策和产业政策的要求，有针对性地确定贷款投向，实行贷款倾斜，以达到优化经济结构的目的。

再次，通过办理消费信贷业务来调节和引导消费。商业银行向个人消费者提供信用，可以大大提高消费者的支付能力，这样做既能将消费者的远期消费转变为即期消费，刺激全社会的消费需求，同时也扩大企业的产品销售，促进生产的发展。

最后，通过对外筹资来调节国际收支逆差。

◇ 同步检测（单项选择题）

1. 中央银行降低存款准备率，将导致商业银行信用创造能力的（　　）。

A. 上升　　B. 下降　　C. 不变　　D. 不确定

2. 商业银行作为特殊的金融企业，具有的职能有（　　）。

A. 信用中介　　B. 支付中介　　C. 信用创造　　D. 金融服务

任务二　了解商业银行的业务

商业银行的业务一般包括负债业务、资产业务和中间业务三大类。负债业务形成商业银行的资金来源，是经营活动的基础部分。资产业务是银行运用资金，取得经济收入的业务。中间业务是负债业务、资产业务的派生业务，是指银行不需运用自己的资金，为客户提供各种服务，收取一定手续费的业务。

一、负债业务

商业银行的负债业务主要有资本金、存款和借款 3 项业务。负债业务是商业银行资金来源的业务，是其资产业务和中间业务的基础。其中，存款和借款业务属于吸收的外来资金。商业银行的负债业务如图 4－7 所示。

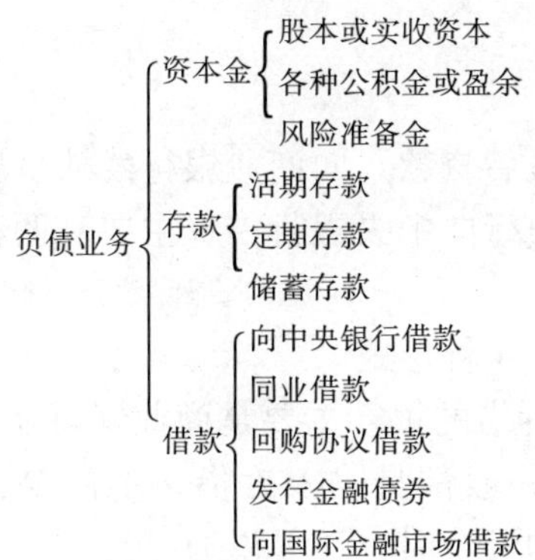

图 4－7　商业银行的负债业务

（一）各项存款

商业银行资金来源中最重要的是依靠外来资金，其中主要是吸收存款。存款业务是商业银行对存款客户的一种负债，是负债业务的主要内容。客户向银行提供这种负债的多少和期限，在某种程度上都取决于客户本身，而不是由商业银行所决定的。从这个意义上，商业银行吸收的存款是一种被动型负债业务。商业银行的存款种类繁多，但一般按期限可分为活期存款、定期存款和储蓄存款。

1. 活期存款

活期存款是商业银行传统的存款业务，是客户可以随时开出支票对收款人进行支付而无须事先通知开户银行的一种存款形式。这种存款不受期限限制，客户可以随时存取和支付，银行有义务随时兑付。

银行通过吸收活期存款，取得短期的资金来源，就可以用于短期贷款和投资，并获得收益，并且在存款客户存取的过程中，还会形成一个相对稳定的余额，这些余额则可以用于中长期的贷款和投资。另外，经营活期存款的业务量大，存取频繁，有利于密切银行与顾客之间的关系。

2. 定期存款

定期存款是存款客户与银行事先约定期限，并支付较高利息的存款形式，这种存款要求到期才能支付本金和利息。定期存款是企业从利润中提存的，在近期内暂不支用，具有稳定性的特点，银行可以将余额作为长期资金运用。

定期存款单不能像支票一样流通转让，只是到期提取存款的凭证。但定期存款单可以作为客户抵押品取得银行贷款。

3. 储蓄存款

储蓄存款主要针对个人积蓄货币和取得利息收入而开办的一种存款形式。储蓄存款可分为活期存款和定期存款。银行对储蓄存款要支付利息。

储蓄存款中的活期存款，存取没有期限规定，只凭存折便可提现。定期储蓄存款分零存整取、整存整取、存本取息等几种形式。它是预先约定存款期限，期限越长利息率越高，是个人投资取息的重要手段。

（二）借款业务

商业银行的借款业务主要包括向中央银行借款、银行同业借款、发行资本债券、国际金融市场借款等。

1. 向中央银行借款

中央银行作为商业银行的最后贷款人向商业银行发放贷款或办理再贴现业务，以解决商业银行融通资金的需要。商业银行向中央银行借款主要有两种形式：再贴现和再贷款。

2. 同业借款

商业银行向同业借款有以下 4 种形式。

（1）银行同业拆借。参加拆借的银行主要是商业银行及非银行类金融机构。

（2）抵押借款。同业拆借一般都是隔夜拆借，不需要抵押品。当商业银行资金紧张，周转发生困难，需要稍长时间的资金时，还可以通过抵押方式，向其他同业银行借入资金。

（3）转贴现借款。类似于抵押借款，只是以银行对客户办理贴现业务而收到的未到期票据转售给银行同业来代替交纳抵押品。

（4）回购协议。这是指商业银行向同业出售证券时，签订到期购回这笔证券的协议，用这种方式融入资金。

3. 发行资本债券

发行资本债券是银行向债权人发行的承诺到期还本、付息的债务凭证。发行资本债券，银行可以获得长期、稳定的资金来源。并且，发行资本债券的主动权操纵在银行手中，发行量取决于商业银行的需要。

4. 国际金融市场借款

商业银行除了在国内金融市场取得借款外，还可以从国际金融市场借款来弥补自己的资金不足。国际金融市场是进行国际借贷的场所。国际金融市场可分为货币市场和资本市场。目前，最具规模、最有影响的国际金融市场是欧洲货币市场，商业银行的国外借款主要来自这个市场。

◇ 资料卡

传统意义上的欧洲货币市场是指非居民间以银行为中介在某种货币发行国国境之外从事该种货币借贷的市场，又可称为离岸金融市场。例如，存在伦敦银行的美国美元、从德国银行贷款美元等。最早的欧洲货币市场出现在 20 世纪 50 年代。1957 年，因为东西方冷战，前苏联政府因为害怕美国冻结其在美国的美元储备而将美元调往欧洲，存入伦敦银行，由此导致了欧洲美元的产生。从事欧洲货币业务的银行相应地被称为欧洲银行。

此外，商业银行在其为客户办理结算、汇兑等中间业务中短期占用客户的资金，都可构成银行的资金来源。

（三）自有资本

自有资本是银行拥有的永久归银行支配使用的资金。任何商业银行在设立登记注册时，必须筹集拥有规定数额的最原始的资金来源，形成银行的自有资本。商业银行的自有资本主要包括以下内容。

1. 股本

股本是商业银行最原始的资金来源，是筹建银行时所发行股票面值的合计金额。股本的主要作用是在创办银行时购置房产、设备，以及开办时的其他各项费用支出；作为重要的信贷资金来源之一，用于发放贷款；标志着银行的清偿能力和承担风险的能力，用于弥补银行的业务亏损和呆账损失。

2. 资本盈余

资本盈余是银行发行股票时发行价超过其面值的部分。

3. 未分配利润

未分配利润是商业银行在向股东支付股息和红利之后剩余的营业收益部分，它仍属于股东所有。

4. 公积金

公积金是商业银行按法定比例提留的那部分营业收益，是商业银行追加新资本的重要渠道。

5. 风险准备金

风险准备金是商业银行为应付意外损失而从收益中提留的资金。

二、资产业务

商业银行的资产业务是商业银行运用资金的业务。按资金的运用方式划分，商业银行的资产可划分为 4 种基本类型：现金资产、贷款、证券投资和其他资产。

（一）现金资产

商业银行的现金资产主要包括库存现金、存放在中央银行款项、存放同业的款项和托收中的现金 4 个部分。

商业银行持有现金资产的主要目的是为了维持其流动性的需要，即应付存款户的提取和应付正常的贷款、投资的需要。现金资产对于商业银行而言，是没有收益或低收益的，持有过多的现金资产会降低其经营效益；但若现金资产不足，银行又可能随时面临支付危机。所以，现金资产不能过多，也不能过少，要保持在适当水平。

1. 库存现金

库存现金是指商业银行保存在业务库中的现钞和硬币，主要用于应付客户提现和银行本身的日常零星开支。

2. 在中央银行的存款

在中央银行的存款是指商业银行存放在中央银行的存款准备金。其包括两部分：法定存款准备金和超额存款准备金。法定存款准备金是指商业银行根据吸收各项存款余额，按照中央银行规定的存款准备率计算并向中央银行缴存的准备金。超额准备金是指商业银行存在中央银行的存款准备金账户中，超过了法定存款准备金的那部分存款余额。

3. 在同业的存款

在同业的存款是指商业银行存放在代理行和有业务往来的商业银行的存款。

4. 托收中的现金

托收中的现金是指本行通过对方银行向外地付款单位或个人收取的票据款项。

（二）贷款资产

贷款是银行将其所吸收的资金，按一定的利率贷放给客户，并约期归还的业务。贷款是商业银行的主要资产业务，是银行运用资金取得利润的主要途径，也是其维持同客户良好往来关系的重要因素。贷款是商业银行的传统核心业务，也是商业银行中占比最大、最重要的资产。

目前，西方国家的商业银行此项占比在50%左右，我国商业银行此项占比在80%左右。

商业银行贷款业务的种类很多，按不同的标准，可以划分为不同的种类。

（1）按照期限划分，商业银行贷款可以分为短期贷款、中期贷款和长期贷款。

（2）按照贷款的保证程度，商业银行贷款可以分为抵押贷款、担保贷款和信用贷款。

抵押贷款是借款人以特定的抵押品作为保证的贷款，如果借款人不履行债务，银行有权处理其抵押品。可以用做抵押品的包括住宅、厂房、汽车、设备、商品等不动产和动产，以及应收账款、公司股票、债券之类的各种资产。

担保贷款是由借贷双方以外的有相应经济实力的第三方为担保人而发放的一种贷款。要求担保人出具证书，如在贷款到期时债务人不能如约归还贷款，则由担保人承担责任。

信用贷款是指完全根据借款人的信用，即借款人的品德和财务状况而发放的贷款。

（3）按贷款用途，商业银行贷款可以分为工商业贷款、不动产贷款和消费者贷款。

工商业贷款是发放给工商企业的贷款，它一直是商业银行的主要贷款业务。

不动产贷款是对土地开发、住宅公寓、厂房建筑、大型设施购置等项目所提供的贷款。这类贷款收益高，但期限较长，一般为5～20年。不动产市场变化难以捉摸，存在着极大的风险。如果银行对不动产贷款的比例过大，则会导致银行业甚至整个金融业乃至经济的危机。日本在20世纪90年代发生的银行危机和泡沫经济、香港1982—1986年的银行风潮，都是因为房地产市场的不景气引起的。因此，各国在不动产贷款方面也制定了一些具体规定，以限制银行对不动产信用的极度扩张。

消费者贷款是商业银行向达到法定年龄，具有法律诉讼能力，可以承担法律责任的自然人提供的信用。

（4）按我国商业银行传统体制和传统习惯设置的商业银行贷款种类有流动资金贷款、固定资金贷款和外汇贷款。

（三）证券投资业务

证券投资业务是指商业银行通过买卖政府债券、公司债券、股票等有价证券，从中获得利益的经营活动。银行购买有价证券主要是为了盈利，其次是为了分散风险，并保持一部分流动性资产，以便在需要现款时可以出售证券，满足流动性需要。

知识链接

中国工商银行的证券投资结构

2009年，中国工商银行紧密把握国内、国际金融市场走势，合理安排投资进度，适时调整投资策略，积极优化投资结构。2009年年末，证券投资净额35 991.73亿元，比上年年末增加5 508.43亿元，增长18.1%。

从发行主体结构上看，政府债券增加1 483.67亿元，增长35.1%；中央银行债券增加1 701.22亿元，增长21.3%；政策性银行债券增加1 578.83亿元，增长26.3%；其他债券增加1 589.01亿元，增长65.3%，主要是中国工商银行适度加大对风险可控、收益率较高的优质企业债券的投资力度。

资料来源：中国工商银行2009年年报。

三、中间业务

商业银行的中间业务是指不构成商业银行表内资产、表内负债，形成银行非利息收入的业务。

中间业务有广义和狭义之分。狭义的中间业务是指信用业务以外的、商业银行不运用自己的资金，通过替客户办理支付和其他委托事项而收取手续费的业务，不会形成债权与债务关系。广义的中间业务除了以上狭义的中间业务以外，还包括表外业务，即不直接动用银行的资金，但是会形成银行的债权与债务关系的业务，也即会构成银行或有负债的业务。我国商业银行的中间业务可以分为以下九大类：① 支付结算类中间业务；② 银行卡业务；③ 代理类中间业务；④ 担保类中间业务；⑤ 承诺类中间业务；⑥ 交易类中间业务；⑦ 基金托管业务；⑧ 咨询顾问类业务；⑨ 其他类中间业务。这里说的中间业务是指广义的中间业务。

◇ 同步检测（单项选择题）

1. 商业银行经营活动的基础是（　　）。

A. 自有资本　B. 中间业务　C. 资产业务　D. 负债业务

2. 目前我国商业银行的中间业务有（　　）。

A. 发行金融债券　B. 结算业务　C. 代理业务　D. 银行卡业务

项目三　中央银行概述

知识目标

1. 掌握中央银行的性质、地位和职能。
2. 了解中央银行的基本业务活动。

能力目标

1. 能够用中央银行的基础理论，分析我国中央银行的性质、地位和职能。
2. 能够分析中央银行与其他金融机构的区别。
3. 能够用中央银行的基础理论，解释我国中央银行的基本业务活动。

案例导入

格林斯潘的魅力

在华尔街流传着这样一则趣事：如果交易员要吓唬啼哭的孩子，他不会说“狼来了”，而是“格林斯潘要加息了”。

艾伦·格林斯潘于1926年3月6日生于纽约市，自1987年先后为里根、乔治·布什、克林顿、乔治·沃克·布什4位美国总统掌控美国经济，在两次海湾危机、1997年亚洲金融危机、2001年“9·11”恐怖袭击等事件中，他所提出的经济金融政策有效地降低了美国受到的负面影响，更在克林顿时代创造出“零通胀”的经济奇迹。自1987年格林斯潘任职以来的18年间，美国经济出现了长达10年的持续增长期。格林斯潘对美国经济的影响力仅次于美国总统。

格林斯潘之所以有这样的魅力，这和他本人的睿智分不开，但是同时不可否认，美国也给他提供了充分发挥其睿智的舞台，赋予了他权利。这18年，他担任的是美国联邦储备委员会的主席，而美联储在美国政府中起中央银行的作用。

问题：

为什么中央银行的力量有那么大？

任务一 掌握中央银行的产生、类型和职能

一、中央银行的产生及其客观必然性

（一）中央银行的产生

中央银行也称央行，作为一个国家金融体系的中心环节，是在资本主义商品经济和银行信用业的发展构成中，从商业银行中分离出来的。因此，中央银行是银行业发展到一定阶段的产物，并随着商品经济、信用制度和银行业的发展而不断发展。

如果从1656年最早成立的中央银行瑞典国家银行算起，到1913年美国建立联邦储备体系为止，中央银行的创立经历了257年曲折历程。英格兰银行成立于1694年，是现代中央银行的鼻祖，它在中央银行的发展史上是一个重要的里程碑。1844年，英国的银行法案《比尔条例》，从中央银行的组织模式上和货币发行上为英格兰银行独占货币发行权，行使中央银行职能奠定了基础。1920年，在比利时首都布鲁塞尔举行的国际金融会议上建议，尚未设立中央银行的国家，应该迅速设立中央银行。1922年在瑞士的日内瓦会议上，再次强调各国应建立中央银行。

（二）中央银行产生的客观必然性

中央银行是一国最高的金融管理机构，它的产生有其客观必然性。

1. 货币统一发行的需要

在中央银行之前，没有专门发行货币的银行，所有商业银行都可以发行作为货币的银行券。由于私人银行分散发行银行券产生的信誉、流通及兑现等诸多问题，造成的金融混乱，导致金融危机频繁发生，迫切要求有更加稳定的通货，也要求银行券只能由信誉卓著、信用活动具有全国意义的大银行集中发行。因此，客观上要求货币的发行集中于中央银行。

2. 建立全国统一清算系统的需要

随着银行业的不断发展，银行经营必然日趋扩大，银行每天收授票据的数量增多，各家银行之间的债权与债务关系复杂化，由各家银行自行轧差进行当日清算已发生困难。这种状况不仅表现为异地结算矛盾突出，即使同城结算也成为问题。因此，客观上要求建立一个全国统一的、有权威的、公正的清算系统，这一系统非中央银行莫属。

3. 建立银行最后贷款者的需要

在经济发展过程中，特别是经济周期中的衰退和萧条阶段，商业银行往往陷于资金调度不灵的困境，有时因支付能力不足而破产。商业银行缺乏稳定的信用关系，不利于社会经济的发展，也不利于社会的稳定，因而客观上需要一个统一的金融机构为其他银行作后盾，在

必要时为其提供资金支持。

4. 金融管理、监督的需要

为鼓励银行间的正当竞争，避免银行间的不正当竞争给社会经济带来不利影响，一国需要有一个代表政府意志的专门机构从事金融业的管理、监督和协调工作。

二、中央银行的类型

就各国的中央银行制度来看，大致可归纳为4种类型：单一型、复合型、跨国型和准中央银行型。

1. 单一的中央银行制度

单一的中央银行制度是指国家单独建立中央银行机构，使之全面、纯粹行使中央银行职能的制度。单一的中央银行制度中又有以下两种具体情形。

（1）一元式。这种体制是在一个国家内只建立一家统一的中央银行，机构设置一般采取总分行制。目前，世界上绝大部分国家的中央银行都实行这种体制，我国也是如此。

知识链接

中国人民银行大事记

1948年：正式成立。

1983年9月17日，国务院146号文件决定中国人民银行专门行使中央银行的职能。

1992年：剥离证券业监管职能——证券委、证监会成立。

1993年：职能界定——货币政策、金融监管。

1993年12月，《国务院关于金融体制改革的决定》进一步明确了中国人民银行的主要职能是制定和实施货币政策，保持货币的稳定；对金融机构实行严格的监管，维护金融体系安全、有效地运行。

1995年：法律明确中央银行职能。1995年3月18日，第八届全国人民代表大会第三次会议通过了《中华人民共和国中国人民银行法》。至此，中国人民银行作为我国中央银行的地位以法律的形式被确定下来。

1998年：剥离保险业监管职能——成立保监会。

1999年：省级分行撤销，按经济区划设立跨省区九大分行、两个营业部（京、渝）。

2003年：剥离银行业监管职能——成立银监会。

2003年4月28日，中国银行业监督管理委员会（银监会）宣布正式成立。以前，中国人民银行集货币政策和银行监管职能于一身，银监会的成立实现了货币政策与银行监管职能的分离，中国人民银行负责货币政策的制定和执行，银监会负责银行业务的监管，这样更有助于真正维护金融安全。

（2）二元式。这种体制是在一国国内建立中央和地方两级中央银行机构，中央级机构是最高权力机构，地方级机构也有其独立的权力。根据规定，中央和地方两级中央银行分别行使职权。它是一种带有联邦式特点的中央银行制度。属于这种类型的国家有美国、德国等。

知识链接

美国金融体系中的中央银行

美国的联邦储备体系是将全国划分为12个联邦储备区，每个区设立一家联邦储备银行为该地区的中央银行，并在各自辖区内的一些重要城市设立分行。这些联邦储备银行均不受州政府和地方政府的管辖，各自有自己的理事会，有权发行联邦储备券和根据本地区实际情况执行中央银行的特殊信用业务。在各联邦储备银行之上设联邦储备委员会，进行领导和管理，制定全国的货币信用政策。同时，在联邦储备体系内还设有联邦公开市场委员会和联邦顾问委员会等平行管理机构。联邦储备委员会是整个体系的最高决策机构，是实际上的美国中央银行总行，直接对国会负责。

2. 复合的中央银行制度

复合的中央银行制度是指一个国家没有设专司中央银行职能的银行，而是由一家大银行集中中央银行职能和一般存款货币银行的经营职能于一身的银行体制。这种复合制度主要存在于前苏联和东欧等国。我国在1983年以前也一直实行这一银行制度。

3. 跨国的中央银行制度

跨国的中央银行制度是由参加某一货币联盟的所有成员国联合组成的中央银行制度。这种跨国的中央银行发行共同的货币和为成员国制定金融政策，成立的宗旨则是推进联盟各国经济的发展和避免通货膨胀。其典型有1998年7月1日成立的欧洲中央银行（ECB），西非货币联盟设有“西非国家中央银行”（1962年），中非货币联盟设有“中非国家银行”（1973年），东加勒比海货币区则设有“东加勒比中央银行”（1983年），这些银行都是跨国中央银行。

◇ **想一想**

从网上收集有关欧洲中央银行的有关信息，了解其职能。

4. 准中央银行制

准中央银行制是指有些国家或地区只设置类似中央银行的机构，或者由政府授权某个或几个商业银行，行使部分中央银行职能的体制。新加坡、中国的香港特别行政区属于这种体制。

◇ **课堂讨论**

讨论香港准中央银行制。

三、中央银行的性质和职能

（一）中央银行的性质

中央银行是作为代表国家管理金融的特殊机关，处于一国金融业的核心和领导地位，是一国制定实施金融政策，调控监管经济金融的专门机构。

1. 中央银行是一国信用活动的组织者、调节者，是一国信用制度的枢纽

银行信用是一国信用制度的基础，而中央银行处于整个银行体系的核心，它可以根据经济发展的客观需要，运用货币政策工具来影响商业银行的信用活动，控制社会信用规模，调节信用结构。另外，中央银行还通过对金融市场的参与和管理，同时作为商业银行的最后贷款人，引导信用活动按中央银行的政策意向来进行。

2. 中央银行是国家管理金融的机关，是一国政府的组成部分

中央银行是一国金融业的最高管理机构，是政府在金融领域的代理人，代表国家制定和执行各种金融法规及政策，代表国家管理金融市场，代表国家参与国际金融活动，因此中央银行应被视为政府的一个部门，或者政府控制下的一个金融管理机构。

3. 中央银行是特殊的金融机构

中央银行的特殊性主要表现在以下 4 个方面。

（1）中央银行是国家宏观金融和经济调控的主体，而商业银行等一般金融企业则是宏观金融调控的对象。

（2）商业银行等一般金融企业的经营目标是利润最大化，而中央银行不以营利为目的。中央银行以金融调控为己任，以稳定货币、促进经济发展为宗旨。

（3）中央银行作为特殊的金融机构，一般不经营商业银行和其他金融机构的普通金融业务。

（4）中央银行享有货币发行的特权，商业银行和其他金融机构则没有这种特权。

◇ 想一想

1. 中央银行的特殊性是什么？
2. 如何理解中央银行与政府的关系？

（二）中央银行的职能

从中央银行的性质与地位分析，中央银行具有以下职能。

1. 中央银行是发行的银行

中央银行是发行的银行，是指国家赋予中央银行集中与垄断货币发行，并成为国家唯一的货币发行机构（美国等少数国家是一个例外，在这些国家中财政部门也可以发行部分货币）。货币发行是中央银行最基本的职能。中央银行正是因为垄断了货币发行权才派生出了其他的一些职能。

中央银行垄断货币发行权，并不意味着中央银行可以任意决定货币发行量。作为发行的银行，中央银行必须根据经济发展的需要来决定货币发行量，特别是在管理纸币本位制下，单位纸币的价值主要取决于纸币发行量。中央银行有责任保持货币币值稳定，因此就有责任合理规范货币发行，以确保金融的稳定。

知识链接

人民币的发行程序

人民币的发行程序如图 4－8 所示。

图 4－8 人民币的发行程序

2. 中央银行是银行的银行

中央银行是银行的银行，有以下3层含义。

（1）中央银行的业务对象不是一般企业和个人，而是商业银行和其他金融结构及特定的政府部门。

（2）中央银行在与其业务对象之间的业务往来中仍表现出银行所固有的“存、贷、汇”等业务特征。

（3）中央银行为商业银行提供支持和服务的同时，也是商业银行的监督管理者。

作为银行的银行，中央银行的职能具体体现在：① 集中存款准备金；② 充当“最后贷款人”；③ 组织、参与和管理全国的清算。

3. 中央银行是政府的银行

中央银行是政府的银行。首先，中央银行根据法律授权制定和实施货币政策，对金融业实施监督管理，负有保持货币币值稳定和保障金融业稳健运行的责任；其次，中央银行代表本国政府参加国际金融组织，签订国际金融协定，参与国际金融事务与活动；最后，中央银行为本国政府代理国库，依照《中央银行法》办理政府所需要的银行业务。

◇ 课堂讨论

中国人民银行作为政府的银行具体如何体现？

中央银行是政府的银行，还体现在许多国家的中央银行行长是由政府或国家元首来任命的，绝大多数国家中央银行的资本金为政府所有或由政府控股，有些国家的中央银行直接就是政府的组成部门，对政府负责。

◇ 同步检测（单项选择题）

1. 中央银行的业务对象为（　　）。

A. 一国政府与工商企业　　B. 一国金融机构与工商企业

C. 工商企业与家庭、个人　　D. 一国政府和金融企业

2. 中央银行作为政府的银行，其职责包括（　　）。

A. 代理国库　　B. 对政府融通资金

C. 代理政府金融事务　　D. 代表政府参加国际金融活动

任务二　了解中央银行的业务

中央银行的主要业务反映在其资产负债表上，包括负债业务、资产业务和清算业务3项。

一、中央银行的负债业务

中央银行的负债业务是指中央银行以负债形式所形成的资金来源，是中央银行资产业务的基础。其主要包括货币发行业务、资本业务、存款业务等。

1. 货币发行业务

货币发行是中央银行最主要的负债业务，是中央银行与一般商业银行区别的重要标志。流通中的纸币都是由中央银行发行的。中央银行的纸币是通过再贴现、贷款、购买证券、收

购金银外汇等渠道投入市场，形成流通中的纸币，以满足经济发展对货币的需要。

2. 资本业务

中央银行的资本业务实际上就是筹集、维持和补充自有资本的业务。中央银行与其他银行一样，为了保证正常的业务活动必须拥有一定数量的资本。目前，世界上绝大多数国家的中央银行都由中央政府出资，也有一些国家的中央银行由地方政府、国有机构、私人银行和部门出资。但是，他们无权参与中央银行管理，也不能转让所持股份。

3. 存款业务

（1）集中商业银行的存款准备金。集中存款准备金是指中央银行收存的商业银行存款。商业银行存款准备金是中央银行作为“银行的银行”，集中商业银行的存款准备金形成的一项负债，由于一般不支付利息，形成了中央银行低成本、稳定的资金来源。

中央银行集中商业银行的存款准备金，其目的有两个：① 保证存款机构的清偿能力，以备客户提现，从而保障存款人的资金安全，以及银行等金融机构本身的安全；② 有利于中央银行调节信用规模和控制货币供应量。

中央银行集中的存款准备金由两部分组成：一部分是法定存款准备金，它等于商业银行吸收存款余额乘以中央银行规定的法定存款准备金比率；另一部分是商业银行的超额准备金，亦称为一般性存款，是指商业银行为保持资金清算或同业资金往来而存入中央银行的存款。

（2）政府存款。中央银行作为政府的银行，一般都由政府赋予代理国库的职责，财政的收入和支出都由中央银行代理。

国库是国家金库的简称，是专门负责办理国家预算资金的收纳和支出的机关。国家的全部预算收入都由国库收纳入库，一切预算支出都由国库拨付。

（3）特种存款。特种存款是中央银行的直接控制方式之一。它是指中央银行按照商业银行、专业银行和其他金融机构信贷资金的营运情况，根据银根松紧和资金调度的需要，以特定方式向这些金融机构集中一定数量的资金。

二、中央银行的资产业务

中央银行的资产业务是指中央银行运用其负债资金来源的业务活动，主要包括贷款业务、再贴现业务、证券买卖、黄金和外汇储备业务。

1. 贷款业务

贷款业务是中央银行的主要资产业务之一。在中央银行的资产负债表中，贷款是一个大项目，它充分体现了中央银行作为“最后贷款人”的职能作用。贷款业务是指中央银行对商业银行和其他金融机构发放的贷款，主要是解决其临时性资金不足，弥补头寸的临时性短缺，当然也包括在紧急情况下保证商业银行的最后清偿能力，防止出现金融恐慌，维护金融体系的安全。一般贷款利率比较优惠，贷款期限较短。

中央银行的贷款是商业银行基础货币的重要来源，它对于维护金融体系安全，抑制通货膨胀，调节经济具有非常重要的意义。该业务的对象主要是商业银行和国家财政，在特殊的情况下，也对一些非银行类金融机构发放小额贷款。

2. 再贴现业务

再贴现业务是商业银行和其他金融机构持有已贴现的商业汇票，向中央银行进行票据再转让的一种行为。再贴现是一种特殊的放款形式，也是中央银行传统的总量货币政策工具。

再贴现主要用于解决一般金融机构由于办理贴现业务，引起暂时的资金困难。再贴现的实付金额等于再贴现承兑汇票面额扣除再贴现利息。再贴现的期限，从再贴现之日起至票据到期日止，一般为 3 个月，最长不超过 6 个月。

◇ **想一想**

贴现与再贴现有何区别？

3. 证券买卖

中央银行经营证券业务，即在金融市场买卖各种有价证券，主要是政府债券的活动，其目的不是盈利。因为，中央银行负有调节和管理宏观金融的职责，根据市场银根松紧，调节资金供应，中央银行通过买进或卖出证券就可以达到调剂市场资金供求的目的。由此可见，证券买卖是中央银行的调控手段之一，也是一项经常性的资产业务。

中央银行买卖证券一般有两种方式：一种是直接买卖或一次性买卖；另一种是附有回购协议的买卖。当中央银行认为需要增加或压缩商业银行的超额准备金时，就会一次性直接购买或出售政府某种债券。当需要临时调节商业银行的准备金或流动性时，就采取附有回购协议的形式进行买卖。在购买时就定下协议，卖者必须在指定的日期按固定价格，再购回所卖出的证券；而当出售时，中央银行将在指定的日期，按商定价格购回那些原出售的证券。

4. 黄金、外汇储备

黄金、外汇储备是各国进行国际支付和稳定国内货币币值的重要保证。中央银行为保证国际收支平衡、汇率稳定和本国货币币值的稳定，要统一掌握和负责管理国家的黄金、外汇储备。需要黄金、外汇者可向中央银行申请购买，中央银行也通过买卖黄金、外汇来集中储备，调节资金结构，保持汇率稳定。因此，中央银行将其一部分资产运用于黄金、外汇的储备，形成了这项特殊的资产业务。

◇ **课堂讨论**

调查近几年来，我国的外汇储备情况，并就外汇储备管理，谈谈您的看法。

储备资产一般包括黄金、外汇、特别提款权和在国际货币基金组织的储备头寸。中央银行通过持有和买卖储备资产达到促进国际收支平衡、稳定汇率和国内货币流通的目的。

三、中央银行的中间业务

中央银行的中间业务主要是资金清算业务。中央银行的清算业务是指中央银行集中票据交换及办理全国资金清算的业务活动。中央银行的清算业务实现了银行之间债权与债务的非现金结算，免除了现款支付的麻烦，便利了异地间的资金转移。中央银行的清算业务包括集中办理票据交换、结清票据交换差额和办理异地资金转移。

1. 票据交换

票据交换是指同一城市中各银行间收付的票据所进行的当日交换，通常在票据交换所进行。票据交换所是同城各银行之间清算其各自应收应付款项的集中场所。各银行持有本行应收应付票据在每日规定的时间内，在交换所将当日收进的其他银行的票据与其他银行收进的该行的票据进行交换，形成的差额最终通过中央银行来轧差转账。

2. 集中清算交换的差额

通过各银行在中央银行开立的往来存款账户（独立与法定存款准备金账户，且存有一定的备付金），各行之间票据交换后的债权与债务的差额得以划转。

3. 办理异地的资金转移

同城或以该城为中心的一个地区的债权与债务可以通过票据交换清算。但各城市、各地区之间的资金往来最终形成了异地之间的资金转移问题，这就需要中央银行建立全国的清算网络，统一办理异地资金转移。办理异地资金转移的方式一般有两种：① 先由各金融机构内部联行系统，盘后各金融机构的总行通过中央银行总行办理转账结算；② 将异地票据统一集中传递到中央银行总行办理轧差转账。目前，中央银行清算的手段有自动化清算系统，手工操作的计算机处理等。

◇ 同步检测（填空题）

1. 中央银行集中的存款准备金由两部分组成：一部分是______________；另一部分是______________。
2. 外汇储备属于中央银行的__________业务。
3. 中央银行的清算业务包括__________、__________和__________。
4. 中央银行的主要业务包括__________、__________和__________3 项。

项目四　非银行类金融机构概述

知识目标

1. 了解保险公司的性质、职能和基本业务。
2. 了解证券公司的性质、职能和基本业务。
3. 了解信托投资公司的性质、职能和基本业务。

能力目标

1. 能够区分各种非银行类金融机构的不同。
2. 能够掌握保险公司、证券公司、信托投资公司运作的基本原理。

任务一　了解保险公司的性质、职能和基本业务

一、基本概念

1. 保险的概念

保险是以社会互助的形式，对因各种自然灾害和意外事故造成的损失进行补偿的一种方式。

2. 保险公司的概念

保险公司是指依法设立的以取得保险费，建立保险基金，对发生保险事故进行经济补偿的金融机构。

二、保险的基本职能

1. 经济补偿职能

保险的基本职能是经济补偿。在保险活动中，保险公司作为组织者和经营者，通过与投保人订立保险合同的方式，集合众多遭受同样风险威胁的被保险人，按损失分摊原则向每个投保人收取保险费，建立保险基金，用以对那些被保险人因约定保险事故发生所造成的损失给予经济补偿或给付保险金，保险公司这一分散风险、均摊损失的过程，就是其经济补偿的职能。

2. 防灾减损职能

防灾是指保险公司和被保险人共同采取合同规定的措施，对投保标的不应发生的灾害进行防范；减损是指在保险标的发生灾害时，投保人和保险公司按照保险合同规定，应当采取措施进行积极地施救，减少可能的损失。

3. 资金运用职能

资金运用职能是指保险公司把累积的或暂时不用于赔付的各项准备金用于各项投资活动，实现保险资金的保值和增值。保险公司如果能很好地行使对保险资金运用的职能，就能有效地扩大承保能力和偿付能力，不断扩大企业效益，增强保险公司的竞争能力。

三、保险公司的资金来源与运用

1. 保险公司的资金来源

保险公司是经营保险业务的企业，其资金来源主要包括资本金、保险业务收入和保险利润 3 个部分。

（1）资本金。资本金是企业的开业资金。各国政府一般都对保险公司的开业资金规定一定的数额，以保证经营的基本稳定。由于资本金具有备用资金的性质，除按规定上缴部分保证金和用于破产清算外，绝大部分处于闲置状态，成为保险资金的重要来源。

（2）保险业务收入。保险业务收入在保险资金形成中居于主导地位，它既是支付保险赔款的资金来源，也是形成保险利润的基础。

（3）保险利润。保险利润由营业利润和投资收益构成。营业利润是保险公司经营活动中产生的利润。投资收益是指保险公司将部分暂时闲置的保险资金用于经营某项事业而获得的收益。

2. 保险资金的运用

保险企业在对保险资金进行运用时，必须要遵循安全性原则，依据保险经营方针，对积聚起来的保险资金进行有效使用，并保证资产的保值增值。保险资金主要运用在支付保险赔付、提存各项准备金、保险投资和拨付防灾防损开支等方面。

四、保险的类型

（一）按保险标的分类

按保险标的分类，保险可分为财产保险和人身保险。

1. 财产保险

财产保险是以财产及有关的利益作为保险标的的一种保险。财产保险开办的业务险种主要有：① 火灾保险，简称火险，其主要保险风险是因火灾遭受的财产损失；② 海上保险，也称水险或海上运输保险；③ 工程保险，是一种财产保险和责任保险的综合保险；④ 锅炉及机器保险；⑤ 货物运输保险；⑥ 汽车保险。此外，还有航空保险、盗窃保险、利润损失保险和农业保险等。

◇ **想一想**

自己、家人和身边的亲戚和朋友都参加哪些保险？这些保险的益处是什么？

知识链接

汽车保险

汽车保险是承保各种汽车的物质损失及其第三者所造成的损失，分为车身险和第三者责任险。车身险是对汽车本身由于碰撞、自然灾害、外来原因所造成的损失提供经济补偿；第三者责任险是被保险汽车因发生保险事故而产生的被保险人对第三者的人身伤害及其财产损失依法应负的赔偿责任。

2. 人身保险

人身保险是以人的生命为保险标的，保险人对被保险人在保险期间因意外事故、疾病等原因，导致死亡、伤残或在保险期满后，根据保险条款的规定给付保险金的保险。人身保险可划分为人寿保险、人身意外伤害保险和健康保险。

知识链接

人身保险

人身保险主要包括人寿保险、人身意外伤害保险和健康保险。

(1) 人寿保险。人寿保险是以人的生命（生或死）作为保险标的，以死亡或生存为保险事故，在保险事故发生导致被保险人损失时，保险人向被保险人或其受益人给付保险金的一种保险。人寿保险中最基本的险种有3个：死亡保险、生存保险和两全保险。

(2) 人身意外伤害保险。人身意外伤害保险是一种以被保险人因意外伤害所致死亡或残废为给付保险金条件的人身保险险种，常见的有团体人身意外伤害保险、学生团体平安保险和旅客意外伤害保险。

(3) 健康保险。健康保险是指当被保险人因疾病而不能从事工作或因病致残丧失工作能力时，由保险人给付保险金的保险。其一般包括疾病保险、医疗保险和生育保险。

◇ **想一想**

在日常生活中，当人们乘坐汽车或火车时，车票的价格里包含保险费用吗？您知道该保险属于何种险？

（二）按保险关系的实施方式分类

按保险关系的实施方式分类，保险可分为自愿保险和法定保险。

1. 自愿保险。这种保险关系是通过投保人和保险公司双方在平等互利的原则基础上自愿签订保险合同的方式而产生的。在这种投保方式下，投保人对于自己的财产、人身等保险标的既有投保的权利，也有不投保的自由；保险公司也有决定承保与否的选择权。自愿保险是一种比较普遍的实施形式。

2. 法定保险。法定保险也称为强制保险，是通过法律规定强制实行的保险。其特点是只要在保险法令所规定的范围内，不管被保险人和保险公司是否愿意，都必须全部办理保险；保险金额按照国家规定的统一标准，而不是由被保险人自选确定；在权利和义务方面，对于保险人和被保险人都有一定的约束性。

（三）按保险的性质分类

按保险的性质分类，保险可分为商业保险和社会保险。

1. 商业保险

商业保险是指以盈利为目的，按照商业经营原则经营的保险。商业保险以自愿为前提，投保人和保险公司是在遵循公平互利、协商一致、自愿订立的原则下签订保险合同。商业保险的保障范围十分广泛，涉及社会经济生活的方方面面，如海上保险、货物运输保险、企业财产保险、机动车辆保险、家庭财产保险等，都属于商业保险。

2. 社会保险

社会保险是指国家通过立法形式，对社会成员在年老、疾病、残疾、伤亡、生育、失业情况下的基本生活需要给予物质帮助的一种社会保障制度。

（四）按业务承保方式分类

按业务承保方式分类，保险可分为原保险、再保险、共同保险和重复保险。

1. 原保险

原保险是投保人和保险公司直接订立保险合同，当保险标的发生该保险合同责任范围的损失时，由保险公司直接对被保险人承担经济赔偿责任的一种保险。

2. 再保险

再保险也称为分保，是指保险人为了减轻自身承担的保险风险和责任，而将其不愿承担或超过自身承保能力的保险风险和责任转嫁给其他保险人而形成的保险关系。

3. 共同保险

共同保险简称共保，是指有两个或两个以上保险人共同对同一保险标的物的同一风险责任承担损害赔偿责任的保险。

4. 重复保险

重复保险是指两个或两个以上的保险人就同一保险标的与投保人分别订立若干份保险合同，以致该保险标的物的总保险金额超过了其可保价值的一种保险。

（五）按保障主体分类

按保障主体分类，保险可分为个人保险和团体保险。

1. 个人保险

个人保险是指以个人作为投保人、被保险人的保险。例如，个人养老保险、家庭财产保险等。

2. 团体保险

团体保险是指以团体或单位为投保人，以团体或单位职工为被保险人的保险。

◇ 同步检测（不定项选择题）

1. 对法人单位和家庭住户提供财产意外损失保险的金融机构是（ ）。

A. 商业银行 B. 人寿保险公司 C. 财产保险公司 D. 信托投资公司

2. 下列选项中，属于目前我国保险资金可运用渠道的有（ ）。

A. 国库券 B. 证券投资基金 C. 银行存款 D. 金融债券

任务二 了解证券公司的性质、职能和基本业务

一、证券公司的概念与特征

证券公司是指从事证券承销、证券交易、公司并购或资产重组、项目融资、风险投资、基金管理、投资顾问等多种业务的投资性金融机构。

◇ 想一想

证券公司与商业银行有什么区别？

证券公司的基本特征是综合经营资本市场业务。这种机构在各国的称谓不尽相同，在美国称投资银行，在英国称商人银行，在日本称证券公司，在法国称实业银行，在新加坡称商人银行或证券银行，在泰国称金融证券公司。

二、证券公司的职能

1. 媒介资金供求

证券公司是沟通资金盈余者和资金短缺者的桥梁，其一方面使资金盈余者能够充分利用多余资金来获取收益；另一方面又帮助资金短缺者获得所需资金以求发展。证券公司在媒介资金供求时，与商业银行的运作方式存在较大的区别。一般把商业银行媒介资金供需的活动称为间接融资方式，而把证券公司媒介资金供需的活动称为直接融资方式。

2. 优化资源配置

证券公司作为金融体系的重要机构，同其他金融机构一样，通过其自身的经营活动来融通、调节资金，实现社会资源的有效配置。

证券公司通过发行股票和债券等方式引导社会剩余资金流向效益好的产业或企业，促进企业生产规模的扩大，引导产业的集中，促进生产的社会化向更高的层次发展，通过资源的合理配置来提高国家整体的经济效益。同时，证券公司帮助企业发行股票和债券，不仅使企业获得发展和壮大所需资金，并且将企业的经营管理置于广大股东和债权人的监督之下。这样有利于整个社会经济建立科学的激励机制和约束机制，从而促进经济效益的提高，推动企业的发展，进而实现社会资源的优化配置。

3. 维系证券市场的有序发展

证券市场由证券发行人、证券投资者、证券交易所、管理组织者、证券公司和服务机构组成。其中，证券公司起着联系不同主体、构造证券市场的重要作用。

在证券市场上，上市公司的质量是市场发展的基石，而证券公司作为上市公司的保荐

人，如何把高质量的上市公司推荐给投资者，将从根本上影响市场发展的秩序。同时，证券公司以自营商、经纪商、做市商等身份参与交易市场，对提高交易效率、维持场内秩序、稳定证券价格、保障交易活动顺利进行都发挥着重要的作用。

三、证券公司的业务

1. 证券承销业务

证券承销是指在公募发行条件下证券公司以承销商身份依照协议包销或分销发行人的股票、债券等有价证券的业务活动。

2. 证券经纪业务

证券经纪业务是指证券公司通过其设立的证券营业部，接受客户委托，按照客户要求，代理客户买卖证券的业务。在证券经纪业务中，证券公司不垫付资金，不赚取差价，只收取一定比例的佣金作为业务收入。证券经纪业务可分为柜台买卖和证券交易所代理买卖两种。从我国证券经纪业务的内容来看，柜台代理买卖比较少。因此，证券经纪业务目前主要是指证券公司按照客户的委托，代理其在证券交易所买卖证券的业务。

3. 证券自营业务

证券自营业务是指经中国证监会批准经营证券自营业务的证券公司用自有资金和依法筹集的资金，用自己名义开设的证券账户买卖有价证券，以获取盈利的行为。证券自营买卖的对象主要有两大类：一类是上市证券；另一类是非上市证券。自营业务与经纪业务相比，具有以下特点：① 决策的自主性；② 交易的风险性；③ 收益的不稳定性。

4. 资产管理业务

资产管理业务是指证券公司作为资产管理人，依照有关法律、法规与客户签订资产管理合同，根据资产管理合同约定的方式、条件、要求及限制，对客户资产进行经营运作，为客户提供证券及其他金融产品的投资管理服务的行为。

5. 收购与兼并

收购与兼并是证券公司一项极为重要的业务。在企业兼并、收购过程中，证券公司扮演了极为重要的角色。证券公司可以以多种方式参与企业的并购活动。

（1）寻找兼并与收购的对象。

（2）向猎手公司和猎物公司提供有关买卖价格或非价格条款的咨询，或者帮助猎物公司采取行动，抵御恶意吞并企图。

（3）帮助猎手公司筹集必要的资金，以实现购买计划。

6. 咨询服务

由于证券公司拥有高水平的金融投资专家、理财专家，又拥有迅捷的信息渠道和先进的风险控制技术与工具，因此证券公司能为客户提供有关财务管理、风险管理、流动性管理、招标、投标、策划、投资组合设计等许多方面的咨询服务。

◇ 同步检测（不定项选择题）

1. 证券公司的主要业务有（　）。

A. 为公司股票、债券的发行提供咨询和担保，并代理发行或包销

B. 向公司融资，包括直接投资公司股票、债券和向公司提供长期信贷

C. 直接参与公司的创建与改组活动，为公司的设立、合并、收购、调整提供投资及财务方面的咨询

D. 从事证券的自营买卖

任务三　了解信托投资公司的性质、职能和基本业务

一、基本概念

1. 信托的概念

信托是指委托人基于对受托人的信任，将其财产权委托给受托人，由受托人按委托人的意愿，为受益人的利益或特定目的，进行管理或处置的行为。

2. 信托投资公司的概念

信托投资公司也称信托公司，是以资金及其他财产为信托标的，根据委托者的意愿，以受托人的身份管理及运用信托资财的金融机构。

二、信托行为的基本关系人

一个典型的信托行为要涉及三方关系人，即委托人、受托人和受益人。

委托人是主动提出设立信托关系的一方关系人，其条件是必须拥有作为信托财产的所有权或具有委托代办经济事务的合法权利。

受托人是接受委托人的授权，并按约定的信托条件对信托财产进行管理或处理的信托关系人。受托人必须具有受托行为能力，即必须有执管产权，并管理、运用和处理财产的能力。受托人可以由个人和法人承担。受托人的权利主要有两项：根据信托契约具有合法地对信托财产进行独立管理和处理的权利；具有收取报酬、获得收益的权利和收取费用要求补偿（非自己主观过失造成的）损失的权利。

受益人是指享受信托利益的人。各国法律对担任受益人一般没有特别的条件限制，除根据法律规定为禁止享有财产权者外，其他人均可成为信托受益人。一般来说，受益人在信托期间对信托财产只享有利益之权，而无财产的物权，即无权处理、转移、抵押、分割信托财产或发生其他损害信托财产的行为。

从上述三方关系人的权利与义务来看，信托最突出的特征是对信托财产所有权的分割。在信托关系成立后，受托人以所有人身份管理、处理信托财产，以自己的名义对外与第三人进行有关信托财产的交易并承担相应的民事责任，但必须是为了受益人的利益管理、处理信托财产，信托财产在法律上不能看做是受托人的自有财产。

三、信托投资公司的业务

1. 个人信托投资业务

个人信托投资业务是指以个人作为委托人，以信托投资机构为受托人而办理各种业务。个人信托投资业务可因信托生效时期分为生前信托和身后信托。

（1）生前信托。这是指委托人与信托机构签订信托契约，委托信托机构在委托人在世时就开始办理有关的事项。

（2）身后信托。这是指信托机构受托办理委托人去世后的各项事务，主要包括执行遗嘱信托；管理遗产信托；未成年人监护信托。

2. 法人信托业务

法人信托业务是指以具有法人资格的企业、公司、社团等作为委托人而设立的信托。在商品经济发达的国家，这类业务是信托公司的支柱业务，往往与法人自身的经营活动有着密切关系。从当前主要市场经济国家信托业务发展的情况看，主要信托品种如下。

（1）公司债信托。公司债信托又称为抵押公司债信托，即信托公司为协助企业发行债券，提供发行便利和担保事务而设立的一种信托形式。

（2）动产信托。动产信托又称为设备信托，是指以动产的管理、处理为目的的信托。

（3）雇员受益信托。雇员受益信托是指雇主为雇员提供各种利益的信托。近年来，这种信托业务发展很快。雇员受益信托的业务主要有养老金信托、形成财产信托和职工持股信托等形式。

（4）商务管理信托。商务管理信托又称为表决权信托，是由公司股东与信托机构缔结表决权信托契约，各股东将股票过户给受托人，注明表决权字样，受托人签发“表决权信托证书”给股东。

3. 通用信托业务

通用信托业务是指那些既可以由个人作委托人，也可以由法人作委托人的信托业务。通用信托业务自产生以来发展较快，逐渐超过信托机构的其他业务。其目前主要有以下 3 种。

（1）信托投资基金。信托投资基金又称契约型投资基金，即集合众多不特定的投资者，将资金集中起来设立投资基金，委托具有专门知识和经验的投资专家经营操作，共同分享投资收益的一种信托形式。随着投资信托的变迁及各国法律制度的演变，出现以公司形式的投资基金等多种形式。

（2）不动产信托。不动产信托是指以不动产作为信托财产的信托业务。

（3）公益信托业务。公益信托业务是以公共利益为目的，为将来不特定的多数受益人而设立的信托业务。下列信托均属于公益信托：救济贫困；救助灾民；扶助残疾人；发展教育、科技、文化、艺术、体育事业；发展医疗卫生事业；发展环境保护事业，维护生态环境；发展其他社会公益事业等。

◇ 同步检测（不定项选择题）

1. 以代理他人运用资金，买卖证券，发行债券、股票，管理财产等为主要业务，经营金融委托代理业务的信托行为为（　　）。

A. 贸易信托　　B. 金融信托　　C. 担保信托　　D. 法人信托

2. 信托公司的业务范围主要有（　　）。

A. 自有资金的投资、贷款、担保等业务　B. 银行业务

C. 信托业务　　D. 投资基金业务

实训任务

一、基础知识实训

（一）单项选择题

1. 在银行体系中处于核心地位的是（ ）。

A. 中央银行　B. 政策性银行　C. 商业银行　D. 投资银行

2. 下列不属于商业银行的是（ ）。

A. 中国工商银行　B. 中国进出口银行

C. 中国建设银行　D. 中国农业银行

3. 下列不属于政策性银行的是（ ）。

A. 国家开发银行　B. 中国农业发展银行

C. 中国进出口银行　D. 中国建设银行

4. 国有商业银行以（ ）为目的开展经营活动。

A. 营利　B. 履行社会职责

C. 执行国家政策　D. 促进社会经济发展

5. 中央银行的业务对象主要是（ ）。

A. 工商企业　B. 事业单位　C. 城乡居民　D. 金融机构

6. 我国中央银行的性质是（ ）。

A. 企业　B. 政府部门　C. 事业单位　D. 行业组织

7. 我国目前实行的中央银行制度属于（ ）。

A. 单一型中央银行制度　B. 混合型中央银行制度

C. 跨国型中央银行制度　D. 准中央银行制度

8. 政策性银行的经营目标主要是（ ）。

A. 获取最大限度的利润　B. 追求自身的安全性

C. 实现政府的政策目标　D. 保证经营资金的流动性

9. 中央银行作为一国金融体系的核心，其业务活动有其自身的原则，下列关于中央银行业务活动的原则的说法，错误的是（ ）。

A. 中央银行的有些业务活动以盈利为目的

B. 中央银行的资产业务需要保持流动性

C. 中央银行的业务活动要保持相对独立性

D. 中央银行的业务状况要保持公开性

10. 为了解决商业银行短期资金周转的困难、补充流动性，以及在紧急情况下保证商业银行的最后清偿能力，防止出现金融恐慌，造成金融体系的混乱，中央银行会贷款给商业银行，此时中央银行充当了（ ）。

A. 一般贷款人　B. 最后贷款人

C. 为政府提供融资的角色　D. 直接融资的角色

11. 在我国，依法对银行、金融资产管理公司、信托公司，以及其他存款类机构实施监督管理的机构是（ ）。

A. 中国人民银行　B. 中国银行业监督管理委员会

C. 中国证券业监督管理委员会　　D. 财政部

12. 商业银行的资产业务是指（　　）。

A. 资金来源业务　　B. 存款业务

C. 中间业务　　D. 资金运用业务

13. 商业银行最主要的负债是（　　）。

A. 自有资本　　B. 存款　　C. 贷款　　D. 证券投资

14. 最基本的、最能表现商业银行经营特征的职能是（　　）。

A. 信用中介　　B. 支付中介

C. 把货币转化为资本　　D. 创造信用流通工具

（二）多项选择题

1. 可以办理社会公众存款业务的金融机构有（　　）。

A. 政策性银行　　B. 商业银行

C. 邮政储蓄机构　　D. 信用合作社

2. 中央银行的特点是（　　）。

A. 分支机构最多，业务量最大　　B. 金融机构的领导和核心

C. 唯一发行货币的银行　　D. 吸收各金融机构的存款准备金

3. 下列属于商业银行的有（　　）。

A. 交通银行　　B. 中国进出口银行

C. 上海浦东发展银行　　D. 中国民生银行

4. 下列属于非银行类金融机构的有（　　）。

A. 信托投资公司　　B. 证券交易所

C. 信用合作社　　D. 保险公司

5. 中央银行产生的必要性是（　　）。

A. 统一发行银行券的需要　　B. 集中办理全国票据清算的需要

C. 为商业银行提供资金支持　　D. 代表国家管理金融业

6. 中央银行的基本职能包括（　　）。

A. 发行的银行　　B. 以营利为目的的银行

C. 银行的银行　　D. 以经营存款业务为主的银行

7. 目前，各国中央银行制度的类型有（　　）。

A. 单一型　　B. 复合型

C. 跨国型　　D. 准中央银行制度

8. 中央银行的资产业务包括（　　）。

A. 对商业银行贷款　　B. 办理票据的再贴现

C. 购买政府债券　　D. 发行货币

9. 中央银行的负债业务包括（　　）。

A. 流通中的通货　　B. 国库存款

C. 外汇储备　　D. 商业银行存款

10. 非银行类金融机构与商业银行的区别是（　　）。

A. 资金来源的主要渠道不同　　B. 资金运用的主要形式不同

C. 经营目的不同　　D. 信用创造功能不同

11. 商业银行的功能主要有（　　）。

A. 信用中介与支付功能　　B. 社会福利与慈善功能

C. 信用创造与政策功能　　D. 服务性功能

12. 商业银行的传统职能包括（　　）

A. 信用中介　　B. 支付中介

C. 把货币转化为资本　　D. 创造信用流通工具

13. 以下属于商业银行资金来源的有（　　）。

A. 存款　　B. 同业拆借

C. 贷款　　D. 中央银行借款

14. 以下属于商业银行资金运用的有（　　）。

A. 贷款　　B. 证券投资　　C. 自有资本　　D. 库存现金

（三）判断题

1. 金融机构包括各类银行机构。（　　）

2. 金融机构是从事金融活动而非货币信用活动的经营机构。（　　）

3. 钱庄、票号等是有中国特色的现代金融机构。（　　）

4. 中央银行是不经营普通银行业务的特殊银行。（　　）

5. 中央银行可以发行货币，商业银行可以创造货币。（　　）

6. 商业银行与其他金融机构在功能上有一个重要区别，即商业银行可以创造信用存款，而其他金融机构不能创造信用存款。（　　）

7. 中国农业银行和中国农业发展银行都是以经营农业信贷业务为特色的国有商业银行。（　　）

8. 政策性银行和商业银行的本质区别是业务性质不同。（　　）

9. 商业银行与非银行类金融机构在业务上的重要区别是能否发行金融债券。（　　）

10. 中央银行的业务对象主要是各类金融机构。（　　）

11. 股份制商业银行的性质是企业，国有商业银行的性质是事业单位。（　　）

12. 政策性银行的经营活动不以营利为目的，以执行国家有关政策为任。（　　）

13. 我国目前实行的中央银行制度属于单一型中央银行制度。（　　）

（四）名词解释

1. 金融机构　2. 银行　3. 非银行类金融机构　4. 货币兑换商　5. 股份制商业银行　6. 中央银行　7. 发行的银行　8. 银行的银行　9. 政府的银行　10. 商业银行　11. 城市商业银行　12. 政策性银行　13. 保险公司　14. 证券公司　15. 信托投资公司　16. 财务公司　17. 投资基金　18. 典当行　19. 金融资产管理公司　20. 农村信用合作社

（五）简答题

1. 简述我国的金融机构体系。

2. 简述金融机构体系的经济功能。

3. 简述中央银行的性质和职能。

4. 简述商业银行的职能作用。

5. 试述政策性银行与商业银行的区别。

二、技能实训

（一）技能训练

1. 利用课余时间，调查学校附近的商业银行营业网点，并办理一笔存款、取款与汇款的业务。

2. 利用课余时间，走访证券公司、保险公司、典当行等非金融机构，收集相关的资料，撰写一篇非金融机构的调研报告。

3. 登陆中国人民银行的网站，了解中国人民银行的性质与职能及其相关的业务。

（二）案例分析

阅读以下材料，并回答问题。

英格兰银行——从商业银行发展成中央银行

1. 英格兰银行的建立

英格兰银行是于1694年7月27日由伦敦城的1 268名商人创立的，当时的目的是为了集资120万英镑，按年息8%贷款给英国国王威廉三世，以支持其欧洲大陆的军事行动。

尽管英格兰银行是世界上最古老的中央银行，但是在其成立的时候，并没有充当中央银行的意图。英格兰银行在成立时是一个较大的股份制银行，其实力和声誉高于其他银行，并且同政府有着特殊的关系，但它所经营的仍是一般的银行业务，如对一般客户提供贷款、存款及贴现等。

2. 政府的银行

英格兰银行无论是成立的初衷，还是在以后的业务中，都与政府有着千丝万缕的联系。英格兰银行在1694年创立的时候就一直充当政府的银行。政府虽然在许多银行也保持有规模较小的账户，但是其主要账户是在英格兰银行。这些账户包括中央账户，即财政部账户，还有国民贷款基金账户、国债专员账户和其他附属账户。政府的各项税收和其他收入的财政部账户开设于此，政府的各项支出也来源于此。当政府资金短缺时，英格兰银行保证马上进行资金融通，如直接对政府放款、为政府发行国库券和各种长期债券等。到1746年止，英格兰银行已经借给政府1 168.68万英镑。除此之外，英格兰银行还代理国库和全权管理国家债券。英格兰银行在发行国库券中起着重要的作用，它替政府开价招标、进行配发、发券收款，并到期负责清偿；还通过国库券经纪人，每天进入贴现市场买卖国库券，调节市场，以稳定短期市场利率。

1946年《英格兰银行法》将英格兰银行国有化，使其变成了公营公司，彻底改变了其自1694年以来，尽管不断向政府贷款和与政府紧密合作，却一直保留的私营银行身份。英格兰银行不再是为本身牟取利润的私营银行，也不再在私人部门业务上与普通银行竞争。该法案还终止了英格兰银行在名义上的独立性，使其成为国家机器的一个组成部分，成为政府的银行。

3. 发行银行

发行货币是英格兰银行的传统业务，但是其垄断货币发行权却经历了很长的一个发展过程。

英格兰银行在成立之初，英国政府就给予其其他商业银行所没有的一项特权，那就是允许英格兰银行成为第一家无发行保证却能发行银行券的商业银行，但是这种发行特权只限于伦敦及周围65英里的地区。1826年，英国国会通过法案，准许其他股份银行设立，并可以发行钞票，但限制在伦敦65英里以外，以避免与英格兰银行的发行权相冲突。在以后的发展中，英格兰银行不断补充资本，同时降低对政府的放款利率，并以此为条件，促使英国国会通过法案，限制其他银行的发行权，从而加强了英格兰银行货币发行的特权地位。

在1844年英国国会通过银行法案《比尔条例》之前，英国有72家股份银行和207家私人银行有钞票发行权，而该法案的通过，为英格兰银行垄断货币发行权奠定了基础。随着《比尔条例》的逐年实施，多数银行都逐渐丧失了货币发行权，终于在1921年，有权发行货币的银行只有英格兰银行一家。但由于英国财政部也发行部分钞票，当时英格兰银行并不是严格意义上的垄断发行，直到1928年英国通过了《通货与银行钞票法》，英格兰银行才最终成为英国唯一的发行银行。

4. 银行的银行

19世纪，英国的商业银行发生了多次银行危机，尤其以1825年和1837年这两次危机最为严重。由于银行过分放款，导致许多银行债权无法按时收回，有些银行因此破产。严重的银行危机，引起了社会的广泛关注。在1837年的银行危机中，英格兰银行采取行动帮助有困难的银行，开始充当最终贷款人的角色。

在19世纪30年代，商业银行在资金短缺时就向贴现银行贴现，贴现银行在资金短缺时就直接向英格兰银行贷款。英格兰银行表面上是充当贴现行的最终贷款人，实际上是间接地充当整个银行系统的最终贷款人。

问题：

1. 为什么要有中央银行？中央银行的职能是什么？
2. 中央银行与商业银行有什么不同？

第五单元

俯瞰金融市场

随着商品经济的发展，市场的内容不断丰富，包括商品市场、劳务市场、技术市场、信息市场和金融市场等，它们构成了一个完整的市场体系。在市场运行中，金融市场以其优化资源配置、融通资金的作用，将功能触角延伸至经济生活的各个方面，润滑着经济的平稳运行。所以，现代市场体系的建立和完善是以金融市场的形成与发展为主要标志的。

项目一　金融市场的总体认知

知识目标

1. 熟知金融市场的概念。
2. 掌握金融市场的构成要素与类型。
3. 了解金融市场的功能。
4. 了解我国金融市场发展状况。

能力目标

1. 能够根据金融市场的含义识别金融市场。
2. 能根据金融市场的分类标准，辨别某金融市场所属的类型。

案例导入

伦敦金融市场

19世纪，英国在国际贸易和海洋运输方面已居世界各国之首，英镑也成为国际结算和各国外汇储备的主要货币，英国的银行体制日趋完善，“伦敦城”成为世界最主要的金融中心。

经过先后两次世界大战，伦敦金融中心的重要性曾一度受到削弱。进入20世纪50年代，美国国际收支不断出现逆差，导致美元大量外流。从1957年起，欧洲美元市场应运而生。伦敦凭借其原有的优越条件，逐渐成为这个市场的中心。外国银行为了发展欧洲货币业务，纷纷涌入伦敦城设置机构。到1982年底，外国银行在伦敦开设的分支机构达449家，世界上100家大银行中已有94家在伦敦设立分支机构，“伦敦城”的地位又大大加强，重新成为世界上重要的金融中心之一。因此，“伦敦城”至今仍是与纽约金融市场并列的最重要的国际金融市场。

伦敦金融市场交易活动中心集中于伦敦城，由英格兰银行、13 家清算银行、6 家海外银行，以及贴现公司、商业银行、财务公司和保险公司等构成。在 1958 年英镑恢复部分自由兑换，西欧国家放松外汇管制，美国限制资金输出的情况下，伦敦在英镑资金市场以外，又形成了欧洲美元与其他欧洲货币的借贷市场。1979 年 10 月，英国全面取消外汇管制，为居民的资金流动提供了方便。伦敦金融市场按货币种类可分为英镑资金市场和欧洲货币市场。前者主要侧重于短期资金的借贷，以及证券交易、外汇交易和黄金交易；后者则涉及欧洲美元等外币的同业拆放、工商贷款和欧洲债券等方面。

资料来源：百度百科.

问题：

1. 什么是金融市场？金融市场的功能是什么？
2. 金融市场具体包括哪些类型的市场？

任务一 掌握金融市场的概念和构成要素

一、金融市场的概念与特征

（一）金融市场的概念

金融市场是资金融通的市场，是指资金供应者和资金需求者双方通过信用工具进行交易而融通资金的市场。具体地说，就是实现货币借贷和资金融通、办理各种票据和有价证券交易活动的市场。比较完善的金融市场定义是：金融市场是交易金融资产并确定金融资产价格的一种机制。

（二）金融市场的特征

金融市场与其他商品市场相比具有以下特点。

1. 交易主体及其关系的特殊性

交易主体之间是一种借贷关系，而非单纯的买卖关系，体现了在信用前提下的资金所有权和使用权的暂时分离。

2. 交易方式的特殊性

广义的金融市场包括直接金融和间接金融两个方面，是指所有社会资金的借贷和买卖。

3. 交易场所的特殊性

金融市场与商品市场不同，它可以不受时空限制。金融市场可以是有形市场，也可以是无形市场。

4. 交易对象的特殊性

金融市场的交易对象不是一般的商品，而是货币资金这一特殊商品。

二、金融市场的构成要素

金融市场有 4 个构成要素：金融市场的主体、金融市场的客体、金融市场的媒体和金融市场的价格。

（一）金融市场的主体

金融市场的主体是金融市场的参与者或交易者。金融市场的参加者按照部门进行划分，可以分为4类，即企业、政府、金融机构、居民个人与家庭。在开放的金融市场上，还应包括外国投资者。

1. 企业

在生产经营过程中，由于产销渠道与环节的差异及周期性和季节性的影响，会出现一些企业暂时性的资金盈余和另外一些企业暂时性的资金短缺。资金盈余的企业可以通过在金融市场上购得金融工具，将其暂时盈余的资金投资于生息资产；而资金短缺的企业可以在金融市场上通过发行股票和债券、对外签发商业票据、从银行借款等方式筹集所需资金。

2. 政府

政府在金融市场运行中，作为交易者充当双重角色：其一是作为筹款者，政府为了弥补财政赤字或为了公共支出等，在金融市场上发行国债筹措所需资金；其二是作为调节者，政府发行的公债，特别是国库券是中央银行公开市场操作的主要对象。但总体来说，中央政府和地方各级政府通常是金融市场上资金的需求者。

3. 金融机构

这里的金融机构包括中央银行、各类银行和部分非银行类金融机构。首先，中央银行通过货币政策调节商业银行的货币头寸，然后影响实体经济部门。这一过程一般通过商业银行买卖有价证券，票据的贴现、再贴现，同业拆借等方式来实现。其次，银行与部分非银行类金融机构作为中介机构，是金融市场上最重要的参与者，具有资金供给者和资金需求者的双重身份。它们一方面通过各种方式从社会上吸收闲散资金，向资金需求的部门、单位和个人提供资金；另一方面代理筹资者和投资者进行融资与筹资活动。

4. 居民个人与家庭

居民个人与家庭的货币收入除去必要的消费外，一般会出现剩余，通常人们会将这部分剩余存入银行，购买股票、债券等。居民个人与家庭是金融市场上主要的资金供给者和金融工具的购买者。

（二）金融市场的客体

金融市场的客体是金融市场的交易对象和交易工具，即金融工具或金融产品。

金融工具包括债权凭证，如存款单证、票据、债券等；所有权凭证，如股票等；以及近年来发明的各种金融衍生工具，如期货、期权和互换合约等。随着金融市场各种创新业务的发展，金融工具的种类会越来越多，并各有其不同的特点，能够满足资金供求者的不同要求。

◇ 想一想

金融机构作为金融市场的媒体和其作为金融市场上的一般参与者有什么区别？

（三）金融市场的媒体

金融市场的媒体是金融市场的中介，是指在金融市场上充当交易媒介，从事交易或促使交易完成的组织、机构或个人。金融市场的中介可分为两类：一类是金融市场交易者的受托人，如货币、证券、外汇的经纪人，证券的承销商等；另一类则是以提供服务为主的中介机构，主要有投资咨询公司、投资与保险代理机构、证券交易所、信用评估公司、会计师事务所、提供金融法律服务业务为主的律师事务所等。

（四）金融市场的价格

金融市场的价格通常表现为各种利率、汇率和金融工具的交易价格。由于金融市场的价格与交易者的实际收益或成本密切相关，所以备受交易者的关注。

在金融市场中，价格机制发挥着极为重要的作用。在一个有效的金融市场上，价格能够及时、准确、全面地体现金融资产的价值，引导资金自动流向高效率、高收益的部门，从而实现资源在整个经济体系中的优化配置。

金融市场的4个要素之间是相互联系、相互影响的。其中，金融市场主体和金融市场客体是构成金融市场最基本的要素，是金融市场形成的基础。金融市场媒体和金融市场价格则是金融市场自然产生或必然伴随的，是不可或缺的构成要素，完善的中介机构和价格机制，对促进金融市场的繁荣和发展具有重要的意义。

◇ 同步检测（填空题）

1. 狭义的金融市场是以 ________________ 为金融工具的融资活动。

2. 金融市场有4个构成要素：______________、______________、______________和________________________。

任务二　了解金融市场的类型

在金融市场全球化的今天，出现了一系列眼花缭乱的金融资产，相应地也出现了许多功能各异的金融市场。金融市场的种类十分复杂，可以从若干不同的角度来划分。

一、按照金融资产的期限划分

按照金融资产的期限划分，金融市场可以分为货币市场和资本市场。

1. 货币市场

货币市场即短期资金市场，是以期限在1年以内（含1年）的短期金融资产为交易对象的市场。其主要功能是满足交易者对金融资产的流动性的需求，以便及时将短期金融工具转换为现实货币。货币市场主要包括短期信贷市场、同业拆借市场、票据市场、国库券市场、大额可转让定期存单市场和回购协议市场等基本形式。

2. 资本市场

资本市场即长期资金市场，是以期限在1年以上的长期金融资产为交易对象的市场。其主要功能是满足工商企业的中长期投融资需求和政府弥补财政赤字的资金需要。资本市场的活动为资本的积累和分配提供了条件，主要包括中长期信贷市场、债券市场、股票市场和基金市场。

二、按金融市场的功能划分

按金融市场的功能划分，金融市场可以分为初级市场和次级市场。

1. 初级市场

初级市场又称发行市场或一级市场，是金融资产的发行人或筹资人将金融资产发售给投资人时所形成的市场。例如，新公司成立首次发行股票、老公司增资扩股和政府或企业发行债券等。金融资产的发行方式主要有两种：① 私募发行，即将金融资产销售给特定的机构或投资者；② 公募发行，即将金融资产广泛地发售给社会公众。

2. 次级市场

次级市场又称为流通市场或二级市场，是发行后的金融资产在不同的投资者之间买卖流通所形成的市场。例如，原投资者卖出股票或债券，相应的新投资者买入股票或债券。次级市场又可分为两种：一种是场内市场即证券交易所；另一种是场外交易市场。证券交易所是依照国家有关法律规定，经政府主管机关批准设立的证券集中竞价的有形场所。场外交易市场又称柜台市场或店头市场，是在证券交易所之外进行证券买卖的市场。

此外，在发达的市场经济国家还有第三市场和第四市场的说法，它们实际上都是场外市场的一部分。第三市场是原来在交易所上市的证券移到场外进行交易而形成的市场。第三市场的交易相对于交易所交易来说，具有限制更少、成本更低的优点。第四市场是投资者和证券的出卖者直接交易形成的市场。其形成的主要原因是机构投资者在证券交易中所占的比例越来越大，相互之间的买卖数额很大，因此希望避开经纪人直接交易，以降低成本。

初级市场是次级市场存在的基础，反过来次级市场又成为初级市场正常发展的必要条件。初级市场和次级市场紧密相连，互相依存，相辅相成，共同构成一个完整的证券市场。

三、按中介特征划分

按中介特征划分，金融市场可以分为直接金融市场和间接金融市场。

1. 直接金融市场

直接金融市场是资金供求双方借助金融工具直接融通资金的市场，一般是指通过发行票据、债券、股票等方式在金融市场上筹集资金的融资市场。在直接金融市场上，证券公司等中介机构主要为资金余缺双方牵线搭桥、提供服务，发挥市场中介职能。

2. 间接金融市场

间接金融市场是通过银行等信用中介机构作为媒介来间接融通资金的市场，主要包括银行存贷款市场。在间接金融市场上，银行等中介机构发行债务工具向盈余部门筹集资金，通过贴现、贷款、投资等方式将资金导向短缺部门，发挥信用中介职能。

直接金融市场与间接金融市场的差别并不是是否有金融中介机构的介入，而主要是中介机构的特征差异。在直接金融市场上也有金融中介机构，但是这类机构不像银行那样是信用的中介赚取利差，而大多是信息中介和服务中介赚取佣金。

四、按成交与定价方式划分

按成交与定价方式划分，金融市场可以分为公开市场和议价市场。

1. 公开市场

公开市场是由众多市场主体以公开竞价的方式定价成交的市场。这类市场一般在有组织的证券交易所进行。

2. 议价市场

议价市场是买卖双方通过私下协商自行议价成交的市场。这类市场没有固定场所，相对分散。

五、按市场组织形态划分

按市场组织形态划分，金融市场可以分为有形市场和无形市场。

1. 有形市场

有形市场又称为场内市场，是在固定交易场所、有严格交易规则的集中交易的市场，一般是指证券交易所、期货交易所、票据交换所等组织严密的特定交易场所。

2. 无形市场

无形市场又称为场外市场，是无固定交易场所、在证券交易所外进行金融资产交易的总称。早期场外交易大多是在咖啡店或银行柜台进行，此类无形市场被称为店头市场或柜台市场。现在其交易一般通过现代化的电信工具或计算机网络在各金融机构、证券商及投资者之间进行。无形市场是一个无形的网络，金融资产及资金可以在其中实现迅速的转移。现在，大部分的金融资产交易均在无形市场中进行。

◇ 想一想

办理银行业务到哪里？买卖股票到交易所吗？

六、按交割方式划分

按交割方式划分，金融市场可以分为现货市场和衍生市场。

1. 现货市场

现货市场又称为即期市场，是市场上的买卖双方成交后须在若干个交易日内办理交割的市场，是金融市场上最普遍的一种交割方式。现货交易包括现金交易、固定方式交易和保证金交易。现金交易是指成交日和结算日在同一天发生的证券买卖。固定方式交易则是指成交日和结算日之间相隔很短的几个规定交易日的交易，这种间隔一般在7天以内，具体取决于各国的资金结算或证券交收制度。保证金交易也称垫头交易，它是投资者在资金不足，又想获得较多投资收益时，采取交付一定比例的现金，其余资金由经纪人贷款垫付，买进证券的一种交易方法。目前，现货市场上的大部分交易均为固定方式交易。

2. 衍生市场

衍生市场即各种衍生金融工具进行交易的市场，是先约定金融资产的交易价格、数量和种类，在未来某一时期或日期进行交割的市场。所谓衍生金融工具，是指由原生性金融工具或基础性金融工具创造出的新型金融工具。它一般表现为一些合约，这些合约的价值由其交易的金融资产的价格决定。衍生工具包括远期合约、期货合约、期权合约和互换协议等。

七、按交易对象的性质划分

按交易对象的性质划分，金融市场可以分为资金市场、外汇市场、黄金市场和保险市场。

1. 资金市场

资金市场是经营本币资金的市场。通过这种市场，沟通资金的供求双方，实现资金的融通。货币市场和资本市场是资金市场的两个组成部分。

2. 外汇市场

外汇市场是经营外汇买卖的市场。

3. 黄金市场

黄金市场是经营黄金买卖的市场。

4. 保险市场

保险市场是经营保险产品的市场。

黄金市场、保险市场的具体内容详见本单元项目四“其他金融市场”。

外汇市场的具体内容详见本书第八单元。

八、按地域划分

按地域划分，金融市场可以分为国内金融市场和国际金融市场。

1. 国内金融市场

国内金融市场是指金融交易的范围仅限于一国领土之内的市场，包括全国性的金融市场和地方性的金融市场。双方当事人为本国的自然人与法人，以及依法享受国民待遇的外国自然人与法人。

2. 国际金融市场

国际金融市场是金融交易跨越国界，进行金融资产国际交易的市场。其范围可以是整个世界，也可以是某个地区。双方当事人是不同国家和地区的自然人与法人。

◇ **同步检测（填空题）**

1. 按交易对象的性质划分，金融市场分为________、________、________和________。

2. 按市场组织形态划分，金融市场分为________和________。

任务三　掌握金融市场的功能

金融市场的功能是指金融市场所特有的促进经济发展和协调经济运行的作用与机能。在现代市场经济中，各种交易活动都要通过资金的流动来实现，资金的流动引导资源的流动，因此金融市场最终可以帮助实现社会实物资源的配置，它在整个市场经济体系中起着举足轻重的作用。一般来说，金融市场可以发挥以下 7 个方面的功能。

一、资金融通的功能

资金融通是金融市场最基本的功能。金融市场可以有效地将资金从盈余者手中融通到短缺者手中，从而使资金盈余者获取收益，使资金短缺者得到满足。在经济活动中，资金盈余者与短缺者总是存在的，金融市场为双方实现各自的目标创造了条件，提供了媒介。首先，金融市场为资金供给方和需求方提供了交易的场所；其次，金融市场拥有许多金融商品，供给方和需求方可以找到合适的融资方式或渠道；第三，金融市场为资金融通提供了合理的价格或利率；最后，金融市场集中了交易信息，提供了高效的网络或交易机制，降低了融资成本。

二、资金积累的功能

金融市场有利于分散资金的集中与积累，有助于促使储蓄转化为投资，促进资本的形成。一方面，在金融市场上，大额的资金需求可以面向社会以发行股票、债券、基金等方式筹措资金；另一方面，对于众多分散的小额资金盈余者而言，可以通过购买不同数量的股票、债券和基金等金融商品获得投资机会，实现投资收益。金融市场提供了风险、收益、期限等条件不同的金融产品，适应了不同个人及企事业单位的投资需求，满足了不同的投资收益和风险偏好，极大地促进了资金的积累，促进了资本的形成。

三、资源配置的功能

资源配置的功能是金融市场可以合理引导资金的流向，实现资源的优化配置，提高资金的使用效率。金融市场上金融产品交易的实质是资金的流动，在市场信息渠道比较通畅的前提下，社会资金会朝着效益好、风险低的行业或企业流动，而资金的流动最终代表着社会经济资源的流动。社会资源是有限的，金融市场通过引导资金的合理流向，从而实现社会资源的优化配置。

四、价格发现的功能

金融市场的价格发现功能是指通过市场上交易双方的大量、持续交易而形成目标金融产品的市场价格。一般而言，金融产品的价格不是固定不变的，它是随着时间的变化而连续变化，而对于某一特定时点而言，金融产品的价格都是该时点上金融产品供求双方共同达成的均衡价格。金融市场所“发现”的价格有以下两种。

（1）资金借贷的利率，如同业拆借利率、回购协议价格等。回购协议的利率通过回购价格的价差体现出来，因此回购协议价格内含着资金借贷的利率。

（2）有价证券的价值，如股票的价格。股票的价值由其未来收益决定，而未来收益难以准确测算，通过股票市场上供求双方自由交易形成股票价格，就能反映出该时点社会对该股票价值的均衡评价。

五、风险转移与分散的功能

通过金融市场交易可实现风险的转移和规避，实现投资风险的分散。首先，金融市场作为一种有组织的市场，有良好的法律保障、完善的法规制度和市场交易行为规范，可在一定程度上降低信用风险和交易风险。其次，金融市场为金融产品供给了流动性，增强了金融产品的交易转让能力，有利于金融风险的及时转移。第三，金融市场提供了众多的金融产品，投资者可以根据自己的风险承受力择优选择，或者对金融产品进行组合投资，可降低和分散风险。最后，金融市场还提供了保值机会，投资者可以通过对冲保值，或者通过现货、期货市场的套期保值等实现保值的目的。

六、经济反映的功能

金融市场是国民经济的信号系统，被人们形象地称为“气象台”或“晴雨表”。首先，在完善的证券市场上，个股价格的升降变化，反映了该公司经营管理和经济效益的状况；一个企业的贷款运行变化，反映了该企业资金周转状况及其质量。由此可见，金融市场反映了微观经济运行状况。其次，金融市场也反映了宏观经济运行状况。国家的经济政策，尤其是货币政策的实施情况、银根的松紧、通胀的程度，以及货币供应量的变化，均会反映在各种金融市场之中。最后，由于金融市场有着广泛及时的信息收集和传播的网络，国内金融市场与国际金融市场已连接为一体，人们通过它可以及时了解世界经济发展的动向。

七、宏观调控的功能

金融市场是一国金融活动集中的地方，是国家进行宏观调控必须选择的场所和渠道，如同业拆借市场、回购市场、外汇市场等，都在国家的宏观调控中发挥出极其重要且不可替代的作用。在国家对金融市场的调控中，实施者主要是中央银行，调控对象主要是货币供求关系或利率、汇率水平，调控的目的是通过金融市场上利率、汇率的变化引起金融市场主体的行为变化，进而引起整个社会经济主体的行为变化，从而调节国民经济的运行。

◇ 同步检测（填空题）

1. 金融市场最基本的功能是 ________________。

2. 金融市场的 ________________ 功能是指通过市场上交易双方的大量、持续交易而形成目标金融商品的市场价格。

任务四　了解我国金融市场的发展状况

改革开放以来，随着我国商品经济、货币经济、信用经济的发展，金融市场也在发育成长，回顾自20世纪80年代以来我国金融市场的运行，中国金融市场在各方面都取得了重大进展。

一、初步建立了金融市场体系

我国金融市场从无到有，前后经过30多年的发展，目前已经基本建立了证券期货市场、货币市场和银行间外汇市场，并且为中央银行的流动性管理提供了平台。今天的同业拆借市场、外汇交易市场、银行间债券市场、票据市场等金融市场的各子市场成员不断增加，机构类型更趋多样化；交易规模持续上升，资金流向基本稳定；交易品种日益丰富，创新活跃；利率形成机制不断完善，成为利率市场化先锋；市场运行平稳，监控手段先进。金融市场已成为货币政策操作的市场基础和传导载体，而金融市场的利率形成机制和利率信号也在货币政策中起到重要的作用。

二、金融市场参与主体日益多元化

金融市场的参与者不仅包括商业银行、社会保障基金、信托公司、保险公司和证券公司，自2003年起，还引入合格的境外机构投资者QFII，对我国金融市场发展发挥了重要作用。在经济转轨过程中，外资进入，外资金融机构在公司治理、风险控制、风险管理、信贷文化、决策程序、激励机制和资产管理方面具有一定的优势，这将引起金融市场规则的变化，推动并使以股票、债券为主的直接融资方式在资本市场体系中所占比重越来越大，资本市场的规模和水平进一步提高。

三、金融产品的逐步多样化

金融产品的品种进一步多样化，金融创新速度大大加快。各种衍生工具陆续引入我国资本市场，市场产品不仅包括金融债券、国债、中央银行票据、公司股本和债务性债券，而且在证券和银行业产品方面不断推陈出新。由于市场投资者日渐成熟与理性化，监管者的监管能力逐步增强，加大了金融创新的力度，跨市场的金融创新产品不断出现，如货币市场基金的出现、银行信贷资产证券化的发展等，许多崭新的金融工具应运而生。

◇ 同步检测（填空题）

1. 改革开放以来，我国金融市场发展状况包括＿＿＿＿＿＿、＿＿＿＿＿＿和＿＿＿＿＿＿。

项目二　货币市场概述

知识目标

1. 熟悉货币市场的概念。
2. 了解货币市场的特点与功能。
3. 掌握货币市场各种类型的含义与特点。
4. 了解各种货币市场相关金融工具的含义。

能力目标

1. 能够根据货币市场的含义识别货币市场。
2. 能够根据货币市场的交易工具，准确辨别某货币市场所属的类型。
3. 能够根据情况选择不同的货币市场进行投融资。

案例导入

伦敦伦巴第街——货币市场的发源地

伦敦城清晨，雾霭散尽，世界金融要地——伦巴第街，若隐若现。伦巴第街历史悠久，它的存在促进了19世纪英国商业的发展。

当时，在英格兰那些土地肥沃但没有制造业和商业的地区，其储蓄大大超过能在本地安全发放的贷款。在本地贷不出去的储蓄资金先是存放在当地银行，然后由当地银行押解到伦敦，存放在伦敦的银行或票据经纪行。从有资金积累的地区筹集来的资金，被用在工业地区做票据贴现业务。萨默赛特郡、汉普郡等地区的银行把存款存放在伦巴第街的银行和票据经纪商那里，而伦巴第街的银行和票据经纪商则用这些存款来做约克郡和兰开夏郡的票据贴现业务。这样，在这种长期不断的借贷业务中，伦巴第街充当着重要的中介，在英格兰有余钱的宁静地区与需要用钱的活跃地区之间固定不变地扮演着经纪人的角色。这种调剂资金余缺的组织方式非常有用，而且操作便利。政治经济学家说，资本流向了最有利可图的行业，并且迅速从利润最低、无钱可赚的行业退出。

这就是在1800年就已经成为货币市场发源地的伦巴第街。

资料来源：朱新蓉. 货币金融学. 北京：中国金融出版社，2010.

问题：

1. 什么是货币市场？它的特点和功能是什么？
2. 货币市场有哪些形式？

任务一　掌握货币市场的概念与功能

一、货币市场的概念

货币市场即短期资金市场，是以期限在1年以内（含1年）的短期金融资产为交易对象的市场。货币市场的活动主要是为了保持资金的流动性，以便随时可以获得现实的货币。货币市场就其结构而言，可分为同业拆借市场、票据市场、大额可转让定期存单市场、回购市场和短期债券市场等若干个子市场。

二、货币市场的特征

（1）期限短、流动性强、风险低。

（2）交易量大，主要是一种批发市场。

（3）管制较宽松，较容易带来金融创新。

（4）大多没有固定的交易场所。

（5）多采用贴现方式发行和交易。

三、货币市场的功能

（1）短期资金融通功能。短期性、临时性资金需求是微观经济行为主体最基本、最经常的资金需求。货币市场借助于各种短期资金融通工具将资金需求者和资金供应者联系起来，既满足了资金需求者的短期资金需要，又为资金有余者的暂时闲置资金提供了获取盈利的机会。

（2）政策传导功能。中央银行实施货币政策主要是通过再贴现政策、法定存款准备金政策、公开市场业务等手段的运用，来影响市场利率和调节货币供应量，以实现宏观经济调控目标，在这个过程中货币市场发挥了渠道和载体的基础性作用。

（3）促进资本市场尤其是证券市场发展的功能。货币市场和资本市场作为金融市场的核心组成部分，前者是后者规范运作和发展的物质基础。发达的货币市场能够为资本市场提供稳定充裕的资金来源。

◇ 同步检测（填空题）

1. 货币市场即短期资金市场，是以期限为____________的短期金融资产为交易对象的市场。

2. 货币市场就其结构而言，可分为____________、____________、____________、____________和____________等若干个子市场。

任务二　了解货币市场的构成

货币市场主要包括同业拆借市场、票据市场、大额可转让定期存单市场、国库券市场、回购协议市场等基本形式。

一、同业拆借市场

（一）同业拆借市场的概念

同业拆借市场是指银行及其他金融机构之间以货币借贷方式进行短期资金融通活动的市场。同业拆借市场最重要的参与者是商业银行。同业拆借的资金主要用于弥补银行短期资金的不足、票据清算的差额，以及解决临时性资金短缺的需要，亦称“同业拆放市场”，是金融机构之间进行短期、临时性头寸调剂的市场。

（二）同业拆借市场的产生与发展

同业拆借市场最早出现于20世纪20年代的美国，其形成的根本原因是法定存款准备金制度的实施。由于清算业务活动和日常收付数额的变化，总会出现有的银行存款准备金多余，有的银行存款准备金不足的情况。在这种情况下，存款准备金多余和不足的银行，在客观上需要互相调剂。

当今西方国家的同业拆借市场，在交易内容开放程度方面及融资规模等方面，都发生了深刻变化。拆借交易不仅仅发生在银行之间，还扩展到银行与其他金融机构之间。从拆借的目的看，已不仅仅限于补足存款准备金和轧平票据交换头寸，金融机构如果在经营过程中出现临时性的资金短缺，也可以进行拆借。更重要的是，同业拆借已成为银行实施资产负债管理的有效工具。由于同业拆借的期限较短，风险较小，许多银行都把短期闲置资金投放于该市场，以利于及时调整资产负债结构，保持资产的流动性。同业拆借市场已成为银行短期资金经常性运用的场所，是提高资产质量，降低经营风险，增加利息收入的有效渠道。

1996年1月3日，经过中国人民银行长时间的筹备，我国统一的银行间同业拆借市场正式建立。

（三）同业拆借市场的利率

一般来说，同业拆借利率是以中央银行再贷款利率和再贴现率为基准，再根据社会资金的松紧程度和供求关系由拆借双方自由议定的。相对工商企业短期融资而言，其利率水平较低。在国际市场上，通常以LIBOR（伦敦同业拆借利率）为基础利率，然后根据贷款金额、期限和客户的资信等级进行加息，作为最终的拆借利率。同业拆借市场利率常被当做基准利率，对整个经济活动和宏观调控具有特殊的意义。

知识链接

LIBOR简介

伦敦同业拆借利率（London Interbank Offered Rate，LIBOR）是指伦敦的第一流银行之间短期资金借贷的利率，是国际金融市场中大多数浮动利率的基础利率，作为银行从市场上筹集资金进行转贷的融资成本。贷款协议中议定的LIBOR通常是由几家指定的参考银行，在规定的时间（一般是伦敦时间上午11:00）报价的平均利率。从LIBOR变化出来的，还有新加坡同业拆放利率（SIBOR）、纽约同业拆放利率（NIBOR）、中国香港同业拆放利率（HIBOR）等。现在LIBOR已经作为国际金融市场中大多数浮动利率的基础利率。最大量使用的是3个月和6个月的LIBOR。我国对外筹资成本即是在LIBOR利率的基础上加一定百分点。

资料来源：马正兵，黄蕾．金融学．上海：立信会计出版社，2012.

上海银行间同业拆放利率

上海银行间同业拆放利率（Shanghai Interbank Offered Rate，SHIBOR）以位于上海的全国银行间同业拆借中心为技术平台计算、发布并命名，是由信用等级较高的银行组成报价团自主报出的人民币同业拆出利率计算确定的算术平均利率，是单利、无担保、批发性利率。目前，对社会公布的SHIBOR品种包括隔夜、1周、2周、1个月、3个月、6个月、9个月和1年。

SHIBOR报价银行团现由16家商业银行组成。报价银行是公开市场一级交易商或外汇市场做市商，是在中国货币市场上人民币交易相对活跃、信息披露比较充分的银行。中国人民银行成立SHIBOR工作小组，依据《上海银行间同业拆放利率（SHIBOR）实施准则》确定和调整报价银行团成员、监督和管理SHIBOR运行、规范报价行与指定发布人行为。

中国银行间同业拆借中心授权SHIBOR的报价计算和信息发布。每个交易日根据各级报价行的报价，剔除最高和最低各2家银行的报价，对其余报价进行算术平均计算后，得出每一期限品种的SHIBOR，并于上午11:30分对外发布。

资料来源：http://www.shibor.org.

二、票据市场

票据市场是以票据作为交易对象，通过票据承兑、票据贴现、票据转让和票据抵押进行融资活动的货币市场。票据作为金融市场上通行的结算和信用工具，是货币市场上主要的交易工具之一。

商业票据市场主要是指商业票据的流通和转让市场，具体包括票据承兑市场和票据贴现市场。

（一）票据承兑市场

票据承兑是指汇票付款人承诺在汇票到期日支付汇票金额的票据行为。其主要是指远期商业汇票到期前，汇票付款人或指定银行确认票据记明事项，在票面上作出承诺付款的行为。远期商业汇票只有经过付款人或承兑人承兑才具有法律效力，才能在金融市场上流通转让。商业汇票由付款人自己承兑的，称为商业承兑汇票；付款人委托其开户银行承兑的称为银行承兑汇票。

在理论上，汇票应由债权人或收款人签发，但为了方便出票，我国商业承兑汇票可以由付款人签发并承兑，也可以由收款人签发交由付款人承兑。我国现行票据法规定，见票即付的汇票无须提示承兑。定日付款或出票后定期付款的汇票，持票人应当在汇票到期日前向付款人提示承兑。见票后定期付款的汇票，持票人应当自出票日起 1 个月内向付款人提示承兑。付款人承兑汇票后，应当承担到期付款的责任。

（二）票据贴现市场

票据贴现市场是专门从事票据贴现、转贴现和再贴现的市场。票据贴现市场分为 3 个部分：① 银行和客户之间的原贴现（简称贴现）市场；② 银行等金融机构之间的转贴现市场；③ 银行等金融机构和中央银行之间的再贴现市场。其中，原贴现市场是票据市场发展的根基。

三、大额可转让定期存单市场

（一）大额可转让定期存单市场的概念

大额可转让定期存单是指商业银行签发的注明存款金额、期限和利率，可以流通转让的金融工具。存单不能提前支取，到期本息一次付清。大额可转让定期存单市场是以经营大额可转让定期存单为主的市场，简称 CD 市场，即存单发行和转让交易活动的总括。

（二）大额可转让定期存单的特点

大额可转让定期存单市场与一般定期存款相比，具有以下特点。

（1）大额可转让定期存单通常不记名、可以流通转让；而一般定期存款记名、不可以流通转让。

（2）大额可转让定期存单的金额较大，如在美国最少为 10 万美元；定期存款的金额一般不固定。

（3）大额可转让定期存单的利率一般比同期定期存款利率要高。大额可转让定期存单的期限多为 3 ～ 6 个月，一般不超过 1 年，其利率水平一般高于同期定期存款利率。

（4）大额可转让定期存单不可以提前支取，但可以在二级市场流通转让；定期存款可以提前支取，但要损失部分利息。

（三）大额可转让定期存单的产生

第一张大额可转让定期存单是由美国花旗银行于 1961 年创造的。其目的是为了稳定存款、扩大资金来源。由于当时市场利率上涨，活期存款无利或利率极低，现行定期储蓄存款亦受联邦条例制约，利率上限受到限制，存款纷纷从银行流出，转入收益高的金融工具。大额可转让定期存单利率较高，又可在二级市场转让，对于吸收存款大有好处，于是这种新的金融工具诞生了。我国的大额可转让定期存单的发行始于 1986 年，最初由中国银行和交通银行发行。1989 年以后，其他银行也开始发行大额可转让定期存单。我国的大额可转让定期存单市场目前并不活跃。

（四）大额可转让定期存单的作用

大额可转让定期存单能够对银行起到稳定存款的作用，变被动等待顾客上门为发行存单以吸收资金，主动地进行负债管理和资产管理。另外，存单购买者还可以根据资金状况买进或卖出，调节自己的资金组合。

四、国库券市场

国库券是中央政府为了弥补国家金库资金不足而发行的期限不超过 1 年的短期债券，是政府债券的重要组成内容。发行国库券的主要目的是筹措短期资金，解决财政困难。当中央政府的年度预算在执行过程中发生赤字时，国库券筹资是一种经常性的弥补手段。国库券具有期限短、风险低、流动性强，以及免税等特征，深受市场欢迎。国库券市场的交易十分活跃，它不仅是投资者理想的投资场所，也是一国中央银行通过公开市场业务操作进行金融调控的重要场所。

◇ 课堂讨论

国库券与国债的相同点与不同点是什么？

国库券因期限较短，故其发行价格一般采用贴现价格，即以低于票面金额的价格发行，到期时按票面金额偿还。票面金额与发行价格的差，即是投资者的利息。国库券发行价格的计算公式为：

$$\text{发行价格} = \text{面值} \times [1 - \text{贴现率} \times (\text{发行期限} \div 360)]$$

我国从 1981 年开始发行国库券，但与发达国家有较大差别，主要是期限太长，大部分国库券期限在 1 年以上，在性质上实为公债，即中长期国债，属于资本市场范畴。1994 年以后，财政部也开始发行期限为 1 年及半年的国库券。国库券通常采用贴现招标方式发行，不计息，不记名。国库券的二级市场流通一般在证券交易所或银行间国债市场上进行。我国国库券的流通始于 1988 年，随着上海证券交易所和深圳证券交易所的成立，国库券的流通得到了长足的发展。

五、回购协议市场

回购协议市场又称为证券回购协议市场，是指通过回购协议进行短期资金融通交易的场所，市场活动由回购与逆回购组成。

这里的回购协议是指资金融入方在出售证券的同时和证券购买者签订的、在一定期限内按原定价格或约定价格购回所卖证券的协议。在本质上，回购协议是一种以证券为担保的抵押贷款协议。回购协议的标的物或抵押品是有价证券。在我国主要体现为中国人民银行批准的、可用于在回购协议市场进行交易的品种，如政府债券、中央银行债券和金融债券。

回购协议市场的交易流动性强，协议多以短期为主，甚至有很多协议都是在一个晚上进行交易的，称之为隔夜回购。回购协议交易安全性高，交易场所为规范性的场内交易，交易双方的权利、责任和义务都有法律保护。回购协议中使用的利率是市场公开竞价的结果，一般可获得平均高于银行同期存款利率的收益。另外，商业银行利用回购协议融入的资金不用缴纳存款准备金，成为银行扩大筹资规模的重要方式。

回购协议为卖方提供了一种有效筹措资金的方式，使回购方可以避免因急于变现而在市场低迷的情况下放弃优质债券资产的损失。对于买方来说，因为有证券作抵押，是一种较为安全的短期投资方式。

我国的国债回购业务开始于 1991 年，主要采取场外交易的方式。1997 年，中国人民银行为了防范金融风险，规范和引导银行资金流向，将回购协议市场分为两大部分，一部分以两大证券交易所为交易平台；另一部分在全国银行间同业市场进行交易。

◇ 同步检测（填空题）

1. 同业拆借市场是指银行及其他金融机构之间以 ________ 方式进行 ________ 的市场。

2. 商业票据市场主要是指商业票据的流通和转让市场，具体包括 ________ 和 ________。

项目三　资本市场概述

知识目标

1. 熟悉资本市场的概念。
2. 了解资本市场的特点与功能。
3. 熟悉债券、股票与基金的含义与特征。
4. 了解债券市场、股票市场和基金市场的分类、功能、收益与风险情况。

能力目标

1. 能够根据资本市场的含义识别资本市场。
2. 能够根据资本市场的交易工具，准确辨别某资本市场所属的类型。
3. 能够根据情况选择不同的资本市场进行投融资。

案例导入

美国华尔街

美国影片《华尔街》是商战电影中的经典之作，导演奥利弗·斯通用他一贯强有力的戏剧手法拍出了股市内线交易的内幕，同时借此质疑现代人面对金钱诱惑而普遍出卖灵魂的道德问题。影片以全球金融中心的美国华尔街为背景，描写翻云覆雨的股市大亨戈登·盖柯贪婪成性，不择手段在幕后操纵股市行情，结果却败在一位仍然具有良知的年轻营业员巴德手上的故事。影片中戈登那句意味深长的台词“贪婪就是美德”在影坛轰动一时。

2008 年，华尔街——这条位于美国纽约曼哈顿区，只有 500 米长、11 米宽的街道，无疑再次成为全世界最关注的焦点。这一次，华尔街的受人瞩目，不再是因为其作为世界金融帝国中心的至上地位，也不再是因为那些出入华尔街衣着光鲜、年薪千万的资本大亨们所演绎的“玩弄阴谋、点石成金”的离奇财富故事，而是由于一场人们本以为只可能在好莱坞大片中才能看到的、百年不遇的金融危机正在华尔街真实地上演着——一场由房地产次贷危机引起的金融风暴席卷了整个华尔街。

华尔街的故事让人们重拾金融市场一边是“馅饼”、一边是“陷阱”的金科玉律。随着经济全球化程度的加深，各国资本市场的发展将融入更为广阔和开放的大背景中，也将面临更多的机遇和挑战。

资料来源：朱新蓉．货币金融学．北京：中国金融出版社，2010.

问题：

1. 什么是资本市场？资本市场有什么特点和功能？

2. 资本市场包括哪些市场类型？资本市场存在哪些收益和风险？

任务一　掌握资本市场的概念、特点与功能

一、资本市场的概念

资本市场即长期资金市场，是以期限在 1 年以上的长期金融资产为交易对象的市场。狭义的资本市场是指股票、债券和其他有价证券的发行与交易的市场，即证券市场。广义的资本市场则包括证券市场和中长期信贷市场两个方面。

◇ 想一想

货币市场和资本市场的主要区别是什么？

二、资本市场的特点

（1）融资期限长。资本市场的融资期限一般在 1 年以上，最长的可达数十年，甚至没有期限，如股票只能在二级市场流通转让，是不能偿还的。这是资本市场的基本特点。

（2）流动性差。资本市场所筹资金多用于中长期投资需求，因此该市场上金融资产的变现能力、流动性较弱。

（3）风险性大。作为资本市场交易工具的有价证券与短期金融工具相比，价格波动幅度大，有一定的风险性和投机性。

（4）收益性高。由于资本市场工具期限长、流动性弱、风险性大，总体上其能比货币市场工具获得更高的收益。

三、资本市场的主要功能

（1）资本市场融资的目的主要是解决中长期投资性资金的需要，所筹措的资金主要是用于补充固定资本，扩大生产能力。例如，开办新企业、更新改造或扩充厂房设备、国家长期建设项目投资等。

（2）资本市场一方面满足资金需求者的长期资金需要，另一方面也为资金有余者的长期闲置资金提供获利的机会。

◇ 同步检测（填空题）

1. 资本市场即长期资金市场，是以期限在 ________ 的长期金融资产为交易对象的市场。

2. 狭义的资本市场是指股票、债券和其他有价证券的发行与交易的市场，即 ____________。

任务二　了解资本市场的构成

资本市场通常由中长期信贷市场、股票市场、债券市场和基金市场组成。这里主要介绍

债券市场、股票市场和基金市场。

一、债券市场

（一）债券概述

1. 债券的定义

债券是政府、金融机构、工商企业等机构直接向社会借债筹措资金时，向投资者发行，并且承诺按一定利率支付利息并按约定条件偿还本金的债权与债务凭证。债券的本质是债权的证明书，具有法律效力。债券购买者与发行者之间是债权与债务关系，债券发行人即债务人，投资者（或债券持有人）即债权人。

2. 债券的特征

债券作为一种重要的融资手段和金融工具具有以下特征。

（1）偿还性。债券一般都规定有偿还期限，发行人必须按约定条件偿还本金并支付利息。

（2）流通性。债券一般都可以在流通市场上自由转让。

（3）安全性。与股票相比，债券通常规定有固定的利率，与企业绩效没有直接联系，收益比较稳定，风险较小。此外，在企业破产时，债券持有者享有优先于股票持有者对企业剩余资产的索取权。

（4）收益性。债券的收益性主要表现在两个方面：投资债券可以给投资者定期或不定期地带来利息收入；投资者可以利用债券价格的变动，买卖债券赚取差额。

（二）债券市场的分类

债券市场是发行和买卖债券的场所，是金融市场的一个重要组成部分。根据不同的标准，债券市场可以分为不同的类别，最常见的有以下 3 种。

（1）根据债券的运行过程和市场的基本功能，可将债券市场分为发行市场和流通市场。发行市场又称一级市场，是发行单位初次出售新债券的市场。发行市场的作用是将政府、金融机构和工商企业等为筹集资金向社会发行的债券分散发行到投资者手中。流通市场又称二级市场，是指已发行债券买卖转让的市场。债券一经认购，即确立了一定期限的债权与债务关系，但通过流通市场，投资者可以转让债权，把债券变现。

（2）根据不同组织形式，债券市场可以分为场内交易市场和场外交易市场。证券交易所是专门进行证券买卖的场所，如我国的上海证券交易所和深圳证券交易所。在证券交易所内买卖债券所形成的市场，就是场内交易市场，这种市场组织形式是较为规范的形式。场外交易市场是在证券交易所以外进行证券交易的市场，柜台市场为场外交易市场的主体。此外，场外交易市场还包括银行间交易市场，以及一些机构投资者通过电话、计算机等通信手段形成的市场等。

（3）根据债券发行地点的不同，债券市场可以分为国内债券市场和国际债券市场。国内债券市场的发行者和发行地点同属一个国家，而国际债券市场的发行者和发行地点不属于同一个国家。

（三）债券市场的功能

世界各个成熟的金融市场都有一个发达的债券市场。债券市场在社会经济中占有如此重要的地位，是因为其具有的重要功能。

1. 融资功能

债券市场作为金融市场的一个重要组成部分，具有使资金从资金盈余者流向资金需求者，为资金不足者筹集资金的功能。我国政府和企业先后发行了多批债券，为弥补国家财政赤字和国家的许多重点建设项目筹集了大量资金。

2. 资金流动导向功能

效益好的企业发行的债券通常较受投资者欢迎，因此通过债券市场，资金得以向优势企业集中，从而有利于资源的优化配置。

3. 宏观调控功能

一国中央银行作为国家货币政策的制定与实施部门，主要依靠存款准备金、公开市场业务和再贴现等政策工具进行宏观经济调控。其中，公开市场业务就是中央银行通过在证券市场上买卖国债等有价证券，从而调节货币供应量，实现宏观调控的重要手段。

（四）债券投资的收益与风险

债券收益不同于债券利息，债券利息仅指债券票面利率与债券面值的乘积。但由于人们在债券持有期内，还可以在债券市场进行买卖，赚取价差，因此债券收益除利息收入外，还包括买卖盈亏差价。

一般地，投资的收益与风险同在，收益是风险的补偿，风险是收益的代价。所以，在看到债券收益的同时，也要看到债券投资所面临的风险。

1. 违约风险

违约风险主要是指债券的发行人无法按期支付利息或偿还本金的风险。一般而言，政府发行的债券违约风险较小，金融机构发行的债券次之，工商企业发行的债券违约风险较大。造成债券违约风险的原因可以有以下方面：① 政治、经济形势发生重大的变动；② 由于自然原因引起的非常性破坏事件，如水灾、火灾等；③ 公司经营管理不善；④ 公司在市场竞争中失败；⑤ 公司财务管理失误，不能及时清偿到期债务。

2. 利息率风险

这里所说的利息率是指银行信用活动中的存贷款利率。一般来说，银行利率上升，债券价格下跌，反之亦然。这是由于投资者在利率水平相同的情况下，会倾向于选择安全性更高的银行存款以代替相对风险较高的债券，所以当利率上升时，资金会由债券市场流出，转入银行，进而造成债券价格的下跌。

3. 购买力风险

购买力风险又称通货膨胀风险，是指由于通货膨胀引起的投资者到期出售债券所获得的资金购买力减少的风险。通货膨胀时期，购买力风险对投资者有着重要的影响。通常，变动收益的证券会比固定收益的证券要好。因此，投资债券所面临的购买力风险较大，投资股票相对能较好地规避购买力风险。

4. 流动性风险

流动性风险主要是指由于将债券变成现金存在的潜在困难而造成的投资者收益的不确定性。一种债券在不进行大的价格让步的情况下卖出的困难越大，则拥有该种债券的流动性风险程度越大。在流通市场上交易的各种债券当中，流动性风险差异很大，信誉好的债券很容易在交易市场上进行流通，信誉差的企业债券想立即出售则比较困难。

知识链接

债券的信用评级

目前，国际上公认的最具权威性的信用评级机构主要有美国标准普尔公司和穆迪投资服务公司。上述两家公司负责评级的债券很广泛，包括地方政府债券、公司债券和外国债券等。由于这两家公司拥有详尽的资料，采用先进科学的分析技术，又有丰富的实践经验和大量的专门人才，因此其作出的信用评级具有很高的权威性。标准普尔公司信用等级标准从高到低可划分为 AAA 级、AA 级、A 级、BBB 级、BB 级、B 级、CCC 级、CC 级、C 级和 D 级。穆迪投资服务公司信用等级标准从高到低可划分为 Aaa 级、Aa 级、A 级、Baa 级、Ba 级、B 级、Caa 级、Ca 级和 C 级。两家机构信用等级划分大同小异。前 4 个级别的债券信誉高、风险小，是“投资级债券”；第五级开始，债券的信誉渐次降低，是“投机级债券”。

以标准普尔债券信用等级评价为例，其具体标准如表 5－1 所示。

表 5－1　债券的等级划分及等级定义

符号	符号含义	品质说明
AAA	最高级	本息具有最大的保障
AA	高级	对本息的保障条件略逊于最高等级债券
A	中高级	对本息的保障尚属适当，但保障条件不及上述两种债券
BBB	中级	目前对本息的保障尚属适当，但未来经济情况发生变化时，约定的条件可能不足以保障本息安全
BB	中低级	具有一定的投机性，保障条件属中等
B	半投机级	具有投机性，缺乏投资性，未来的本息缺乏适当的保障
CCC CC	投机级	两者都具有投机性，CC 级比 CCC 级更差。债息尚能支付，但在经济状况不佳时，债息可能停付
C	充分投机级	债信不佳，本息可能已经违约停付，无力支付债息的公司债券
D	最低等级	品质最差，不履行偿债义务，前途无望

标准普尔公司和穆迪投资服务公司都是独立的私人企业，不受政府控制，也独立于证券交易所和证券公司，它们所作出的信用评级不具有向投资者推荐这些证券的含义，只是供投资者决策时参考。因此，它们对投资者负有道义上的义务，但是并不承担任何法律上的责任。

资料来源：唐树伶．金融市场理论与实务．上海：上海财经大学出版社，2008.

二、股票市场

（一）股票概述

1. 股票的定义

股票是股份有限公司在筹集资本时向出资人发行的股份凭证。股票代表着其持有者对股份公司的所有权，以其出资额为限对公司负有限责任，承担风险，分享收益。

2. 股票的特征

（1）不可偿还性。股票是一种无偿还期限的有价证券，投资者认购了股票后，就不能再要求退股，只能到二级市场卖给第三者。股票的期限等于公司存续的期限。

（2）参与性。股东有权出席股东大会，选举公司董事会，参与公司重大决策。股票持有者的投资意志和享有的经济利益通常是通过行使股东参与权来实现的。

（3）收益性。股东凭其持有的股票，有权从公司领取股息或红利，获取投资的收益。股息或红利的大小主要取决于公司的盈利水平和股利分配政策。另外，股票的收益性还表现在股票投资者可以获得价差收入或实现资产保值增值。

（4）流通性。股票的流通性是指股票在不同投资者之间的可交易性。

（5）价格波动性和风险性。由于股票价格要受到诸如公司经营状况、供求关系、银行利率、大众心理等多种因素的影响，有很大的不确定性。价格波动的不确定性越大，投资风险也越大。因此，股票是一种高风险的金融产品。

（二）股票市场的分类

1. 根据市场的功能划分

根据市场的功能划分，股票市场可分为发行市场和流通市场。发行市场是通过发行股票进行筹资活动的市场，又称为“一级市场”。流通市场是已发行股票进行转让的市场，又称为“二级市场”。

知识链接

首次公开募股（IPO）

首次公开募股（Initial Public Offering，IPO）是指某公司（股份有限公司或有限责任公司）首次向社会公众公开招股的发行方式。有限责任公司 IPO 后会成为股份有限公司。

对应于一级市场，大部分公开发行股票由投资银行集团承销或包销而进入市场，投资银行按照一定的折扣价从发行方购买到自己的账户，然后以约定的价格出售。公开发行的准备费用较高，私募可以在某种程度上部分规避此类费用。

这个现象在20世纪90年代末的美国发起，当时美国正经历科技网络股泡沫。创办人以独立资本成立公司，并希望在牛市期间通过首次公开募股集资。由于投资者认为这些公司有机会成为微软第二，因此股价在它们上市初期通常都会上扬。

不少创办人都在一夜之间成为百万富翁。而受惠于认股权，雇员也赚取了可观的收入。在美国，大部分通过首次公开募股集资的科技网络股票都会在纳斯达克市场（NASDAQ）内交易。很多亚洲国家的公司都会通过类似的方法来筹措资金，以发展公司业务。

资料来源：http：//baike. baidu. com.

2. 根据市场的组织形式划分

根据市场的组织形式划分，股票市场可分为场内交易市场和场外交易市场。股票场内交易市场是股票集中交易的场所，即股票交易所。股票场外交易市场是在股票交易所以外的各证券交易机构柜台上进行股票交易的市场，所以也叫做柜台交易市场。

知识链接

我国的证券交易所

上海证券交易所是我国目前最大的证券交易中心，成立于1990年11月26日，注册资本为人民币1 000万元。深圳证券交易所是我国第二家证券交易所，筹建于1989年，于1991年7月经中国人民银行批准正式营业。这两个证券交易所开业以来，不断改进市场运作，逐步实现了交易的计算机化、网络化，以及股票的无纸化操作。目前，这两个交易所上市的证券品种有股票（A股、B股）、国债、企业债券、权证、基金等。

资料来源：宋羽．金融学教程（双语）：理论与实务．上海：复旦大学出版社，2010.

上海证券交易所

上海证券交易所（Shanghai Stock Exchange）简称上证所，位于上海浦东新区，于1990年12月19日开始正式营业。从1990年至2010年年末，上海证券交易所从最初的8只股票、22只债券，发展为拥有894家上市公司、938只股票、18万亿元股票市值的股票市场，拥有199只政府债，284只公司债，24只基金和回购、权证等交易品种，初步形成了以大型蓝筹企业为主、大中小型企业共同发展的多层次蓝筹股市场，是全球增长最快的新兴证券市场，成为全球第六大证券交易所。

上证所市场交易时间为每周一至周五。上午为前市，9:15—9:25为集合竞价时间，9:30—11:30为连续竞价时间；下午为后市，13:00—15:00为连续竞价时间。周六、周日和上证所公告的休市日市场休市。上海证券交易所是不以营利为目的的法人，归属中国证监会直接管理。其主要职能包括提供证券交易的场所和设施；制定证券交易所的业务规则；接受上市申请，安排证券上市；组织、监督证券交易；对会员、上市公司进行监管；管理和公布市场信息。

上证所市场交易采用电子竞价交易方式，所有上市交易证券的买卖均通过计算机主机进行公开申报竞价，由主机按照价格优先、时间优先的原则自动撮合成交。

资料来源：宋羽．金融学教程（双语）：理论与实务．上海：复旦大学出版社，2010.

知识链接

国外股票交易所

全世界大部分股票成交集中在纽约、东京和伦敦三大股票市场。

在美国，有10多家证券交易所按证券交易法注册，被列为全国性的交易所。其中，纽约证券交易所、NASDAQ和美国证券交易所的规模名列前三，它们都设在纽约。纽约股票市场上综合反映美国股票价格升降趋势的指标是道琼斯平均价格指数和标准普尔公司股票价格综合指数。道琼斯平均价格指数包括30种工业公司股票平均价、20种交通运输业公司股票平均价和15种公共事业公司股票平均价3类。标准普尔公司股票价格综合指数包括500种上市的工业、铁路和公共事业普通股的价格指数。

东京证券交易所的发展历史虽然不长，但却是世界上主要的证券交易中心之一，它是日本最大的证券交易所，其股票交易量最大，占日本全国交易量的80%以上。

作为世界第三大证券交易中心，伦敦证券交易所是世界上历史最悠久的证券交易所。1773 年，英国的第一家证券交易所在伦敦柴思胡同的乔纳森咖啡馆成立。1802 年，交易所获得英国政府正式批准。作为世界上最国际化的金融中心，伦敦不仅是欧洲债券及外汇交易领域的全球领先者，还受理超过 2/3 的股票承销业务。

资料来源：马正兵，黄蕾．金融学．上海：立信会计出版社，2012.

（三）股票市场的功能

股票市场对推动国民经济迅速增长和世界经济一体化影响巨大，具有以下主要功能。

1. 筹集资金

筹集资金是股票市场的首要功能。企业通过在股票市场上发行股票，把分散在社会上的闲置资金集中起来，形成巨额的、可供长期使用的资本，用于支持大规模经营。股票市场所能达到的筹资规模和速度是企业依靠自身积累及银行贷款所无法比拟的。

2. 优化资源配置

股票市场的优化资源配置功能是通过一级市场筹资、二级市场股票的流动来实现的。投资者通过及时披露的各种信息，选择成长性好、盈利潜力大的股票进行投资，抛弃业绩滑坡、收益差的股票，这就使资金逐渐流向效益好、发展前景好的企业。

3. 分散风险

股票市场在给投资者和融资者提供投融资渠道的同时，也提供了分散风险的途径。企业通过发行股票筹集了资金，同时将其经营风险部分地转移和分散给投资者，实现了风险的社会化。

（四）股票投资的收益与风险

股票投资收益是投资者投资行为的报酬。与债券投资相似，股票投资的收益主要有两大来源：① 投资者购买股票后成为公司的股东，按照持股的份额，从公司获得相应的股利，包括股息和红利；② 因持有的股票价格上升所形成的资本增值，即投资者利用低价进高价出所赚取的差价利润，这也是目前我国大部分投资者投资股票的直接目的。

投资者在追求投资收益的同时，也必然面对投资风险，影响收益变动的各种力量构成风险的要素。某些影响是公司外部的，其影响遍及绝大部分股票，如经济的、政治的和社会的变动；还有一些影响是公司内部的，如财务风险和管理能力等，它们在很大程度上是可以控制的。总体而言，股票投资的风险与债券投资所面临的风险种类是相似的，但是在具体不同的风险上，体现出一定的差异性。例如，投资股票的购买力风险较小，而债券较大；投资债券的操作性风险较小，而股票较大。

三、基金市场

（一）基金市场概述

1. 证券投资基金的概念

证券投资基金是一种利益共享、风险共担的集合证券投资方式，即通过发行基金单位，集中投资者的资金，由基金托管人托管，由基金管理人管理和运用资金，从事股票、债券等金融工具投资。基金投资人享受证券投资基金的收益，也承担亏损的风险。

◇ 课堂讨论

证券投资基金与日常生活中所说的各种基金是不是一回事？

2. 证券投资基金的特征

（1）专业性。基金资产由专业的基金管理人负责管理，他们不仅掌握广博的投资分析和投资组合理论知识，而且在投资领域也积累了相当丰富的经验，专业性很强。

（2）间接性。投资者是通过购买基金而间接投资于证券市场的，与直接购买股票相比，投资者与上市公司没有任何直接关系，不参与公司决策和管理，只享有公司利润的分配权。

（3）起点低。证券投资基金最低投资额一般较低，投资者可以根据自己的财力，多买或少买基金单位，从而解决了中小投资者“钱不多、入市难”的问题。在我国，每份基金单位面值为人民币 1 元。

（4）组合投资、分散风险。证券投资基金通过汇集众多中小投资者的小额资金，形成雄厚的资金实力，可以同时把投资者的资金分散投资于各种股票，使某些股票跌价造成的损失可以用其他股票涨价的盈利来弥补，分散了投资风险。这是中小投资者通常无力做到的。

（5）流动性强。基金的买卖程序非常简便。对于封闭式基金而言，投资者可以直接在二级市场套现，买卖程序与股票相似；对开放式基金而言，投资者既可以向基金管理人直接申购或赎回基金，也可以通过证券公司等代理销售机构申购或赎回基金。

（二）基金市场的基本运作方式

封闭式基金和开放式基金共同构成了证券投资基金的两种基本运作方式。它们的主要区别如下。

（1）封闭式基金有固定的存续期，在存续期内基金规模固定，也就是说，投资者无法将买来的基金单位再卖还给基金管理人。而开放式基金规模不固定，基金单位可以随时向投资者出售，也可应投资者要求赎回。因此，开放式基金的规模可以因投资者的申购、赎回而随时变动。

（2）封闭式基金在证券交易所上市交易，投资者可以通过二级市场买卖基金单位。而开放式基金一般在规定的营业场所办理申购及赎回，不上市交易。

（3）封闭式基金的交易价格主要受二级市场对该基金单位的供求关系影响，而开放式基金的申购、赎回价格则以公布的基金单位资产净值加一定的手续费计算，能一目了然地反映其投资价值。

（三）基金市场的作用

1. 基金的市场时机把握能力和证券选择能力

证券投资基金由基金公司进行投资管理和运作，基金公司拥有大量的专业投资分析人员和强大的信息网络，能够更好地对证券市场进行全方位的跟踪和分析，把握证券投资的准确率和成功率。

2. 证券投资基金具有稳定市场功能

机构投资者正确的投资理念、市场行为能对其他投资者形成良好的示范作用，有助于市场的稳定。

3. 机构投资者参与上市公司治理结构

与散户投资者相比，基金受到来自基金投资人的压力，有推动上市公司努力提升业绩、提高股票价值的需要；同时作为规模化经营的投资管理机构参与上市公司治理的边际成本也远远小于一般个人投资者。

（四）基金投资的收益与风险

购买投资基金的收益来源包括净值增长和分红收益两部分。

1. 净值增长

由于开放式基金所投资的股票或债券升值或获取红利、股息利息等，导致基金份额净值的增长，而基金份额净值上涨以后，投资者赎回基金份额时所得的差价，就是投资的毛利。再用毛利减去申购费和赎回费用，就是真正的投资收益。

2. 分红收益

根据国家法律、法规和基金合同的规定，基金会在满足相关条件的情况下，进行收益分配。投资者获得的分红也是获利的组成部分。

任何投资收益都和风险呈正相关，基金也不例外。但基金的风险是与其所投资的证券种类密切相关的。主要投资于股票类证券产品的基金所面临的风险相对较大，而投资于债券类产品的基金所面临的风险相对较小。

知识链接

全球十大基金

全球十大基金概况如表5-2所示。

表5-2　全球十大基金概况

基金经理	管理基金或公司	年复利报酬率/%	期间	年数	累计报酬率/%
彼得·林奇	麦哲伦基金	29.30	1977—1990	13	2 700
罗伯·加迪纳	瓦萨屈微型股基金	23.19	1996—2002	7	330
沃伦·巴菲特	伯克希尔·哈撒韦	22.37	1965—2002	38	214 433
班杰明·葛拉汉	葛拉汉·纽曼公司	21.00	1941—1960	20	4 425
麦克·普莱斯	共同股份基金	20.40	1976—1998	21	4 827
汤玛士·贝利	乔曼贝利微型成长基金	19.73	1998—2002	5	146
乔治·麦可利斯	资源资本公司	18.60	1973—1987	15	1 200
罗伯·山朋	奥克马克基金	18.40	1992—1999	7	286
威廉·纳葛维兹	核心的价值基金	16.78	1991—2002	12	543
大卫·波伦	波伦资本管理公司	16.61	1989—2002	14	759

资料来源：http：//www. jinmimi. com.

◇ 同步检测（填空题）

1. 债券的特征包括________、________、________和________。

2. 股票的特征包括________、________、________和________。

3. 证券投资基金的特征包括________、________、________和________。

项目四　其他金融市场概述

知识目标

1. 了解黄金市场与保险市场的概念。
2. 熟悉国际上主要的黄金市场与保险市场。

能力目标

能够根据黄金市场与保险市场的含义识别这些市场。

案例导入

黄金市场迟到的真相：金价并未从 QE3 中受益

据外媒报道，最常听到的持有黄金的一个理由是担心实施了4年多的非常规货币政策对经济造成持久伤害。但是，如果这种担心是正确的，那为什么黄金没有进一步受益？

德国商业银行（Commerzbank）的技术图表显示，美联储最新一轮的债券购买行动不仅未能提振金价，眼下的缩量购债反而令黄金遭遇重创。投资者也不能将黄金下跌归咎于2013年中的利率恐慌，因为在这之前的几个月黄金就已经开始下跌了。

或许市场真的大错特错了，不应该把黄金下跌的原因归咎于通货膨胀升温没有到来、加息的可能性，和经济增长的温和改善，当然也不应该把黄金下跌归因于股市今年取得的大幅涨势。

难道第三轮定量宽松政策对金价一点也没起作用吗？认为上周四的下跌已经过度的德国商业银行的策略师们感到的不仅仅是困惑。他们上周四写道：股市做出积极回应的主要原因可能是美联储预计，即使失业率降至6.5%，也可能保持利率接近零的政策。市场人士之前曾认为，一旦失业率降至6.5%，将引发一系列的加息举动。美国仍将在较长时间内保持极宽松的货币政策这一事实本应该提振金价，但结果却是，由于美国将在一段时间后退出第三轮定量宽松政策黄金承压。金价之前并未从第三轮定量宽松政策中受益。

Marketfield Asset Management 的 Michael Shaoul 将黄金2013年的惊人跌势与标准普尔500指数在2000—2002年间大约下跌了50%的走势进行了比较，告诫称如果黄金上周四触及的3年低点失守，将加速下跌。

可以看出，黄金越来越密切地追随了标准普尔500指数的走势，或许并不令人意外的是，标准普尔500指数的下跌从技术面看是一种教科书式的熊市走势。

值得注意的是，黄金2013年以来已经累计下跌了28.65%，跌幅超过了标准普尔500指数2002年创下的23.37%（尽管该指数在2000—2001年也创下了类似跌幅）。若要超过标准普尔500指数2008年创下的38.5%的跌幅，黄金需要跌破1 030美元。

我们认为，金价最终会跌至这些点位之间，但是如果目前的支撑位突然失守，黄金可能进一步遭抛售，那么标普500指数2008年的遭遇可能会在黄金市场重演。

资料来源：和讯网网站.

问题：

除了货币市场与资本市场之外还有哪些金融市场？

任务一　了解黄金市场概况

一、黄金市场的概念

黄金市场是买卖双方集中进行黄金买卖的交易中心，提供即期和远期交易，允许交易商进行实物交易或期权期货交易，以实现投机或套期保值的目的，是各国完整的金融市场体系的重要组成部分。

◇ 资料卡

K金是指黄金和其他金属溶合而成的和金。一般来说，K金含银比例越多，色泽越青；含铜比例大，则色泽为紫红。中国的K金在解放初期是按每K4.15%的标准计算，1982年以后，已与国际标准统一起来，以每K为4.166 6%作为标准。熟金中因加入其他元素而使黄金在色泽上出现变化，人们通常把加入了金属银而没有其他金属的熟金称之为“清色金”，而把掺入了银和其他金属的黄金称为“混色金”。K值所表示的百分数，都只是一个大致的数，并不要求十分准确。而习惯上又多数是使用偶数K值，如24 K、22 K、20 K、18 K等。18 K的意思即指24份合金中含金18份，相当于75%左右的含量。K金折合含金量的计算公式为：K值×4.166 7%

二、国际上主要的黄金市场

据不完全统计，现在世界上有40多个黄金市场，比较有影响的黄金市场主要集中在伦敦、苏黎世、纽约和香港等地。

（一）伦敦黄金市场

伦敦黄金市场是世界上最大的黄金市场。1804年，伦敦取代荷兰阿姆斯特丹成为世界黄金交易的中心。1919年，伦敦金市正式成立，每天进行上午和下午的两次黄金定价，由五大金行定出当日的黄金市场价格，该价格一直影响纽约和香港的交易。

（二）苏黎世黄金市场

苏黎世黄金市场是第二次世界大战后发展起来的国际黄金市场。由于瑞士特殊的银行体系和辅助性的黄金交易服务体系，为黄金买卖提供了一个既自由又保密的环境，使瑞士不仅是世界上新增黄金的最大中转站，也是世界上最大的私人黄金的存储中心。苏黎世黄金市场在国际黄金市场上的地位仅次于伦敦。

（三）美国黄金市场

纽约和芝加哥黄金市场是20世纪70年代中期发展起来的，主要原因是1977年以后，美元贬值，为了套期保值和投资增值获利，黄金期货迅速发展起来。目前，纽约商品交易所和芝加哥商品交易所是世界上主要的黄金期货交易中心，两大交易所对黄金现货市场的金价影响很大。

（四）香港黄金市场

香港黄金市场已有90多年的历史，其形成是以香港金银贸易场的成立为标志。由于香港黄金市场在时差上刚好填补了纽约、芝加哥市场收市和伦敦开市前的空档，可以连贯亚、欧、美，形成完整的世界黄金市场。优越的地理条件促使香港成为世界主要的黄金市场之一。

三、国际黄金市场的主要投资方式

国际上黄金市场的主要投资方式有金条（块）、金币、黄金企业股票、黄金期货、黄金期权、黄金管理账户等。

知识链接

账户黄金（纸黄金）

账户黄金的投资方式是指没有任何实金到手，投资者按银行报价在账面上买、卖“虚拟黄金”获取差价的一种投资方式，即没有实物黄金介入的黄金期货、黄金期权、黄金存折、黄金股票等。纸黄金由于利用资金杠杆原理而存在潜在的高风险和高收益，不太适合普通投资者，它主要吸引着一部分专业黄金投资主体。

电子黄金

电子黄金是借助国际互联网的一种金融服务。一个客户在开设了一个电子黄金在线账户并用信用卡或现金注入资金后，电子黄金可向其客户出售黄金、白银、铂金，或者任何一种客户选定的贵金属，其价格由电子黄金决定，大体与各种贵金属的市场价相当。以后，客户就可以通过电子邮件使用这种以贵金属为基础的货币——电子黄金，发往某个地方去付账单或购物。如果对方不是其客户，电子黄金就开具一张支票寄给他，并收取一定的费用。

资料来源：宋羽．金融学教程（双语）：理论与实务．上海：复旦大学出版社，2010.

◇ 同步检测（填空题）

1. 比较有影响的黄金市场主要集中在＿＿＿＿、＿＿＿＿、＿＿＿＿和＿＿＿＿等地。

任务二　了解保险市场概况

一、保险市场概述

保险市场是经营保险产品的市场。保险产品是保险人（保险公司等）为投保人（居民、家庭、企业、政府）提供的保险经济保障，它仅在约定风险发生或约定期限届满时，才发挥经济补偿或给付的作用。

保险市场也是特殊的金融市场，主要表现为：① 保险商品的交易过程是保险人聚集与分散风险的过程，无风险即无保险，因此保险市场是直接的风险市场；② 保险合同订立与保险理赔、保险给付在时间上是分离的，故保险市场是特殊的期货交易市场；③ 由于风险的不确定性和保险的射幸性，保险商品的供求双方均不可能确切地知道交易的结果，故保险市场是非即时结清市场。

二、保险市场的分类

按保险承保的对象划分，保险市场可以分为财产保险市场和人身保险市场。在财产保险市场上，保险人承保的对象是各种财产及其相关利益。在人身保险市场上，保险人承保的对象是人的生命和身体健康。

世界上著名的保险市场在美国、英国、瑞士和日本等国家。

◇ 同步检测（填空题）

1. 按保险承保的对象划分，保险市场可分为__________和__________。

2. 世界上著名的保险市场在__________、__________、__________、__________等国家。

实训任务

一、基础知识实训

（一）单项选择题

1. 狭义的金融市场是以（　　）为金融工具的融资活动。

A. 存款和贷款　　B. 黄金和外汇
C. 股票和债券　　D. 票据和有价证券

2. 短期资金市场又称为（　　）。

A. 初级市场　　B. 货币市场　　C. 资本市场　　D. 次级市场

3. 长期资金市场又称为（　　）。

A. 初级市场　　B. 货币市场　　C. 资本市场　　D. 次级市场

4. 现货市场的实际交割一般在成交后（　　）内进行。

A. 2 日　　B. 5 日　　C. 1 周　　D. 1 个月

5. 金融市场最基本的功能是（　　）。

A. 调节经济　　B. 支持规模经济　　C. 价格发现　　D. 资金融通

6. 金融市场被称为国民经济的“晴雨表”，这实际上是指金融市场的（　　）功能。

A. 资源配置　　B. 宏观调控　　C. 经济反映　　D. 资金融通

7. 以下不属于货币市场金融工具的是（　　）。

A. 商业票据　　B. 支票　　C. 股票　　D. CD 存单

8. 同业拆借市场最重要的参与者是（　　）。

A. 中央银行　　B. 商业银行　　C. 证券公司　　D. 保险公司

9. 同业拆借市场利率常被当做（　　），对整个经济活动和宏观调控具有特殊的意义。

A. 基准利率　　B. 公定利率　　C. 浮动利率　　D. 市场利率

10. 英文缩写 LIBOR 是指（　　）。

A. 全国证券交易自动报价系统　　B. 全国统一的同业拆借市场网络系统
C. 伦敦同业拆借利率　　D. 平滑异同移动平均线

11. 票据到期前，票据付款人或指定银行确认票据记明事项，在票面上作出承诺付款并签章的行为称为（　　）。

A. 贴现　　B. 再贴现　　C. 转贴现　　D. 承兑

12. 下列各项中不属于大额可转让定期存单特点的是（　　）。

A. 不记名　　B. 利率略低于同等期限的定期存款利率

C. 面额固定，金额大　　D. 允许买卖、转让

13. 在本质上，回购协议是一种（　　）协议。

A. 担保贷款　　B. 信用贷款　　C. 抵押贷款　　D. 质押贷款

14. 回购协议中所交易的证券主要是（　　）。

A. 银行债券　　B. 企业债券　　C. 政府债券　　D. 金融债券

15. 下列属于资本市场的是（　　）。

A. 同业拆借市场　　B. 股票市场　　C. 贴现市场　　D. 回购市场

16. 下列属于应在资本市场筹资的资金需求是（　　）。

A. 有一笔暂时闲置资金　　B. 商业银行的存款准备金头寸不足

C. 流动性资金不足　　D. 补充固定资本

17. 属于资本市场工具的是（　　）。

A. 国库券　　B. 大额可转让定期存单

C. 债券　　D. 回购协议

18. 下列属于所有权凭证的金融工具是（　　）。

A. 商业票据　　B. 股票

C. 政府债券　　D. 大额可转让定期存单

19. 以下不属于股票特征的是（　　）。

A. 不可偿还性　　B. 安全性　　C. 收益性　　D. 参与性

20. 外汇市场是指经营外币和以（　　）的票据等有价证券买卖的市场。

A. 外汇计价　　B. 本币　　C. 本币计价　　D. 外币计价

（二）多项选择题

1. 按金融产品的交割方式可以把金融市场划分为（　　）。

A. 现货市场　　B. 货币市场　　C. 衍生市场　　D. 证券市场

2. 按融资期限可以把金融市场划分为（　　）。

A. 货币市场　　B. 有形市场　　C. 发行市场　　D. 资本市场

3. 按交易对象的性质可以把金融市场划分为（　　）。

A. 保险市场　　B. 外汇市场　　C. 资金市场　　D. 黄金市场

4. 金融市场的参与者有（　　）。

A. 居民　　B. 金融机构　　C. 政府　　D. 企业

5. 在下列金融市场中，属于短期资金市场的有（　　）。

A. 同业拆借市场　　B. 票据市场

C. 大额可转让定期存单市场　　D. 股票市场

6. 下列属于金融衍生工具的有（　　）。

A. 股票价格指数期货　　B. 银行承兑汇票

C. 短期政府债券　　D. 货币互换

7. 下列描述属于货币市场特点的有（　　）。

A. 交易期限短　　B. 资金借贷量大

C. 交易工具收益较高而流动性差　　D. 风险相对较低

8. 债券的特征有（　　）。

A. 偿还性　　B. 安全性　　C. 收益性　　D. 流通性

9. 下列描述属于资本市场特点的是（　　）。

A. 金融工具期限长　　B. 为解决长期投资性资金的需要

C. 流动性强　　D. 交易工具有一定的风险性和投机性

10. 资本市场包括以下市场（　　）。

A. 中长期信贷市场　　B. 债券市场

C. 股票市场　　D. 基金市场

11. 证券投资基金的特征包括（　　）。

A. 专业性　　B. 间接性

C. 起点高　　D. 组合投资、分散风险

12. 目前，比较有影响的黄金市场主要集中在（　　）等地。

A. 伦敦　　B. 苏黎世　　C. 纽约　　D. 香港

（三）判断题

1. 金融市场交易主体之间是一种单纯的买卖关系，体现了在信用前提下的资金的所有权和使用权的暂时分离。（　　）

2. 政府参与金融市场只作为筹款者的角色出现。（　　）

3. 居民是金融市场上主要的资金需求者。（　　）

4. 金融市场的存在及发展为政府调控宏观经济活动创造了条件。（　　）

5. 金融市场提供货币政策操作的场所和实施货币政策的决策信息。（　　）

6. 金融市场的价格通常表现为金融工具的交易价格。（　　）

7. 同业头寸拆借主要是指金融机构之间为满足临时性资金需要而进行的短期资金拆借。（　　）

8. 票据贴现实际上是将商业信用转化成为银行信用。（　　）

9. 贴现银行持票据向其他银行申请贴现，称为再贴现。（　　）

10. 股票流通的场外交易市场都具有交易无须中间人、交易成本低等优点。（　　）

11. 债券信用评级有助于降低高资信的发行人的筹资成本。（　　）

12. 无形市场是外汇市场的主要形式。（　　）

（四）名词解释

1. 金融市场　2. 货币市场　3. 资本市场　4. 初级市场　5. 次级市场　6. 直接金融市场　7. 间接金融市场　8. 公开市场　9. 议价市场　10. 有形市场　11. 无形市场　12. 现货市场　13. 衍生市场　14. 资金市场　15. 外汇市场　16. 黄金市场　17. 保险市场　18. 国内金融市场　19. 国际金融市场　20. 同业拆借市场　21. 票据市场　22. 国库券市场　23. 大额可转让定期存单市场　24. 回购协议市场　25. 股票市场　26. 债券市场　27. 基金市场

（五）问答题

1. 如何理解金融市场的含义？

2. 金融市场有哪些构成要素？

3. 金融市场有哪些类型？

4. 金融市场有哪些基本功能？

5. 货币市场的特点和功能是什么？

6. 货币市场由哪些市场构成？

7. 资本市场的特点和功能是什么？

8. 资本市场由哪些市场构成？

二、技能实训

（一）课堂讨论

1. 请将以下金融交易进行分类，判断它们是否属于：① 货币或资本市场；② 初级或次级市场；③ 公开或协议市场；④ 有形或无形市场。注意下列交易适合于上述市场分类中的一种以上的类别，答案要选出每种交易适合的所有适当的市场类型。

（1）你为购买一辆小汽车去银行申请获得了3年期贷款。

（2）你去银行购买了新发行的10 000元国库券，6个月交割。

（3）某A股普通股股票价格上涨，为此你电话指示经纪人买入500股该股票。

（4）你在某基金公司网站上购买了12 000元某基金。

2. 查找2008年美国次贷危机与全球股市下跌的资料，试分析当年美国次贷危机所引起的金融风暴是如何影响全球股市的。

3. 什么叫好基金？总结星级基金的四大基本面如下。

（1）每一份基金单位收益较高，同时考虑风险因素。

（2）公司持有高盈利能力的优质资产。

（3）对投资理念稳健、信誉卓著的基金进行动态估值，选择买卖时点。

（4）基金公司有实力背景雄厚的大股东。

你能根据这些标准在我国证券市场上选择2～3只基金推荐给投资者吗？请详细说明推荐理由。

（二）案例分析

阅读以下材料，并回答问题。

纽约金融市场：美国国际金融中心的基石

纽约是世界上最主要的国际金融中心之一。第二次世界大战以后，纽约金融市场在国际金融领域中的地位进一步加强。美国凭借其在战争时期膨胀起来的强大经济和金融实力，建立了以美元为中心的资本主义货币体系，使美元成为世界上最主要的储备货币和国际清算货币。西方资本主义国家和发展中国家的外汇储备中大部分是美元资产，存放在美国，由纽约联邦储备银行代为保管。一些外国官方机构持有的部分黄金也存放在纽约联邦储备银行。纽约联邦储备银行作为贯彻执行美国货币政策及外汇政策的主要机构，在金融市场的活动直接影响市场利率和汇率的变化，对国际市场利率和汇率的变化有着重要影响。世界各地的美元买卖，包括欧洲美元、亚洲美元市场的交易，都必须在美国，特别是在纽约的商业银行账户上办理收付、清算和划拨，因此纽约成为世界美元交易的清算中心。此外，美国外汇管制较松，资金调动比较自由。在纽约，不仅有许多大银行，而且商业银行、储蓄银行、投资银行、证券交易所和保险公司等金融机构云集，许多外国银行也在纽约设有分支机构。1983

年世界最大的100家银行在纽约设有分支机构的就有95家。这些都为纽约金融市场的进一步发展创造了条件，加强了其在国际金融领域中的地位。

纽约金融市场之所以在构成纽约国际金融中心过程中具有核心地位，和它完整的市场体系、庞大的交易规模和有效的管理手段密不可分。

1. 纽约金融市场具有完整的体系

纽约金融市场按交易对象划分，主要包括外汇市场、货币市场和资本市场。

纽约外汇市场是美国的、也是世界上主要的外汇市场之一。纽约外汇市场并无固定的交易场所，所有的外汇交易都是通过电话、电报和电传等通信设备，在纽约的商业银行与外汇市场经纪人之间进行。这种联络组成了纽约银行间的外汇市场。此外，各大商业银行都有自己的通信系统，与该行在世界各地的分行外汇部门保持联系，又构成了世界性的外汇市场。由于世界各地的时差关系，各外汇市场开市时间不同，纽约各大银行与世界各地外汇市场可以昼夜24小时保持联系。因此，它在国际间的套汇活动几乎可以立即完成。

纽约货币市场即纽约短期资金的借贷市场，是资本主义世界主要货币市场中交易量最大的一个。除纽约市金融机构、工商业和私人在这里进行交易外，每天还有大量短期资金从美国和世界各地涌入流出。和外汇市场一样，纽约货币市场也没有一个固定的场所，交易都是供求双方直接或通过经纪人进行的。在纽约货币市场的交易，按交易对象可分为联邦基金市场、政府国库券市场、银行大额可转让定期存单市场、银行承兑汇票市场和商业票据市场等。

纽约资本市场是世界上最大的经营中长期借贷资金的资本市场，可分为债券市场和股票市场。纽约债券市场交易的主要对象是政府债券、公司债券和外国债券。纽约股票市场是纽约资本市场的一个组成部分。在美国，有10多家证券交易所按证券交易法注册，被列为全国性的交易所。其中，纽约证券交易所、NASDAQ和美国证券交易所规模名列前三，它们都设在纽约。

2. 纽约金融市场的总体规模

从发行规模看，美国证券发行市场是国际性的市场，发行规模和容量都很大。仅纽约证券交易所一家在2002年就有挂牌交易的上市公司2 783家，发行总股本3 499亿股，市价总值为13.4万亿美元。从市场交易规模看，纽约证券交易所2002年的证券交易额达到10.3万亿美元，占全球证券交易量的77%，居世界第一；同时，纽约金融市场资金供应充沛、流通性好。从交易品种和交易方式看，美国证券市场投资品种丰富，有证券和股指（如道琼斯指数、标准普尔500指数等）的现货、证券和股指的期货及期权、可转换证券、信托凭证（ADRs）等品种。投资者不仅可以进行各类品种的单独投资，还可以进行它们之间的套利交易，避免因各类投资者行为趋同而造成市场单边运行，出现暴涨暴跌的局面。例如，投资者可以在股市看跌时，通过买入一个看跌期权或卖出股指期货合约，以较小的代价实现保值避险或投机盈利的目的，使股市投资风险得到有效的分散，从而减少因大量抛售带来的股市进一步下跌。

3. 纽约金融市场的运行和管理特点

（1）资金供应充沛、流通性好。数量巨大和规模各异的基金、机构、个人投资者根据各自的要求及目的在不同的股市寻找不同的投资目标，为美国股市提供了世界上最庞大的资金基础，从而使美国股市的交投十分活跃，融资及并购活动频繁。

（2）纽约金融市场融资渠道非常自由。上市公司可以随时发行新股融资。发行时间与频率没有限制，通常由董事会决定，并向证券监管部门上报。通常监管部门在20天内没有回复，则上报材料自动生效。如果监管部门提出问题，则回答其问题，一般监管部门有30天的必须答复时间下限。当公司股票价格达到5美元以上时，上市公司股东通常可将其持有的股票拿到银行抵押，直接获得现金贷款。上市公司还可以向公众发行债券融资。

（3）交易方式灵活。没有涨停板的限制，股票可随时买卖。股市自早9点至下午4点，连续进行，中间无休息。下午4点后有些证券公司提供场外电子交易，直至晚上7点。

上述方方面面都为纽约金融市场在国际金融领域中的地位奠定了基础，也为正处于发展阶段的中国证券市场提供了可以借鉴的经验。

问题：

对比纽约，上海在建立国际金融中心的过程中还有哪些方面需要改进？

第六单元

探究通货问题——通货膨胀与通货紧缩

通货膨胀与通货紧缩是当今世界各国经常发生的经济现象，它们都与货币的供求紧密相连，实际上是货币供求失衡的两种表现形式。由于这两种经济现象的发生对一国经济和政治都会产生广泛的不良影响，所以认真研究它们产生的原因，寻找治理和防止通货问题发生的措施具有重要的意义。

项目一　通货膨胀概述

知识目标

1. 掌握通货膨胀的含义、特征与分类。
2. 掌握通货膨胀的成因及对经济的影响。

能力目标

1. 能够根据经济运行数据判断经济是否处于通货膨胀。
2. 能够针对具体的通货膨胀提出解决对策。

案例导入

中国的通货膨胀问题

20 世纪 30 年代后半期到整个 40 年代，中国的恶性通货膨胀在世界上曾是一个突出的典型。据统计，上海在 1937 年 6 月—1949 年 5 月，物价上涨了 3. 68 ×1 013 倍，每月平均上涨 24. 5%，每年平均上涨近 14 倍。在连年战争极度破坏了正常经济生活的背景下，恶性通货膨胀更促使经济的畸形扭曲，陷入崩溃瓦解的境地。在恶性通货膨胀之下，难以从事正常的生产经营，支撑着市场的则是囤积居奇、倒卖投机。钞票的流通范围日益收缩，多年已不流通的银元，重新成为支付手段。在农村，基本退回到实物交易的状态。这段恶性通货膨胀给中国人民造成了几十年挥之不去的梦魇。

当今，社会上最流行的几个名词“豆你玩”、“姜你军”、“蒜你很”、“糖高宗”、“苹什么”、“油你涨”……这些新名词无不反映了老百姓对物价上涨的无耐心理。从最近基本生活用品，大米、食用油、方便面、蔬菜、水果、鸡蛋、猪肉价格不断上涨，到棉花、燃油、钢材、医药等大宗类商品价格上涨。例如，20 年前 1 个鸡蛋 2 ～ 5 分钱，10 年前 1 个鸡蛋 5 角钱，现在 1 个鸡蛋 1 元钱，上涨了十倍。为什么现在的物资比 10 年前要富足得多，而物价却还上涨了。10 年前，万元户是骄傲，现在是年薪十万元买不起房。

问题：

1. 什么是通货膨胀？引起通货膨胀的原因与后果是什么？
2. 如果一个国家发生通货膨胀，应该如何进行治理？

任务一　理解通货膨胀的含义、度量及分类

一、通货膨胀的含义

目前，较为通行地对通货膨胀的定义有两大类：以马克思主义为代表的通货膨胀定义和现代西方经济学家对通货膨胀的定义。

（一）马克思主义的定义

根据马克思主义的货币理论，所谓通货膨胀，是指在纸币流通条件下，由于货币的发行量超过商品流通中的实际需要量，从而引起货币贬值，物价普遍上涨的经济现象。在马克思主义的这一定义中，强调了以下两点：① 产生通货膨胀的前提是纸币流通，在金属货币流通条件下，一般不会出现通货膨胀；② 纸币贬值、物价上涨出现的原因是纸币的流通量超过了商品流通所需要的金属货币量。

（二）西方经济学家的定义

西方很多经济学家都对通货膨胀下过定义。哈耶克认为，通货膨胀的本意是指货币数量的过度增长，这种增长必然导致物价的上涨。弗里德曼认为，物价的普遍上涨就叫做通货膨胀。萨缪尔森则加上时期的概念，他认为，通货膨胀是指一定时期内，面包、汽车、理发的价格上升，工资、租金等也都要上升。罗宾逊对通货膨胀的解释是，由于国际经济活动中工资报酬率的日益增长而引起的物价直升变动。

◇ 课堂讨论

小张说最近食堂菜贵了，我今天吃饭多花了 3 元钱，看来我国又通货膨胀了。小王说小张说的不对，根据所学知识，请你评价一下他们谁说的对。

通过以上的分析可以看出，无论是西方的经济学家，还是马克思主义，都从不同的角度解释了通货膨胀这种货币的失衡现象。综合分析，可以给通货膨胀下一个这样的定义：它是由于流通中货币过多，造成货币贬值，物价总水平持续、普遍地、明显地上涨的经济现象。通货膨胀的产生必须具备两个条件：一个是“一般物价水平”，即通货膨胀是指所有商品和劳务价格的上涨，排除了局部物价上涨的情况，但不包括股票、债券等金融资产价格的变动；另一个是“持续上涨”，短期的、暂时的、偶然的物价上涨，不能视为通货膨胀。

二、通货膨胀的度量

既然通货膨胀是物价总水平的持续明显上涨，通货膨胀的程度也就可以用物价上涨的幅

度来衡量。

（一）消费者物价指数——CPI

消费者物价指数（Consumer Price Index，CPI）也称为零售物价指数或生活费用指数，它反映消费者为购买消费品而付出的价格变动情况。这种指数是由各国政府根据各国若干种主要食品、衣服和其他日用消费品的零售价格，以及水、电、住房、交通、医疗、娱乐等服务费用而编制计算出来的。2012 年以来，我国 CPI 的变化情况如图 6-1 所示。

图 6-1　我国 CPI 变化情况

消费者物价指数的优点是能及时反映消费品供给和需求的对比关系，资料容易搜集，公布次数较为频密（通常每月一次），能够迅速直接地反映影响居民生活的消费品价格变化趋势。消费者物价指数的缺点是范围较窄，只包括社会最终产品中的居民消费品这一部分，不包括公共部门的消费、生产资料、资本产品和进出口商品，从而不足以反映全面的物价情况。

（二）生产者物价指数——PPI

生产者物价指数（Producer Price Index，PPI）是用来衡量生产者在生产过程中所需采购品的物价状况，因此这项指数包括了原料、半成品和最终产品等（美国约采用 3 000 种物品）3 个生产阶段的物价变动情况。

生产者物价指数与 CPI 不同，其主要目的是衡量企业购买的一篮子物品和劳务的总费用。由于企业最终要把它们的费用以更高的消费价格的形式转移给消费者，所以通常认为，生产者物价指数的变动对预测消费者物价指数的变动是有用的。

（三）以国民生产总值（Gross National Products，GNP）折算的价格指数

以 GNP 折算的价格指数是按当年价格计算的国民生产总值与按不变价格计算的国民生产总值的比率。所谓按不变价格计算，如某国 1990 年的 GNP 按当年价格计算为 65 000 亿元，按 1980 年的价格计算为 44 800 亿元，1980 年基期指数取为 100，则 1990 年的 GNP 平减指数为 65. 000/44. 800 × 100 = 145，表示和 1980 年相比 1990 年物价上涨了 45%。如果 1989 年的 GNP 平减指数为 138（也是以 1980 年为基期），则 1990 年与 1989 年相比，物价上涨了（149/138 - 1 = 5%）。

GNP 折算指数的优点是范围广泛，除了居民消费品外，还包括公共部门的消费、生产资料和资本产品，以及进出口商品，因此能较准确地反映一般物价水平的趋向。GNP 折算指数的缺点是资料较难收集，需要对不在市场上发生交易的商品和劳务进行换算。

三、通货膨胀的类型

通货膨胀按照不同的标准和方法，从不同的角度进行分类，一般包括以下 4 种类型。

1. 根据通货膨胀的表现形态划分

根据表现形态划分，通货膨胀可以分为公开型通货膨胀和隐蔽型通货膨胀。

（1）公开型通货膨胀。公开型通货膨胀是指在价格完全放开，价格对供求反应灵敏的条件下，通过价格指数的变动反映出来的通货膨胀形态。其前提条件是市场经济的完善。

（2）隐蔽型通货膨胀。隐蔽型通货膨胀是指在价格受到政府严格管制的条件下，物价保持表面的稳定，社会的供求矛盾通过非价格的形式反映出来的通货膨胀类型。这些非价格的形式就像我国在 20 世纪六七十年代表现的那样，如黑市交易、凭证购买、排队限购、有价无货、降低质量等。

2. 按照发生通货膨胀的严重程度划分

按照发生的严重程度划分，通货膨胀可以分为爬行式通货膨胀、奔跑式通货膨胀和恶性通货膨胀。

（1）爬行式通货膨胀。所谓爬行式通货膨胀，一般是指物价上涨率在 10% 以下的通货膨胀。这种类型的通货膨胀通常不会引起经济生活的严重失序，经济能够正常地运行。

（2）奔跑式通货膨胀。所谓奔跑式通货膨胀，是指年通货膨胀率达到两位数甚至 3 位数的通货膨胀。一般来说，这种通货膨胀会严重影响经济的发展，人们对货币失去信心，经济生活的秩序被打破。

（3）恶性通货膨胀。所谓恶性通货膨胀，是指物价持续、猛烈地上升，月通货膨胀率在两位数以上。在这种情况下，货币成为烫手的物品，人们拼命想把手中的货币花出去，因为它每一分钟都在贬值，经济行将瘫痪。

3. 按照通货膨胀发生的原因划分

按照发生的原因划分，通货膨胀可以分为需求拉动型通货膨胀，以本推动型通货膨胀、供求混合型通货膨胀、结构失调型通货膨胀和体制转轨型通货膨胀等。

（1）需求拉动型通货膨胀。需求拉动型通货膨胀是由于总需求大于总供给，供不应求而导致的通货膨胀。

（2）成本推动型通货膨胀。成本推动型通货膨胀是指由于工资、租金等生产要素的价格上涨而造成的通货膨胀。

（3）供求混合型通货膨胀。供求混合型通货膨胀是指由需求与供给共同作用而导致的通货膨胀。

（4）结构失调型通货膨胀、体制转轨型等通货膨胀。这两种通货膨胀是指由于经济结构失调与体制转轨带来的通货膨胀。

4. 按照对通货膨胀的预期划分

按照对通货膨胀的预期划分，可以分为预期性通货膨胀和非预期性通货膨胀。

（1）预期性通货膨胀。预期性通货膨胀是指通货膨胀的发生及其程度已经被社会经济主体所预计，从而采取了防范措施的通货膨胀类型。因此，这种通货膨胀一般对经济不会产生实质性的影响。

（2）非预期性通货膨胀。非预期性通货膨胀是指未被经济主体所预见的物价上涨现象，它会对经济和社会产生实质性影响。

◇ **同步检测（判断题）**

1. 物价上涨就是通货膨胀。（　　）
2. 通货膨胀就是货币发行过多。（　　）

◇ **案例分析训练**

2010 年 11 月 10 日，中国人民银行在不到一个月的时间内第二次提高商业银行存款准备金率，显示中国货币政策重点已作调整，防通胀、收紧货币流量成为主要政策目标。次日，10 月 CPI 数据公布，涨至 4.4%，超出绝大多数市场预期。这意味着中国通货膨胀年均上升 3% 的目标已很难实现，通货膨胀又一次成为中国政府调控和市场舆论的主题词。

问题：

4.4% 的 CPI 意味什么？

任务二　了解通货膨胀的成因、影响与治理

一、通货膨胀形成的原因

在对通货膨胀形成原因的研究中，影响较大的理论有以下 4 种。

（一）需求拉动论

需求拉动论是西方经济学界最早出现的通货膨胀理论，它把通货膨胀发生的原因归结为经济运行中的总需求大大超过总供给，即“过多的货币追求过少的商品”。由于供不应求，必然导致一般价格水平的持续上涨。至于需求的变动，如图 6－2 所示。

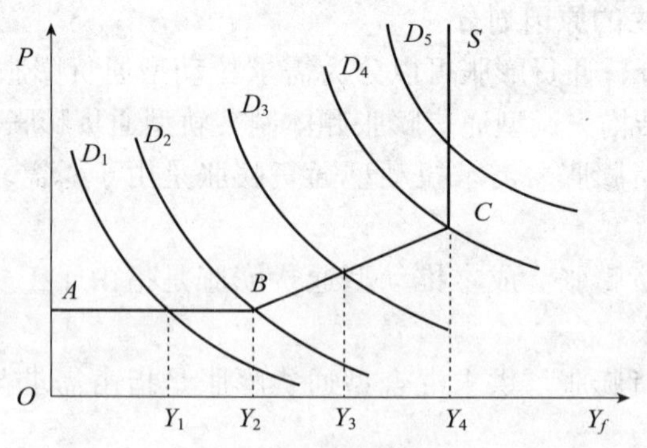

图 6－2　需求拉动论中的需求变动情况

需求拉动论的分析是以总供给给定为假定前提的。如果投资的增加引起总供给同等规模的增加，物价水平可以不动；如果总供给不能以同等规模增加，物价水平上升较缓；如果丝毫引不起总供给增加，需求的拉动将完全作用到物价上。

该理论认为，对物价水平产生需求拉动作用的有两个方面：实体经济的因素或货币因素。实际因素包括过度的消费、投资和政府支出等，其中主要是过度投资；而货币因素是指由于货币供给过度导致总需求过剩。

（二）成本推动论

成本推动论是从供给或成本方面分析通货膨胀形成机理的理论。背景是在20世纪50年代以后，特别是20世纪70年代之后出现的。那时，一些资本主义国家在失业率居高不下，存在大量闲置资源的情况下，却出现了很高的通货膨胀率，即呈现出“滞胀”的局面。对此，需求拉动论无能为力，因此许多经济学家转而从供给方面寻找原因，提出了“成本推动”的通货膨胀理论，如图6－3所示。

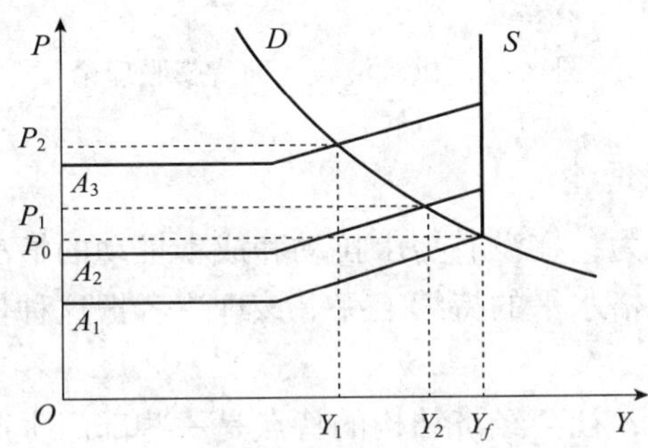

图6－3　成本推动的通货膨胀理论

该理论认为，成本上涨的原因主要是由于垄断，导致工资与利润刚性，推高物价。所谓工资推动，是指由工资增加引起生产成本增加而导致的通货膨胀。在一些国家，由于工会组织足够强大，工会的参与大大提高了工人的谈判力量，工人的工资明显高于完全竞争条件时的工资，这种过高的工资（超过劳动生产率的增加），引起生产成本的增加，公司为维持既定利润，必须提高价格，从而使物价水平上升，而物价上涨又会引起工资提高，形成工资与物价的螺旋式上升局面，这就是工资推动型的通货膨胀。所谓利润推动，是指一些垄断性的经济组织凭借其垄断地位，为获得超额利润而提高价格出现的通货膨胀。最为典型的是，1973年石油输出国组织利用垄断地位大幅提高油价（提高了4倍），导致世界性的生产成本增加、价格水平提高的通货膨胀。

（三）供求混合型通货膨胀理论

供求混合型通货膨胀理论认为，通货膨胀是由需求拉动和成本推进共同起作用而引发的。该理论认为，在现实经济社会中，很难分清通货膨胀究竟是需求拉动造成的，还是成本推进造成的，单纯将通货膨胀的原因划分为“需求拉动”或“成本推进”都是不准确的。通货膨胀既有来自需求方面的因素，又有来自供给方面的因素，即所谓“拉中有推，推中有拉”。例如，通货膨胀可能从过度需求开始，但由于需求过度所引起的物价上涨会促使工会要求提高工资，因而转化为成本（工资）推进的因素。另外，通货膨胀也可能从成本开始，如迫于工会的压力而提高工资等。但是，如果不存在需求和货币收入的增加，这种通货膨胀过程是不可能持续下去的。因为，工资上升会使失业增加或产量减少，结果将会使“成本推进”的通货膨胀过程终止。由此可见，“成本推进”只有加上“需求拉动”才有可能产生一个持续性的通货膨胀，如图6－4所示。

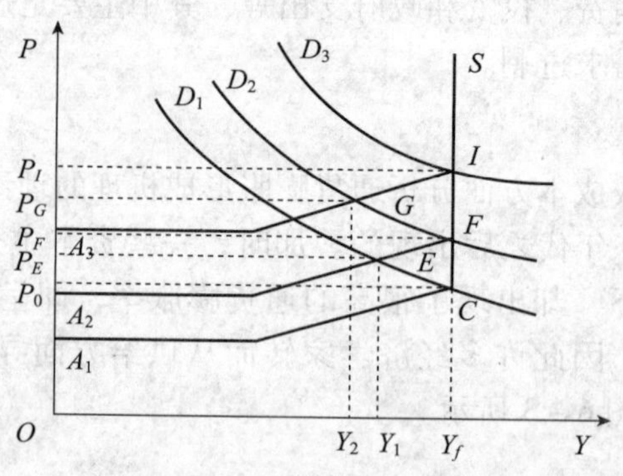

图6－4 供求混合型通货膨胀理论

（四）结构型通货膨胀理论

结构型通货膨胀理论认为，在没有需求拉动和成本推动的情况下，只是由于经济结构因素的变动，也会出现一般价格水平的持续上涨。该理论者把这种价格水平的上涨叫做结构性通货膨胀。

从生产率提高的速度看，社会经济结构的特点是一些部门生产率提高的速度快，另一些部门生产率提高的速度慢；从经济发展的过程看，社会经济结构的特点是一些部门迅速发展，另一些部门渐趋衰落；从与世界市场的关系看，社会经济结构的特点是一些部门（开放部门）与世界市场的联系十分密切，另一些部门（非开放部门）与世界市场没有密切联系。现代社会经济结构不容易使生产要素从生产率低的部门转移到生产率高的部门、从渐趋衰落的部门转移到迅速发展的部门、从非开放部门转移到开放部门，但是生产率提高慢的部门、正在趋向衰落的部门和非开放部门在工资和价格问题上都要求"公平"，要求向生产率提高快的部门、正在迅速发展的部门和开放部门"看齐"，要求"赶上去"，结果导致一般价格水平的上涨。

二、通货膨胀的影响

通货膨胀不仅影响人们的日常生活，而且影响社会经济的各个方面，这种影响的大小，一方面取决于通货膨胀的严重程度；另一方面取决于人们对通货膨胀的预期。一般来说，通货膨胀对社会经济的影响包括以下方面。

（一）严重影响民生，对低收入家庭危害至深

不同的社会主体由于在社会经济结构中的角色不同，其收入来源存在巨大差异。在通货膨胀时期，不同阶层的人们，其名义货币收入虽然没有变化，但由于物价的上涨，其实际收入会产生不同的变动，有的会下降，有的会提高。这种由于物价上涨造成的财富、收入再分配，通常被称为通货膨胀的收入分配效应。通货膨胀"劫贫济富"的收入再分配效应比较明显，低收入家庭是通货膨胀的最大受害者。一方面是因为食品类价格上涨是本轮通货膨胀的主力军，而收入越低的家庭恩格尔系数越高，食品价格上涨对其福利损害程度就越深。另一方面是因为低收入者的消费在收入中占据较大比重，以消费品和必需品为主，而这部分消

费品往往缺乏价格弹性，低收入者不能像高收入者那样，通过资产的保值和增值来抵御通货膨胀。

◇ 课堂讨论

在通货膨胀时期，金银饰品、面粉、普通蔬菜、保健品、大米的物价上涨幅度一样。你认为这种说法对吗？请说明理由。

知识链接

恩格尔系数

恩格尔系数（Engel's Coefficient）是食品支出总额占个人消费支出总额的比重。

（二）扩大财产差距，增加居民不公平感

通货膨胀伴随的资产价格大幅上涨（如股市和楼市）迅速扩大了居民财产性收入的差距，进而扩大收入分配差距，加剧了低收入群体的不公平感。同时，也刺激了居民对各类资产追逐的热情。有资料显示，现在居民甚至把手头空闲的货币去投资房地产，买房子、黄金来抵御货币的贬值，以及“钱越来越不值钱”的状况。这种投资热情进一步推动资产价格的上涨，使资本市场系统性风险正在聚集，如果任由资产价格泡沫风险发展成为系统性风险，必将危及社会稳定。

（三）扰乱市场秩序

通货膨胀导致价格系统紊乱，打乱了市场机制的一切有效秩序，干扰了市场信号的传递并使信号失真，造成资源配置失调，降低经济效率并使经济陷于不稳定状态。各种投机势力蜂拥而至，对各种商品物资进行投机炒作，哄抬价格，造成市场秩序混乱。

（四）恶性通货膨胀引发社会经济危机

当物价总水平的持续上涨超过一定界限从而实现恶性通货膨胀时，就有可能引发社会经济危机。

◇ 技能训练

搜集20世纪80年代起我国通货膨胀对经济产生的危害资料。

恶性通货膨胀会使正常的生产经营难以进行。在物价飞涨时，产品销售收入往往不足以补进必要的原材料；同时，地区之间上涨幅度极不均衡也是必然现象，这就会造成原有的商路被破坏和流通秩序的紊乱；迅速上涨的物价，使债务的实际价值下降，如果利息率的调整难以弥补由于物价上涨所造成的货币债权损失，正常信用关系也会极度萎缩。恶性通货膨胀只是投机盛行的温床，而投机是经济机体的严重腐蚀剂。

恶性通货膨胀会引起突发性的商品抢购和挤兑银行的风潮，它所造成的收入再分配和人民生活水准的急剧下降则会导致阶级冲突的加剧，这一切的后果往往会带来政治的动荡。

最严重的恶性通货膨胀会危及货币流通自身，纸币流通制度不能维持，金银贵金属会重新成为流通、支付的手段，经济不发达地区则会迅速向经济的实物化倒退。

三、通货膨胀的治理

当通货膨胀对社会安定产生重大影响和对政府的压力过大时，政府往往采取各种缓解通货膨胀的治理政策，综观世界各国治理通货膨胀的实践，无外乎是在抑制需求、刺激供给，以及调整经济结构和调整收入分配方面采取措施。

（一）抑制需求

由于通货膨胀的一个直接原因是总需求大于总供给，因此当经济运行中出现大的通货膨胀压力时，政府往往采取紧缩性的财政政策和货币政策，以抑制过旺的总需求。这种双紧的政策通常很容易奏效，但是其缺点是容易造成失业率的上升。

运用财政政策来治理通货膨胀主要是通过以下方式。① 增加税收，使企业和个人的利润与收入减少，从而使其投资和消费支出减少。② 削弱政府的财政支出，消除财政赤字、平衡预算，从而消除通货膨胀的隐患。③ 减少政府转移支付，减少社会福利开支，从而起到抑制个人收入增加的作用。

运用货币政策抑制通货膨胀主要通过以下两种途径来实现。① 降低货币供应量的增长率。只有控制货币供应量的增长率，使之与总产出的增长大体保持一致，才能抑制“太多的货币追逐太少的商品”这一现象的蔓延。② 提高利率。利率的上升会促使人们减少消费需要而把更多的收入用于储蓄；同时，伴随着利率的提高，投资的成本也不断地上升，这又会对投资需求起到抑制作用。

（二）刺激供给

供给学派认为，治理通货膨胀，摆脱滞胀困境，治本的方法是着力增加生产和供给。增加生产意味着经济增长，这样可以避免单纯依靠紧缩总需求引起衰退的负面效应。增加供给就满足了过剩的需求，从而克服通货膨胀。要增加生产和供给，首先是减税。供给学派认为，增加供给的关键措施就是减税，减税可以提高人们的储蓄和投资能力与积极性。其次是削减政府开支增长幅度，争取平衡预算，消灭财政赤字，并缓解对私人部门的挤出效应。再次是限制货币增长率，保证人们储蓄与投资的实际效益，增强其信心与预期的乐观性。最后，改善劳动市场结构的人力资本政策也是针对供给方面治理通货膨胀的措施之一。其主要包括对劳动者进行再就业的训练；提供有关劳动力市场的信息，减少对就业和转业的限制，指导和协助失业人员寻找工作；优先发展劳动密集型和技术熟练要求程度较低的部门，以及扩大就业，使失业人员从对社会有益的事业中得到训练和培养，提高就业能力。

（三）收入紧缩政策

收入紧缩政策的主要内容是采取强制性或非强制性手段，限制工资的提高和垄断利润的获取，抑制成本推进的冲击，从而控制一般物价上升幅度。

（1）工资管制。政府以法令或政策形式对社会各部门和企业工资的上涨采取强制性的限制措施。其办法包括：① 道义规劝和指导；② 协商解决；③ 冻结工资；④ 开征工资税。

（2）利润管制。政府以强制手段对可获得暴利的企业利润率或利润额实行限制措施，防止大企业或垄断性企业任意抬高产品价格，从而抑制通货膨胀。其办法主要包括：① 管制利润率；② 对超额利润征收较高的所得税，一些国家还制定反托拉斯法，限制垄断高价，并对公用事业和国有企业的产品与劳务实行直接价格管制。

（四）收入指数化政策

收入指数化政策又称指数联动政策，使工资、利息、各种债券收益，以及其他货币收入按照物价水平的变动进行调整。其作用主要有以下 4 方面。

（1）能借此剥夺政府从通货膨胀中获得的收益，杜绝其制造通货膨胀的动机。

（2）可以消除物价上涨对个人收入水平的影响。

（3）可稳定通货膨胀环境下微观主体的消费行为，避免出现抢购囤积商品、储物保值等加剧通货膨胀的行为。

（4）可割断通货膨胀与实际工资、收入的互动关系，稳定或降低通货膨胀预期，从而抑制通货膨胀。

◇ 同步检测（单项选择题）

1. 下列说法正确的有（　　）。

A. 只有恶性通货膨胀才会对经济造成伤害

B. 通货膨胀总是与经济增长并存

C. 通货膨胀总是与经济衰退并存

D. 通货膨胀成因不同，治理措施也就不同

2. 根据通货膨胀的成因，可将其划分为（　　）。

A. 需求拉动型通货膨胀

B. 成本推进型通货膨胀

C. 结构型通货膨胀

D. 以上划分均正确

项目二　通货紧缩概述

知识目标

1. 掌握通货紧缩的含义、度量与分类。
2. 掌握通货紧缩的成因，以及对经济的影响。

能力目标

1. 能够根据经济运行数据，判断经济是否处于通货膨胀或通货紧缩。
2. 能够针对具体的通货紧缩提出解决对策。

案例导入

经济报告显示：日本经济陷入“通货紧缩”

新华网消息：日本政府 2009 年 11 月 20 日公布了 11 月月度经济报告。日本媒体认为，该报告事实上宣布了日本经济已经陷入物价持续下滑的“通货紧缩”。据日本《产经新闻》报道，这是政府自 2006 年 6 月以来，时隔 3 年 5 个月后再次作出通货紧缩的判断。但是，日本银行（央行）在同日召开的金融政策决定会议上，不仅上调了经济预期，而且否认经

济出现通货紧缩。日本政府与日本银行在经济认识和通货紧缩对策上显现出分歧。

1. 居民消费价格指数持续回落

副首相菅直人在向内阁阁僚会议提交的报告中，作出了因居民消费价格指数持续回落，"出现轻微通货紧缩"的判断。日本银行总裁白川方明在会见记者时，针对政府作出的通货紧缩判断表示，"关于物价持续下滑这一点，日本银行与政府的看法没有什么不同，但（有关通货紧缩的）定义有很多"，不承认经济出现通货紧缩。

2. 物价下滑冲击各行各业

另据日本《每日新闻》11月21日报道，政府20日认定日本经济时隔3年5个月后再次出现"通货紧缩"。在出口的主导下，日本曾经实现过战后最长的经济复苏，但当前由于金融危机导致美欧消费锐减，企业的设备和人员开始出现过剩。就业的不稳定导致了消费低迷，越来越多的企业为应对价格竞争，撤掉国内生产据点，裁减人员。如果这种趋势长期下去，物价的下滑将导致经济进一步恶化。

资料来源：http：//news. xinhuanet. com/world/2009 - 11 - 23.

问题：

1. 什么是通货紧缩？
2. 你认为案例中描述的日本经济是否出现了通货紧缩？

任务一　理解通货紧缩的含义、度量与分类

一、通货紧缩的含义

对于通货紧缩的含义，和通货膨胀一样，目前在国内外还没有统一的认识，从争论的情况来看，大体可以归纳为以下3种。

（1）单要素论。该理论也是主流观点，认为通货紧缩就是物价的全面持续下降。例如，萨缪尔森和诺德豪斯在其《经济学》第十六版中这样定义通货紧缩：通货紧缩是指物价总水平的持续下跌。

（2）双要素论。该理论认为，通货紧缩是一种货币现象，表现为价格的持续下跌和货币供给量的连续下降。即价格水平下降＋货币供应幅度下降。例如，在西方流行的经济学辞典中，货币主义代表人物D. 莱德勒在《新帕尔格雷夫财政金融大辞典》中对"通货紧缩"的定义是：通货紧缩是一种价格下降和货币升值的过程，它是和通货膨胀相对的。

（3）三要素论。该观点认为，通货紧缩是经济衰退的货币表现，因而必须具备3个基本特征：① 物价的普遍持续下降；② 货币供给量的连续下降；③ 有效需求不足，经济全面衰退。

◇ 课堂讨论

通货膨胀与通货紧缩的异同是什么？

从以上介绍可以看出，尽管对通货紧缩的定义是有争论的，但对于物价的全面持续下降这一点却是共同的。一般来说，单要素论的观点对于判断通货紧缩发生及其治理更为科学一

些。这是因为，通货紧缩作为通货膨胀的反现象，理应反映物价的变动态势，价格的全面、持续下降，表明单位货币所反映的商品价值在增加，是货币供给量相对不足的结果。也就是说，货币供给不足可能只是通货紧缩的原因之一，因此双要素论的货币供给下降的界定，将会缩小通货紧缩的范围。而三要素论中的经济衰退，一般是通货紧缩发展到一定程度的结果，用经济衰退的出现来判断通货紧缩已经太晚了。

综上所述，编者认为，通货紧缩是一段时期内"价格总水平的下降"或"价格总水平的持续下降"。

二、通货紧缩的测度

既然通货紧缩是指物价水平的全面持续下降，那么判断通货紧缩的程度就必须解决两个问题：用什么指标来测度物价水平的变化；连续下降多长时间才可看做持续下降。

反映物价总水平变化的指标，最为常见的有3种：国民生产总值物价平减指数、生产者物价指数和消费者物价指数。在前面通货膨胀部分，对其内容已作了较为详细的介绍，在此不再赘述。在此要说明的是，依据不同的价格指数来进行判断，会得出不同的结论，因为不同的价格指数在抽样时覆盖的商品范围不同，不同产品的价格变动对货币变动的反应时滞也不同（生产者物价指数的反应快于消费者物价指数），而且不同价格指数的测算都会存在各自的误差。应该说，3 种价格指数都可以作为测度指标，但综合分析，为了进行国际比较和考虑对居民的影响程度，采用消费者物价指数可能更合适一些。

消费者物价指数又有两种：一种是同比价格指数；另一种是环比价格指数。这两种价格指数对于判断价格走势，有时是一致的，有时会出现差异。对于一般的分析判断，可以用同比价格指数，但据此得出的结论，对于轻度的通货紧缩可能不太准确。对于专业分析，用环比价格指数来衡量和判断通货紧缩的出现与程度更为合理、准确，但限于统计资料的不足，用环比价格指数时要对统计数据进行专业调整。

经济运行是一个动态的过程，难免会有偶然事件的发生。如果因为突发事件导致物价的下降，而据此界定通货紧缩无疑是荒谬的。那么需要多长时间才能确认发生了通货紧缩，这是一个需要繁杂论证和计算的课题，但有一个基本的标准是可以肯定的，那就是这个时间至少应长到能够判定物价的下降并非偶然因素所致。而这又与人们对经济形势的认识紧密联系在一起，因此它将是一个不断缩短的量值。从我国目前的情况看，如果价格水平连续 2 ～ 3 个季度以上的下降就应视为持续下降。

三、通货紧缩的类型

按照不同的标准，通货紧缩可以划分为不同的类型。

（一）根据对经济的影响程度划分

根据对经济的影响程度划分，通货紧缩可以分为轻度通货紧缩、中度通货紧缩和严重通货紧缩。

这三者的划分标准主要是物价绝对下降的幅度和持续的时间长度。一般来说，轻度通货紧缩是物价出现负增长，但幅度不大（如 -5%），时间不超过两年；中度通货紧缩是物价下降幅度较大（如在 -5% ～ -10%），时间超过两年；严重通货紧缩是物价下降幅度超过两位数，持续时间超过两年甚至更长时间。20 世纪 30 年代世界性的经济大萧条所对应的通货紧缩，就属于严重通货紧缩。

（二）按照产生的原因不同划分

按照产生的原因不同划分，通货紧缩可以分为需求不足型通货紧缩和供给过剩型通货紧缩。

所谓需求不足型通货紧缩，是指由于总需求不足，使正常的供给显得相对过剩而出现的通货紧缩。由于引起总需求不足的原因可能是消费需求不足，投资需求不足，也可能是国外需求减少，或者几种因素共同造成的不足。因此，依据造成需求不足的主要原因，可以把需求不足型的通货紧缩细分为消费抑制型通货紧缩、投资抑制型通货紧缩和国外需求减少型通货紧缩。

所谓供给过剩型通货紧缩，是指由于技术进步和生产效率的提高，在一定时期产品数量的绝对过剩而引起的通货紧缩。这种产品的绝对过剩只可能发生在经济发展的某一阶段，如一些传统的生产、生活用品（像钢铁、落后的家电等），在市场机制调节不太灵敏，产业结构调整严重滞后的情况下，可能会出现绝对的过剩。这种状态从某个角度来看，并不是一个坏事，因为它说明人类的进步，是前进过程中的现象。但这种通货紧缩如果严重的话，则说明该国市场机制存在较大缺陷，同样会对经济的正常发展产生不利的影响。

（三）按照通货紧缩的后果划分

以通货紧缩的后果为标志，通货紧缩可分为危害型通货紧缩和无害型通货紧缩。

危害型通货紧缩又称无益型通货紧缩，是指由于生产能力过剩和需求低迷所导致的通货紧缩，表现为实际产出与潜在生产能力之间的“产出缺口”不断扩大。这类通货紧缩不仅降低总体物价水平，而且减少了总产出，极大地损害经济发展，甚至引起社会危机。

无害型通货紧缩又称技术进步型通货紧缩，这种通货紧缩最重要的现象是价格水平下降，但总产出水平增加，它常常是由于技术进步加快，降低了生产成本，从而促进了产品价格下降所致。其对经济发展是有益的。

（四）按照通货紧缩是否可以预期划分

通货紧缩以是否可以预期为标志，可以分为预期型通货紧缩和非预期型通货紧缩。

1929—1933 年大危机之前发生的通货紧缩大都是未被预期的。第二次世界大战以后，资本主义各国发生的通货紧缩多数为预期型的。20 世纪 90 年代日本、韩国及东南亚各国发生的通货紧缩基本上都是在经济过热和泡沫经济之后发生的，是早已被理智的政府和经济界人士所预料的。

◇ 同步检测

1. 判断题

（1）物价下降就一定是通货紧缩。 （ ）

（2）通货紧缩没有办法被预期。 （ ）

（3）通货紧缩对经济的影响程度是不同的。 （ ）

任务二　了解通货紧缩的成因、影响与治理

一、通货紧缩形成的原因

（一）经济周期因素

经济周期达到繁荣的高峰阶段，生产能力大量过剩，产品供过于求，可引起物价下跌，出现经济周期型通货紧缩。很多国家的通货紧缩是在严重的通货膨胀经过长时间的治理结束后开始出现的。在通货膨胀时期，扭曲的价格信号导致投资大量增加，高投资造成经济过热，出现生产能力过剩、产品供大于求，导致价格持续下降。

（二）经济结构失衡

通货紧缩不仅仅是社会总供给大于总需求在总量上的失衡，而且还是一种结构上的失衡，主要体现在供给结构不合理。如果一国的产业结构并未随社会供求总量的变化而及时升级调整，使很多传统的旧产业供大于求，其产品出现过剩，而新的产业由于发展过慢、价格过高，从而抑制了人们的有效需求，出现一种结构上的生产过剩。我国的通货紧缩就是在摆脱原来短缺经济状态，进入产业结构调整时期的背景下产生的。

另外，由于前期经济中的盲目扩张和投资，造成了不合理的供给和过多的无效供给，当积累到一定程度时必然会加剧供求之间的矛盾，一方面许多商品无法实现其价值会迫使价格下跌，另一方面大量货币收入不能转变为消费和投资，减少了有效需求，就会导致结构型通货紧缩。

（三）货币因素

长期以来，经济学界一度认为，通货紧缩对经济的威胁小于通货膨胀对经济的威胁。例如，米尔顿·弗里德曼认为，“通货紧缩是世界上最容易避免的事情，只要印刷更多的钞票就可以了。”在这种思想的影响下，中央银行往往更多地关注通货膨胀的问题，而忽视了通货紧缩的问题。当通货膨胀问题得到解决后，如果中央银行继续采取紧缩的货币政策，使大量商品流向市场，就可能产生物价的持续下跌，导致通货紧缩。

（四）技术进步因素

技术进步与创新提高了生产力水平，放松管制使生产成本下降，造成了生产能力过剩。在供给大于需求的情况下物价下跌不可避免。如果这种供给大于需求的情况不能得到及时调整而持续存在，则物价下跌的趋势也会相应持续下去，这样就会出现通货紧缩。

（五）国际市场影响

国际市场的动荡会引起国际收支逆差或资本外流，形成外部冲击性的通货紧缩压力。一国实行盯住强币的汇率制度时，本币汇率高估，会减少出口，扩大进口，加剧国内企业经营困难，促使消费需求趋减，导致物价持续下跌，所以本币汇率高估也会引起外部冲击性的通货紧缩。

（六）心理预期因素

当预期的实际利率进一步降低和经济走势不佳时，消费和投资会出现有效需求不足，导

致物价下跌，形成需求拉动型通货紧缩。金融体系的效率低下或信贷扩张过快导致出现大量不良资产和坏账时，金融机构“惜贷”或“慎贷”引起信用紧缩，也会减少社会总需求，导致通货紧缩。

二、通货紧缩对经济的影响

一般来说，通货紧缩和通货膨胀一样，同样是极具破坏力的，被称为经济的杀手。通货紧缩对社会经济发展的影响是复杂的，通货紧缩的原因、程度不同，其对经济的影响也有所不同，具有双重性。

（一）严重的、持续时间较长、范围较广的通货紧缩是经济的“杀手”

首先，从消费者角度，通货紧缩持续下去，消费者会产生对消费品价格下降的预期，从而更多地推迟购买，造成消费疲软。从投资者角度，通货紧缩将使投资产出的商品未来价格低于当前预期，导致利润下降，促使投资者更加谨慎，或者推迟原有投资计划。消费和投资的下降减少了总需求，从而带来经济的衰退。

其次，物价的下跌还会提高实际利率，加重债务人的负担。银行则出现大量坏账，甚至因“金融恐慌”和存款人挤兑而被迫破产。个人因担心银行倒闭更倾向于持有现金，从而导致“流动性陷阱”的产生，并因而造成经济持续衰退，失业率进一步提高。

◇ 课堂讨论

通货紧缩是对穷人有利还是对富人有利？

（二）温和的、持续时间较短、范围不大的通货紧缩有利于经济的发展

温和的、持续时间较短、范围不大的通货紧缩所造成的商品价格下降，必然迫使一个国家进行产业结构升级，淘汰落后产能。对企业来说，有助于企业技术投入和创新，改进产品和服务的质量，提高生产率，促进经济发展。

三、通货紧缩的治理

由于在通货紧缩条件下，一般物价水平低于其合理的水平，因此治理通货紧缩的直接目标是促使物价回到正常的水平。在治理通货紧缩这个问题上，各国经济学者主张不一，但是总体来看，在以下 4 个方面都达成了共识。

（一）财政政策的运用

实施积极的财政政策意味着扩大财政支出的结构，以增大财政支出的“乘数效应”。扩大财政支出可以发挥其在社会总支出中的作用，弥补个人消费需求不足造成的需求减缓，起到“稳定器”的作用。优化财政支出结构，使财政支出能最大化地带动企业或私人部门的投资，以增加社会总需求。

（二）货币政策的运用

实施积极的货币政策要求中央银行及时做好货币政策的微调，适时增加货币供应量，降低实际利率，密切关注金融机构的信贷行为，通过灵活的货币政策促使金融机构增加有效贷款投放量，从而增加货币供给。

（三）收入政策的调整

如果消费需求不足主要是中下层居民的收入过低，那么通过相关收入政策的调整，建立健全社会保障体系，适当改善国民收入的分配格局，提高中下层居民的收入水平和消费水平将有助于通货紧缩的治理。

（四）调整经济结构

调整信贷结构，扩大信贷范围，加大信贷资金的投入。近年来，我国银行存款的超常增长和贷款增长相对缓慢，是通货紧缩继续发展的重要原因。解决这一问题的主要办法一，首先是要确定新的消费热点，引导居民扩大消费需求；其次是要确定正确的投资方向和投资重点，加大信贷支持力度。从目前来看，既要有重点地支持国家基础设施项目的建设和高新技术产业的发展，又要根据新的消费热点扩大消费信贷；既要继续增加对国有企业的贷款投入，以支持国有企业改革转制，又要加大对非国有经济的贷款扶持。

（五）改变预期

与通货膨胀一样，公众对通货紧缩发展前景的预期在很大程度上影响着政府各项反通货紧缩的效果。因此，政府有必要通过各种宣传手段，说服公众相信政府各项反通货紧缩政策的正确性和有效性，鼓励公众对未来经济发展趋势的信心。

◇ 同步检测题（判断并说明理由）

1. 对于通货紧缩，要采取紧缩的财政政策。（　　）
2. 通货紧缩对债权人有利，对债务人不利。（　　）
3. 治理通货膨胀和通货紧缩，都要改变人们对经济的预期。（　　）

实训任务

一、基础知识实训

（一）单项选择题

1. 下列关于通货膨胀的表述中，不正确的是（　　）。

A. 通货膨胀是物价持续上涨　　B. 通货膨胀是物价总水平的上涨

C. 通货膨胀是指物价的上涨　　D. 通货膨胀是纸币流通所特有的

2. 通货膨胀时期债权人将（　　）。

A. 增加收益　　B. 损失严重

C. 不受影响　　D. 短期损失、长期收益更大

3. 我国目前主要是以（　　）反映通货膨胀的程度。

A. 居民消费价格指数　　B. GDP 平减指数

C. 生产者物价指数　　D. GNP 平减指数

4. 成本推动说解释通货膨胀时的前提是（　　）。

A. 总需求给定　　B. 总供给给定　　C. 货币需求给定　　D. 货币供给给定

5. 在完全竞争市场上，不可能产生的通货膨胀类型是（　　）。

A．需求拉动的通货膨胀　　B. 结构性通货膨胀

C．成本推进的通货膨胀　　D. 预期型通货膨胀

6. 对于需求拉动型通货膨胀，调节和控制（　　）是关键。

A. 社会总需求　B. 收入分配　C. 财政收支　D. 经济结构

7. 下列各项政策中，（　）可以解决通货膨胀中收入分配不公的问题。

A. 限价政策　B. 指数化政策　C. 减税政策　D. 增加供给的政策

8. 通货膨胀对策中，压缩财政支出属于（　）。

A. 改善供给　B. 紧缩性收入政策　C. 收入指数化政策　D. 紧缩性财政政策

9. 下列（　）不属于通货紧缩有害的方面。

A. 储蓄增加的同时个人消费相应减少

B. 实际利率上升，债务人负担加重

C. 实际利率上升，投资吸引力下降

D. 促进企业在市场竞争中为占领市场份额而运用降价促销战略

10. 下列（　）说法明显是错的。

A. 物价水平的持续下降意味着实际利率的上升，投资项目的吸引力下降

B. 物价水平的持续下降意味着货币购买力不断提高，消费者会增加消费，减少储蓄。

C. 通货紧缩可能引发银行业危机

D. 通货紧缩制约了货币政策的实施

（二）多项选择题

1. 有关通货膨胀描述正确的是（　）。

A. 在纸币流通条件下的经济现象　B. 货币流通量超过货币必要量

C. 物价普遍上涨　D. 货币贬值

2. 度量通货膨胀的程度，主要采取的标准有（　）。

A. 消费者物价指数　B. 生产者物价指数

C. 国内生产总值平减指数　D. 零售商品物价指数

3. 由供给因素变动形成的通货膨胀可以归结为两个原因（　）。

A. 工资推进　B. 价格推进　C. 利润推进　D. 结构调整

4. 治理通货膨胀可采取紧缩的货币政策，主要手段包括（　）。

A. 通过公开市场购买政府债券　B. 提高再贴现率

C. 通过公开市场出售政府债券　D. 提高法定准备金率

5. 根据形成原因可将通货膨胀分为（　）。

A. 需求拉动型通货膨胀　B. 体制型通货膨胀

C. 成本推动型通货膨胀　D. 结构型通货膨胀

（三）判断题

1. 使用 GDP 平减指数衡量通货膨胀的优点是其能度量各种商品价格变动对价格总水平的影响。（　）

2. 需求拉动论解释通货膨胀时是以总供给给定为前提的。（　）

3. 工资与价格螺旋上涨引发的通货膨胀是需求拉动型通货膨胀。（　）

4. 所谓通货膨胀促进论，是指通货膨胀具有正的产出效应。（　）

5. 一般来说，通货膨胀有利于债权人而不利于债务人。（　）

6. 需求拉动论认为，通货膨胀的原因是产品成本的提高，因而推动着物价上涨。（　）

7. 通货膨胀得以实现的前提是现代货币供给的形成机制。（　）

8. 通货紧缩时物价下降，使货币购买力增强，居民生活水平提高，对经济有利。（　）

9. 经济学的稳定目标中应包含不要陷入通货紧缩的要求。（　）

10. 普遍、持续的物价下降意味着单位货币购买力的不断上升，对投资者来说，意味着投资成本降低，对经济发展是有利的。（　）

（四）名词解释

1. 通货膨胀　2. 需求拉动型通货膨胀　3. 成本推动型通货膨胀　4. 结构型通货膨胀　5. 供求混合型通货膨胀　6. 通货紧缩

（五）问答题

1. 如何理解通货膨胀？

2. 度量通货膨胀的方法有哪些？比较这些方法的特点。

3. 简述需求拉动型通货膨胀的形成过程。

4. 简述成本推动型通货膨胀的运行过程。

5. 分析通货膨胀对经济的影响。

6. 根据通货膨胀的类型，分析通货膨胀的治理对策。

（六）论述题

1. 试论通货紧缩的影响与治理措施。

2. 分析通货膨胀对经济的影响。

二、技能实训

（一）课堂讨论

按授课班级分成若干个小组，选择以下问题展开讨论。

1. 从实际情况出发，讨论你对通货膨胀的认知。

2. 搜集我国2005—2013年居民消费物价指数、生产者物价指数的有关数据，分析我国物价变化情况。

3、运用通货膨胀的基本理论知识判断物价未来趋势，提出相应的宏观调控措施。

（二）案例分析

阅读以下材料，并回答问题。

塞尔维亚的通货膨胀

南斯拉夫贝尔格莱德，在卢纳商店，一个巧克力棒值600万第纳尔。短短的一则通告指示：“物价提高90%。”这家店在世界其他地方只能算一个小本经营店，要不是店里的计算机不能处理3位数变动，物价甚至应该上升到100%。

到现在为止，这是经理Nikolic先生3天内第二次提高价格。他用拖把挡住门，以防止讨价还价的顾客进来。计算机在标签纸上打印出新价格。经理和两个助手忙着把纸撕下来并粘到货架上。他们以前是把价格直接贴到物品上，但物品上贴了这么多标签，让人很难弄清哪个是新标价。

4个小时之后，拖把从门口拿走了。顾客进来，揉揉眼睛看着标签，数一下上面有多少个零。当计算机打印出另一种商品价格时，Nikolic本人也看着，这是一台录像机。他自言自语说："是几十亿吗?"准确地说，是20 391 560 223第纳尔。他指着自己的T恤衫，T恤衫上印着一个词"不可思议"，这句话是对塞尔维亚经济的绝妙写照。"这简直是疯狂"，他说。

自从国际社会实行经济制裁以来，通货膨胀至少每天是10%。如果把这个数字换算成每年的比率则会有15个零——高到没有任何意义了。在塞尔维亚，在凯悦酒店1美元换到1 000万第纳尔，在共和国广告上急需用钱的人要1 200万第纳尔换1美元，而在贝尔格莱德地下社会控制的银行里要1 700万第纳尔换1美元。塞尔维亚人抱怨说，第纳尔和卫生纸一样不值钱。但至少在目前，卫生纸还很多。

据说隐蔽在贝尔格莱德一条道路后面公园中的政府印钞厂正在一天24小时印制第纳尔，以力图与加速的通货膨胀保持一致。反过来，无止境地印第纳尔又加速了通货膨胀。相信只要发钱就能安抚反对者的政府，需要第纳尔来为关门的工厂和机关中不工作的工人发工资。南斯拉夫需要钱购买农民的农产品，需要钱为走私掠夺和其他避开制裁的方法筹资，以便运进从石油到Nikolic店里的巧克力棒的每一种东西，也需要支持兄弟的塞尔维亚人在波黑和克罗地亚打仗。一位外汇交易者拿着500万张价值8亿第纳尔的钞票说："这些钞票是刚印出来的。"他说，他从一家私人银行得到这些钞票，私人银行是从中央银行得到的，而中央银行得自于印钞厂——这是把黑市和财政部联系在一起的一条罪恶管道。"这是集体疯狂"，外汇交易者一边说，一边诡异地笑着。

问题：

1. 根据本案例资料分析，通货膨胀发生后，社会上哪些人是主要的受害者?
2. 作为普通的社会一员，人们该如何应对通货膨胀?

通货紧缩困扰日本

早在20世纪90年代初经济泡沫破灭后不久，在日本经济运行与发展中就开始出现一系列通货紧缩性征象。对此，日本政府虽也一再告诫"日本经济正面临着陷入通货紧缩恶性循环的危险"，但始终都未承认日本经济已经处于通货紧缩状态。直到2001年3月16日讨论2001年3月《月例经济报告》的阁僚会议上，前森喜朗政府才公开认定，"现在的日本经济正处在缓慢的通货紧缩之中"。

根据日本官方的观点，日本经济出现的通货紧缩状态在战后还是第一次。以往物价下跌大多具有局部性和短暂性的特点，而目前日本的物价下跌却具有全面性和持续性的特点。即一方面表现为几乎全部或绝大部分商品的价格都同时呈现下跌态势，如在1999年和2000年，不仅综合批发物价指数分别比上年下跌了3.3个百分点和0.1个百分点，而且综合消费者物价指数也分别比上年下跌了0.3个百分点和0.7个百分点；另一方面还表现为物价下跌已成为日本经济运行与发展中的一种长期态势。如在1991—2000年的10年间，日本综合批发物价指数有8年呈下跌态势。尤其是综合消费者物价指数在1999年和2000年也出现了战后从未有过的连续两年下降的情况。进入2001年，日本物价总水平的下降趋势更加强烈，前6个月无论是批发物价还是消费者物价，月月都是负增长，其中消费者物价在5月份还创了单月下跌的最高纪录。

愈演愈烈的通货紧缩，已经并仍将对日本经济的运行与发展造成多层面的消极影响。首先，恶化了企业经营环境；其次，加剧了消费需求低迷；再次，加重了财政赤字危机。从

1997—2000 年度，日本的国税收入由 539 415 亿日元减少为 456 780 亿日元，3 年间减少了 15.2%。在导致税收减少的因素中，除政府为刺激经济回升而主动采取的减税政策外，物价下跌导致企业利润和个人收入的减少也是其重要原因。

问题：

1. 根据本案例中日本经济的运行情况，说明日本通货紧缩是如何造成的。
2. 对比日本的状况，思考我国是否出现过通货紧缩的现象。是什么原因造成的？

第七单元

剖析货币供求与货币政策

货币如水，没有水万事万物无法生长；在现代市场经济中，没有货币也是寸步难行。但是，水多了，流动性泛滥，会导致洪涝灾害；钱多了也是一样，能引起流动性过剩，轻者造成通货膨胀、资产泡沫，重者引发金融危机、社会动荡。因此，作为政府要制定货币政策，把货币关进笼子里。本单元探讨货币的供求，以及货币政策的目标、货币政策的工具和货币政策的实施。

项目一　货币供求问题概述

知识目标

1. 掌握货币需求的含义及影响因素。
2. 掌握货币供应量的含义及影响因素。
3. 理解货币供给层次的含义及划分的意义。

能力目标

1. 能够分析货币需求主体的业务活动对货币需求的影响。
2. 能够分析货币供给主体的业务活动对货币供给的影响 。

案例导入

年轻情侣的不同货币需求

骆明和小欣是一对感情不错的情侣，今年同时从一所名牌大学毕业，骆明进了某国家机关，待遇很不错，每个月可以拿 1 500 元左右工资，可惜遇到住房政策的改革，不能分到房子了，这是美中不足。而小欣进了一家国际贸易公司，作对外贸易工作，工资和奖金加在一起，每个月大概有 4 000 元。看来这对情侣的前途一片光明。不过前几天，他们为了将来存钱的问题大吵了一架。

骆明认为，现在他们刚刚大学毕业，虽然单位都不错，工资也不低，但将来用钱的地方还很多，所以要从毕业开始，除了留下平常必需的花费，以及预防发生意外事件的钱外，剩下的钱要定期存入银行，不能动用，这样可以获得稳定的利息收入，又没有损失的风险。而小欣大概是受到在外企工作环境的影响，她以为，上学苦了这么多年，一直过着很节俭的日子，现在终于自己挣钱了，考虑那么多将来干什么，更何况银行利率那么低。她说发工资以后，先要买几件名贵服装，再美美地吃上几顿。然后，她还想留下一部分钱用来炒股票，等着股市形势一好，立即进入。上大学时，看着别人炒股票她一直很羡慕，这次自己也要试试。但骆明却认为，中国股市行情太不稳定、运行不规范，所以最好不要进入股市，如果一定要做，那也只能投入很少的钱。

问题：

1. 根据案例中两个人的争论，说明有哪些货币需求动机。
2. 分析货币需求的决定因素，并给出货币的总需求函数。

任务一　了解货币需求的内涵及相关理论

一、货币需求的含义

在现代高度货币化的社会里，社会各部门需要持有一定的货币去媒介交换、支付费用、偿还债务、从事投资或保存价值，因此便产生了货币需求。货币需求通常表现为一国在既定时间上社会各部门所持有的货币量。通俗地说，货币需求是指在财富或收入一定的条件下，如果愿意持有更多的其他资产（如股票或房子），那么就要减少现金或银行存款（货币资产）。在这种鱼与熊掌不可兼得的选择中，一个人愿意或自愿持有的货币量就是其货币需求。这实际上是资产选择理论的具体化，受到人们的财富总额、各种资产的预期收益率、风险性、流动性等方面的影响。

对于货币需求含义的理解，需要把握以下方面。

（1）货币需求是一个存量的概念。货币需求考察的是在某个时点和空间内（如 1997 年底，中国），社会各部门在其拥有的全部资产中愿意以货币形式持有的数量或份额。而不是在某一段时间内（如从 1996 年年底到 1997 年年底），各部门所持有的货币数额的变化量。因此，货币需求是个存量概念，而非流量概念。

（2）货币需求量是有条件限制的，是一种能力与愿望的统一。货币需求以收入或财富的存在为前提，在具备获得或持有货币的能力范围之内愿意持有的货币量。因此，构成货币需求需要同时具备两个条件：必须有能力获得或持有货币；必须愿意以货币形式保有其财产。二者缺一不可，有能力而不愿意持有货币不会形成对货币的需求；有愿望却无能力获得货币也只是一种不现实的幻想。

（3）现实中的货币需求不仅包括对现金的需求，而且包括对存款货币的需求。因为，货币需求是所有商品、劳务的流通，以及有关一切货币支付所提出的需求。这种需求不仅现金可以满足，存款货币也同样可以满足。如果把货币需求仅仅局限于现金，显然是片面的。

（4）人们对货币的需求既包括了执行流通手段和支付手段职能的货币需求，也包括了执行价值储藏手段职能的货币需求。二者的差别只是持有货币的动机不同或货币发挥职能作用的不同，但都在货币需求的范畴之内。

◇ 课堂讨论

小张与小李在争论货币需求问题。小张说货币具有价值储藏功能，是财富代表、流通手段、支付手段，人们对货币的占有欲望是无限大的，因此货币需求和货币需求量是无限大的。小李认为小张说的不对。小李认为，人们要研究有效的货币需求量，并且以此为基础确定货币供给量才是有意义的。当然小李说得对，但你能帮小李说服小张吗？

二、货币需求的分类

（一）主观需求与客观需求

主观货币需求通常是指人们从主观愿望出发所产生的货币占有欲望或占有量。

客观货币需求是指人们在收入一定情况下愿意和能够占有货币的数量。

（二）微观需求与宏观需求

微观货币需求是指各经济主体在一定时期内因生活、生产等需要而占有货币的欲望或保有的货币量。

宏观货币需求是指一个国家在一定时期内因经济发展和商品流通需要而保有的货币量。

（三）名义需求与实际需求

名义货币需求是指不考虑物价上涨因素按现行价格计算的各经济主体对货币的需求量。

实际货币需求是指扣除物价上涨因素后各经济主体对货币的需求量。

三、影响货币需求的因素分析

由于不同国家在经济制度、金融发展水平、文化和社会背景，以及所处经济发展阶段的不同，影响货币需求的因素也会有所差别。现阶段影响货币需求的因素主要有以下方面。

（一）收入

在市场经济中，各微观经济主体的收入最初都是以货币形式获得的，其支出也都要以货币支付。一般来说，收入提高，说明社会财富增多，支出也会相应扩大，因而需要更多的货币量来满足商品交易。所以，收入与货币需求呈同方向变动关系。

（二）价格

在本质上，货币需求是在一定价格水平上人们从事经济活动所需要的货币量。在商品和劳务量既定的条件下，价格越高，用于商品和劳务交易的货币需求也必然增多。因此，价格和货币需求，尤其是交易性货币需求之间，是同方向变动关系。

（三）利率

由于利率的高低决定了人们持币机会成本的大小，利率越高，持币成本越大，人们就不愿持有货币而愿意购买生息资产以获得高额利息收益，因而人们的货币需求会减少；利率越低，持币成本越小，人们则愿意手持货币而减少了购买生息资产的欲望，货币需求就会增加。利率的变动与货币需求量的变动是反方向的。

（四）货币流通速度

货币流通速度是指一定时期内货币的转手次数。动态地考察，一定时期的货币总需求就是货币的总流量，而货币总流量是货币平均存量与速度的乘积。在用于交易的商品与劳务总量不变的情况下，货币速度的加快会减少现实的货币需求量；反之，货币速度的减慢则必然增加现实的货币需求量。因此，货币流通速度与货币总需求呈反方向变动关系。改革开放以来，我国的货币流通速度有减缓的趋势，客观上加大了货币需求量。

（五）金融资产选择

各种金融资产与货币需求之间有替代性。所以，各金融资产的收益率、安全性、流动性，以及公众的资产多样化选择，对货币需求量的增减都有作用。

◇ 思一思

现在人们习惯刷卡消费，这对货币需求量有何影响？

（六）信用的发达程度

一般来说，信用制度健全，信用比较发达集中，货币需求量较少；如果没有发达的信用制度，没有完善的金融市场，人们将保持更多货币在手中，所以信用的发达程度与货币的需求量呈负相关关系。

（七）人们的预期

人们的心理活动对货币需求的影响较复杂。① 当预期市场利率上升时，货币需求增加；反之，货币需求减少。② 当预测物价水平上升时，货币需求减少；反之，货币需求增加。③ 当预测投资收益上升时，货币需求减少；反之，货币需求增加。

四、货币需求函数的认知

（一）货币需求函数的含义

在现代经济学中，经济学家们通常用函数方式或方程式来表达一定的经济理论。为了分析货币需求量的决定及其变动规律，许多经济学家建立了货币需求函数。所谓货币需求函数，是将决定或影响货币需求的各种因素作为自变量，而将货币需求本身作为因变量建立的数量变化关系。

（二）货币需求函数的作用

货币需求函数主要有以下 3 个作用。

（1）分析各种因素对货币需求的不同影响，既包括影响的方向，也包括影响的程度。

（2）用于验证货币需求理论的某一结论。

（3）在取得相关资料的基础上，利用货币需求函数测算一定时期内全社会的货币需求量，以此作为制定货币政策、控制货币供给的根据。

五、货币需求理论

古往今来，经济学家从不同的角度探讨了货币需求问题，提出各种理论。这些理论大致分为以下两类。

（一）马克思的货币需求理论

马克思的货币需求理论集中反映在他的货币必要量公式中。

1. 金币流通需求规律分析

马克思的货币需求理论的假设条件是完全的金币流通。在此条件下，马克思进行了以下论证。

（1）商品价格取决于商品价值和黄金的价值，商品价值取决于生产过程，所以商品是带着价格进入流通的。

（2）商品数量和商品价格的多少，决定了需要多少金币来实现。

（3）商品与货币交换后，商品退出流通，货币仍留在流通中进行多次媒介商品交换，从而一定数量的货币流通几次，就可相应媒介几倍于它的商品进行交换。

执行流通手段的货币必要量=商品价格总额/同名货币的流通次数。如果用 M 表示货币必要量，用 Q 表示商品总量，用 P 表示商品价格，用 V 表示货币流通量，则上述公式可以表述为：

$$M = PQ/V \tag{7-1}$$

从公式（7-1）可以看出，流通中需要的货币量与商品价格的高低、商品总量的多少成正比关系，与货币流通速度（次数）成反比关系。所谓货币流通速度，是货币在一定时期内平均周转次数。在理论上，货币流通速度的大小很难把握，其主要取决于商品流通速度、交通运输速度和信用经济发展程度等。但在实际生活中，许多学者都认为它是一个相对稳定的量。只有社会制度或货币制度变化异常时，货币流通速度才表现出它的不稳定性。

2. 纸币流通规律

纸币是由金属货币衍生而来，并由国家强制流通；纸币本身没有价值，作为金币的代表，流通中无论有多少纸币，也只能代表客观所要求的货币量；商品价格水平会随纸币数量的增减而涨跌。如果纸币的发行量与流通中所需的货币量相适应，则单位纸币就与单位货币具有相同的购买力。如果纸币发行量小于流通中所需的货币量，则单位纸币就会升值，大于单位货币的购买力，从而引起物价下降，商品滞销，市场疲弱，这种现象叫做通货紧缩。如果纸币发行量大于流通中所需的货币量，则单位货币所代表的货币价值就会减少，从而引起纸币贬值，物价上涨，单位纸币的购买力下降，这种现象叫做通货膨胀。纸币的发行量与单位纸币代表的货币价值成反比，与物价上涨的程度成正比。

（二）西方货币需求理论

1. 古典学派的货币需求理论

古典学派的货币需求理论也称为货币数量理论，是一种关于货币数量与货币价值或物价水平之间关系的货币理论，其以货币数量的变化来解释货币价值或一般物价水平的变动。这种学说认为，在其他条件不变的情况下，一个国家的物价水平或货币价值，取决于这个国家向流通中投放的货币数量，货币数量的增减必将引起物价水平同方向、同比例的变动。

古典学派的货币数量学说是相对于弗里德曼的新货币数量理论而言的，这种理论产生得很早，流派也很多，其中有代表性的主要有现金交易数量学说和现金余额数量学说。

（1）现金交易数量学说。费雪的交易方程式又称为现金交易学说，美国经济学家费雪在1911年出版的《货币的购买力》一书中，提出了著名的交易方程式：

$$MV = PT \tag{7-2}$$

式中：M 为货币数量；V 为货币流转速度；P 为加权平均的一般物价水平；T 为交易总量。

假定在短期内，V 是稳定的，T 在一定时期内不变，得到货币数量 M 的变动将导致物价 P 的同比例、同方向的变动。货币数量的变动是因，一般物价水平的变动是果。

因此，费雪货币数量论表明：① 货币需求仅为收入的函数，利率对货币需求没有影响；

② 认为货币只有交易媒介功能；③ 混同金属货币与纸币在决定物价中的不同作用；④ V、T 不变的假设与现实不符。

由于该方程式强调货币的交易职能，故也被称为现金交易说。

（2）剑桥学派的现金余额学说。剑桥方程式又称为现金余额学说，是以马歇尔和庇古为首的英国剑桥大学经济学家创立的。庇古在马歇尔理论的基础上，提出了其著名的剑桥方程式：

$$M = KY$$

或

$$M = KPy \qquad (7-3)$$

式中：M 为货币需求量；K 为人们愿意以通货形式持有的财富占总财富的比例；P 为物价指数；y 为实际国民收入。

从形式上看，费雪的交易方程式和剑桥方程式之间并没有什么重大的区别，只不过是一个简单的数学变形。但是，从公式包含的经济意义角度来看，二者是有本质区别的。其发展为：① 把货币需求与经济主体的动机联系起来，从而成为真正的货币需求理论；② 除了研究货币的交易数量外，还研究了货币作为储藏手段的数量；③ K 为变量；④ 把货币作为一种资产，研究货币余额。

知识链接

现金交易方程式与现金余额方程式的区别

尽管从形式上看，现金交易方程式与现金余额方程式相差无几，并且皆认为货币量的变动为物价变动的原因，但是两者仍然存在以下区别。

（1）现金交易说的研究对象为一段时间内的货币流量；现金余额说强调的是在某一特定的时点上，人们持有的货币存量。

（2）现金交易说重视货币的交易媒介的功能；现金余额说重视的是货币的资产功能和储藏功能，把货币当成保存资产或财富的一种手段。

（3）现金交易说重视影响交易的货币流通速度、金融体制等客观因素，忽略了经济主体在金融市场上的主观意志；现金余额说强调人们主观的资产选择行为、人的意志、预期、心理因素的作用，这为以后的货币需求理论留下了发展的空间和契机。

2. 凯恩斯及其学派的货币需求理论

凯恩斯将货币需求区分为两部分或两种动机，即交易性货币需求、谨慎性需求 M_1 和投机性需求 M_2。交易性和谨慎性需求是指人们为了应付日常的商品交易，以及为了应付一些未曾预料的、不确定性支出而持有货币的动机，与收入水平有关，它是收入水平的递增函数。投机性货币需求又称流动性偏好需求，是指货币是一种最灵活的流动性资产，持有它可以根据市场利率的变化随时投机。投机性货币需求是市场利率（I）的递减函数。

因此，货币总需求的公式为：

$$M_d = L = M_1 + M_2 = L_1(Y) + L_2(I) \qquad (7-4)$$

式中：Y 为收入；I 为利率。

3. 货币主义的货币需求理论

1956 年，弗里德曼发表了名作《货币数量说——新解释说》，标志着现代货币数量论的诞生。弗里德曼认为，影响人们持有货币数量的因素主要有以下 3 类。

（1）财富是影响货币需求的重要因素。这里的财富是包括货币在内的各种资产的总和。同时，他又将总财富划分为人力财富和非人力财富两种形式。人力财富是指人们获取收入的能力；非人力财富是指物质财富。弗里德曼认为，人力财富对非人力财富的比率是影响货币需求的重要因素。因为，人力财富是流动性最差的财富，所以当人力资本占总财富的比重较大时，说明总财富的流动性就比较低，因此对流动性高的资本的需求就大。所以，人力资本在总财富中占的比例越大对货币的需求就越大；非人力财富在总财富中占的比例越大对货币的需求就越小。

（2）货币及其他各种财富的预期收益率是影响货币需求的另一个因素。持有货币的预期回报率不能简单地看成一个常数，它会随其他资产收益的变动而变动；其他资产的预期报酬率，即持有货币的机会成本。例如，股票和债券的收益包括两部分：首先是任何当期支付的所得或所支；其次是各种资产项目价格的变动。而实物资产的收益率是物价水平的变动率。

（3）其他因素，如财富所有者的特殊偏好等。

弗里德曼根据以上影响人们持有货币数量的因素提出了货币需求函数：

$$M_d/P = f(Y_p, W, r_m, r_b, r_e, 1/p \cdot dp/dt, \mu) \qquad (7-5)$$

式中：M_d/P 为实际货币需求；Y_p为实际恒久性收入，即财富；W 为非人力财富占个人总财富的比率；r_m为货币的预期名义收益率；r_b为固定收益的债券预期名义收益率，包括债券利息与资本利得；r_e为非固定收益的证券预期名义收益率；$1/P \cdot dp/dt$ 为商品价格的预期变化率，即实物资产的预期名义报酬率；μ 为反映主观偏好、社会风尚和客观的技术与制度等因素的综合变量。

◇ **资料卡**

在凯恩斯的货币需求函数中，收入为即期的实际收入水平；而在弗里德曼的货币需求函数中，收入则是具有高度稳定性的恒久收入，是决定货币需求的主要因素。所以，在凯恩斯的货币需求函数和弗里德曼的货币需求函数中，收入变量是不一样的。

◇ **同步检测题（判断正误并说明理由）**

1. 货币需求的模糊性为货币控制带来了困难。（　　）
2. 由于货币不是实际的生产要素，货币量过多或过少不会对经济产生实质性影响。（　　）
3. 剑桥方程式与交易方程式一样，研究的都是交易性货币需求。（　　）
4. 弗里德曼认为，人力财富在总财富中所占比例较高时，人们的货币需求会下降。（　　）
5. 在凯恩斯的货币需求函数和弗里德曼的货币需求函数中，收入变量是一样的。（　　）

任务二 了解货币供给的含义与层次及货币供给的过程

一、货币供给与货币供给量的含义

货币供给与货币供给量是两个有联系而又不同的概念。在现代信用货币制度下货币供给（Money Supply）是指一定时期内一国银行系统向经济中投入、创造、扩张（或收缩）货币的行为，是银行系统向经济中注入货币的过程。货币供给主要研究由谁来提供货币、提供什么货币、怎样提供货币和提供多少货币等问题，从而引出了货币供给的主体、货币的口径与层次、货币供给机制、货币供给的控制等诸多理论与实际问题。

货币供应量是指一国银行体系以外的企业、个人和外国所持有的通货及其他随时可自由支用的存款货币这两者的总和，它包括两个主要部分：现金和存款货币。其中，现金是由中央银行供给的，表现为中央银行的负债；存款货币是金融机构供给的，体现为商业银行的存款性负债。特别需要注意的是，货币供给量是流通在公众手中的货币资产，银行系统拥有但不能参与流通的货币是不能计入货币供给量的。

货币供给量又可分为名义货币供给量和实际货币供给量，前者是指一定时点上不考虑物价因素影响的货币存量；后者是指剔除物价因素之后的一定时点上的货币存量。人们通常所说的货币供给量一般都是名义货币供给量。货币供给量和货币供给是有区别的，货币供给是一种行为或过程，而货币供给量是货币的存量，但在不影响理解的前提下人们常常把货币供给量简单地称为货币供给。

二、货币供给层次

货币供给层次是指各国中央银行在确定货币供给的统计口径时，以金融资产流动性的大小作为标准，并根据自身政策的目的特点和需要，划分的货币层次。

划分货币供给层次的目的是：保证货币流通与商品流通的总量平衡；保证货币流通与商品流通的结构。科学的划分货币供给层次意义重大。然而，世界各国的银行业务不尽相同，国情不同，在货币供给层次的划分上有一定差异。

（一）国外货币供给层次的划分

在货币供给量的构成方面，大多数经济学家主张以流动性为标准划分货币供给层次，从而形成了 M_0、M_1、M_2、M_3等层次，层次越低，货币的流动性越强。

M_1 = 流通中的现金（M_0）+支票存款（转账信用卡存款）

M_2 = M_1 + 定期存款（储蓄存款）

M_3 = M_2 + 其他短期流动资产（如国库券、银行承兑汇票、商业票据等）

这种分类方法已为大多数西方国家的政府所接受。各国的中央银行都用多层次或多口径的方法来计算和定期公布货币供应量。当然，具体到各国的货币供给层次划分在此基础上又各有不同。

知识链接

美国的货币供给层次

美国联邦储备系统（美国的中央银行）现在公布4个层次的货币供应量指标，具体内容如下。

（1）$M_1=M_0$ + 旅行支票 + 活期存款 + 其他支票存款（如NOW，可转让支付命令账户）。M_0为流通中的现金，是第一层次的货币供给，流动性最强。

（2）$M_2=M_1$ + 储蓄存款（含货币市场存款账户）+ 小额（10万美元以下）定期存款（含零售回购协议）+ 零售货币市场共同基金余额（最低初始投资在5万美元以下）+ 调整项

（3）$M_3=M_2$ + 大额（10万美元以上）定期存款 + 机构持有的货币市场共同基金余额（最低初始投资在5万美元以上）+ 所有存款机构发行的回购负债（隔夜的和定期的）+ 欧洲美元（隔夜的和定期的）+ 调整项

（4）$L=M_3$ + 其他短期流动资产（如储蓄债券、商业票据、银行承兑票据、短期政府债券等）

（二）我国货币供给层次的划分

中国人民银行于1994年第三季度开始，首次正式确定并按季公布货币供应量指标。由于我国处于市场化发展和形成阶段，根据市场和社会的现实情况，我国在2001年7月对1994年的货币供给层次划分标准做了修订。根据修订的统计口径，中国目前的货币供应量层次如下。

第一层次M_0：流通中现金。

第二层次即狭义货币M_1：M_0 + 可开支票进行支付的单位活期存款。

第三层次即广义货币M_2：M_1 + 居民储蓄存款 + 单位定期存款 + 单位其他存款 + 证券公司客户保证金。

最新修订的口径将证券公司客户保证金计入广义货币M_2，是因为证券公司客户保证金主要来自居民储蓄和企业存款，认购新股时，大量的居民活期储蓄和企业活期存款转为客户保证金，新股发行结束后，大量未中签资金又流回上述存款账户，将客户保证金计入M_2，有利于准确监测货币供应量。与发达国家相比，我国的现金在交易中所占比重较大，将现金单独监测和管理具有重要意义。

知识链接

货币供给层次划分的意义

各国中央银行在确定货币供给层次时，一般遵循以下3条原则。

（1）流动性的强弱。

（2）与经济的相关性。

（3）不同时期的不同具体情况。

货币供给层次划分的目的，是为了考察各种具有不同流动性的资产对经济的影响，并选定一组与经济的变动关系最密切的货币资产作为中央银行控制的重点，便于中央银行进行宏观经济运行监测和货币政策操作。例如，M_0的变化主要反映并影响我国消费市场的供求和价格，与居民的生活联系密切；M_1反映的是居民和企业资金松紧变化，是经济周期波动的先行指标；M_2反映的是社会总需求变化和未来通货膨胀的压力状况。M_1对经济的影响比M_2更直接、更迅速，因为M_1是现实的购买力，它的变化将直接引起市场供求和价格的变化，而M_2由于没有直接的支付和转账功能，只有转化为M_1后才会产生这种影响。因此，对货币供给进行层次划分对保持货币政策时效性和宏观经济的稳定都具有十分重要的意义。

随着金融创新的发展，具有良好流动性的新型金融工具不断涌现，突破了传统的货币概念，货币层次的内涵和外延都发生了很大的变化，使按流动性来划分的货币层次的方法越来越复杂，如自动转账系统（ATS）、可转让支付命令（NOW）、定期存单（CDs）。可以预见，金融创新对货币供给层次划分的影响将不断深化。

三、货币供给过程分析

（一）货币供给过程的两个环节

货币供给的过程可分为两个环节：① 由中央银行提供的基础货币供给；② 商业银行进行的存款货币创造。这也被称为“货币供给的二级制”。

（二）货币供给过程的特点

现代信用货币制度下，货币供给过程具有3个特点：① 货币供给形成的主体是中央银行和商业银行；② 两个主体各自创造相应的货币，即中央银行创造现金通货，商业银行创造存款货币；③ 非银行金融机构对货币供给有重要影响。

银行系统供给货币的过程必须具备3个基本条件：① 实行完全的信用货币流通；② 实行存款准备金制度；③ 广泛采用非现金结算方式。

（三）中央银行供给基础货币

1. 基础货币

基础货币又称为强力货币或高能货币。从其来源看，是中央银行投放的并为中央银行所控制的货币；从其运用看，是由公众持有的现金和商业银行存款准备金之和。

如果用B代表基础货币，用C代表流通中的现金，用R代表商业银行在中央银行的存款准备金，则基础货币可以表示为：

$$B = C + R$$

商业银行在中央银行的存款准备金是中央银行的负债，包括法定准备金和超额准备金两个部分。

知识链接

法定存款准备金率与超额准备金

为了确保商业银行在遇到突然大量提取银行存款时，能有相当充足的清偿能力，各国的中央银行都会要求商业银行缴纳一定的法定准备金。所谓法定准备金，是指商业银行按照法律规定必须存在中央银行里的自身所吸收存款的一个最低限度的准备金，法定准备金的比例通常是由中央银行决定的，被称为法定存款准备金率。

所谓超额准备金，是超过法定准备金的准备金。超额准备金与存款总额的比例是超额准备金率。金融机构为适应资金运营的需要，保证存款支付和资金清算时有随时可调用的资金，按规定在中央银行开设存款账户，存入一定数量的准备金用于支付款项。由于这个存款账户和法定存款准备金使用同一个存款账户，因此超额准备金就是超过法定存款准备金要求数量以外保留的准备金，其应达到的数额用占其存款总额的比率来衡量。超额准备金和超额准备金率的高低由商业银行根据具体情况自行掌握。

2. 中央银行投放基础货币的渠道

中央银行提供的基础货币是通过其资产业务放出的，一般通过以下 3 条渠道。

（1）在外汇市场买卖外汇黄金，变动储备资产。

（2）在公开市场上买卖政府债券，变动对政府的债权。

（3）对商业银行办理再贴现或发放再贷款，变动对金融机构的债权。

（四）商业银行与存款货币的创造

1. 存款创造、原始存款与派生存款

在整个金融体系中，商业银行与其他金融机构的显著区别是只有商业银行才能经营活期存款业务并具有创造派生存款的能力。存款创造是在一定的条件下，一笔存款进入商业银行后，通过商业银行的贷放会导致银行体系存款总额成倍的增加。这种现象称为存款创造。

银行存款的来源可分为两种，一种是原始存款，即以现金方式存入银行的直接存款；另一种是派生存款（Derivative Deposit），即从银行的放款、贴现和投资行为中派生出来的存款，又称衍生存款。

2. 派生存款创造的条件

实现派生存款需要以下两个条件。

（1）部分准备金制度。准备金的多少与派生存款量直接相关。中央银行向商业银行提取的准备金占全部存款的比例称为存款准备金率，包括法定准备金率和超额准备金率。

（2）部分现金提取制度。所谓部分现金提取制度，是指银行客户不会把银行的存款或从银行获得的贷款全部提出来以现金形式保留。

3. 存款派生的过程

商业银行能够产生派生存款，使公众手中的货币供给量和原始存款相比有多倍效应。

为了直观理解商业银行存款货币的多倍创造效应，此处简单地做两个假设：① 商业银行的客户都将其全部货币收入存入商业银行的活期存款账户，不持有任何现金，且全部交易都使用非现金结算；② 商业银行按照法定准备金比率提取存款准备金后将余额全部以贷款形式放出或全部投资于有价证券，不存在超额准备金或准备金不足现象。

假定客户 A 新增的原始存款是 100 元，法定准备金率是 10%，则当 A 存入 100 元时，商业银行新增加的存款是 100 元，新增加的存款准备金是 10 元，商业银行可以发放的贷款为 90 元；当新增贷款 90 元时，根据假定这些贷款又会存入银行变成派生存款，商业银行因此就需要再缴纳存款准备金 9 元，剩下的 81 元又可以进行贷款的发放……整个存款创造的过程如表 7－1 所示：

表 7 -1　存款创造过程

	商业银行新增存款	新增存款准备金	新增派生存款	新增银行贷款
	100	10	0	90
	90	9	90	81
	81	8.1	81	72.9
	72.9	7.29	72.9	65.61
	⋮	⋮	⋮	⋮
合计	1 000	100	900	900

在表 7 -1 中，由于银行新增加的存款为等比数列，因此银行因为新增 100 元原始存款而导致的存款总额将变为 1 000 元。也就是说，如果商业银行新增 100 元原始存款，在客户采用非现金结算制度和银行将可用资金全部用于贷款的假定下，如果法定准备金率为 10%，则最终银行的存款将增加到或无限接近于 1 000 元，这就是存款货币多倍创造的效应。当然，同样可以得到当存款为 1 000 元时，商业银行需要缴纳给中央银行的准备金为 100 元，刚好为原始存款的数量。

4. 货币乘数

用 r 表示存款的法定准备金率，D 表示存款增加总额，R 表示原始存款，C 表示派生存款，则有：$D = R \cdot 1/r$，$C = D - R$。货币乘数 m：$m = 1/r$，也就是说货币乘数是法定准备金率 r 的倒数。

5. 影响货币乘数的因素

通过以上分析可以看出，商业银行的存款能够成倍扩张或收缩，但一些因素会影响存款扩张或收缩的效果，其主要因素如下。

（1）现金漏损率。现金漏损率是指流通中现金与活期存款的比率。在现实经济生活中，活期存款总会有一部分以现金形式被提走，流出银行体系，银行就不能利用它们来进一步扩张贷款，则活期存款的扩张倍数会受到制约。显然，现金漏损率越高，用来派生存款的数量就越小，最终的存款水平就越低。

（2）定、活期存款占总存款的比率。定、活期存款占总存款的比率会对存款创造产生影响。一般来说，在其他因素不变的情况下，定期存款对活期存款比率上升，意味着平均法定准备金率就比较低，存款货币的多倍创造效应就大；反之，存款货币的多倍创造效应就小。

（3）准备金率的大小。准备金包括法定准备金和超额准备金。法定准备金率的大小是由中央银行决定的，商业银行只能被动执行，当法定准备金率上升时，意味着存款中的更大比例要缴纳给中央银行，可以用来发放贷款的数量就会减少，派生存款也会减少，导致存款货币的多倍创造效应变小；反之，当法定准备金率下降时，存款货币的多倍创造效应变大。

而超额准备金是超过法定准备金的一部分，超额准备金率越高，同样意味着存款中除了缴纳一定比例的法定准备金外，还在中央银行的账户中放入更多地资金，可以用来发放贷款的数量就会减少，派生存款也会减少，导致存款货币的多倍创造效应变小。一般来说，银行并不会将其存款中除去法定准备金的部分全部用来发放贷款或购买证券，为了保持资金的流动性，银行经常会持有超额准备金。

（4）客户对贷款的需求和银行对贷款的限制。商业银行能够对存款货币进行多倍创造的关键是可以将吸收的存款以贷款形式发放出去，也就是能够提供贷款供给。但如果一个国家如果处于经济周期的低谷，社会对贷款的需求很低，银行的贷款可能就贷不出去，派生存款也就无法产生。客户对贷款的需求越旺盛，存款货币多倍创造的能力就越强。

◇ 同步检测（判断正误并说明原因）

1. 只要商业银行具备了部分准备金制度，商业银行就可以创造派生存款。（ ）
2. 中央银行只要控制基础货币就可以控制货币供给量。（ ）
3. 银行创造派生存款的过程就是创造实际价值量的过程。（ ）
4. 派生存款是虚假存款。（ ）
5. 资产变现能力强，流动性就一定高。（ ）

项目二　货币政策概述

知识目标

1. 熟悉货币政策的含义。
2. 理解货币政策的目标。
3. 理解货币政策的工具。
4. 理解货币政策的运作。

能力目标

1. 理解区分各类货币政策的最终目标与中间目标。
2. 能够结合我国的实际情况，分析我国的货币政策。

案例导入

“9·11”后美联储的货币政策

2001年9月11日，恐怖组织对美国世贸中心大楼的袭击，不但使美国的航空与保险业陷入困境，而且也扰乱了美国支付与金融体系的正常运行，从而对整个国民经济带来严重的后果。一方面，企业与个人对流动性的需求大幅增加；另一方面，不确定性的增加和资产价格的下降也削弱了银行和其他金融机构的贷款意愿，这一切对已陷入衰退的美国经济来说，无异于雪上加霜。为了最大限度地减少“9·11”事件对经济复苏的不利影响，美联储通过多种渠道，采取了有力的措施以图恢复市场信心和保证金融与支付体系的正常运行。下面是美联储为“9·11”事件所采取的六大措施，请仔细阅读，并回答问题。

（1）美联储通过其在纽约的交易中心以回购协议的方式为市场注入大笔资金，2001年9月12日，美联储持有的有价证券金额高达610亿美元，在此之前，美联储日平均证券余额仅为270亿美元。

（2）美联储通过再贴现直接将货币注入银行体系。2001年9月12日的再贴现余额高达450亿美元，远远超过在此之前的5 900万美元的日平均余额。

(3) 美联储联合通货监理局（OCC）劝说商业银行调整贷款结构，为出现临时性流动性问题的借款人发放专项贷款。并声称，为帮助商业银行实现这一目的，美联储随时准备提供必要的援助。

(4) 由于交通运输问题妨碍了票据的及时清算，美联储于2001年9月12日将支票在途资金扩大到230亿美元，几乎是此前日平均金额的30倍。

(5) 美联储很快与外国中央银行签署了货币互换协议，对已有的货币互换协议，也扩大了其协议的金额。

(6) 在2001年9月17日清晨，联邦公开市场委员会（FOMC）又进一步将联邦基金利率的目标利率定为3%，下降了0.5个百分点。同日晚些时候，纽约股票交易所重新开业。

问题：

1. 美联储的上述六大政策各有何不同？哪些政策动用了一般性政策工具？哪些政策平常很少使用？

2. 美联储通过哪些手段增加了货币供应量？增加货币供应量对一国经济有何影响？

任务一 掌握货币政策的含义与目标

一、货币政策的含义

货币政策有广义与侠义之分，其中狭义货币政策是指中央银行为实现其特定的经济目标而采用的各种控制和调节货币供应量或信用量的方针与措施的总称；广义货币政策是指政府、中央银行和其他有关部门所有有关货币方面的规定，以及采取的影响金融变量的一切措施（包括金融体制改革，即规则的改变等）。

两者的不同主要是后者的政策制定者包括政府及其他有关部门，他们往往影响金融体制中的外生变量，改变游戏规则，如硬性限制信贷规模、信贷方向，开放和开发金融市场。前者则是中央银行在稳定的体制中利用贴现率、准备金率、公开市场业务达到改变利率和货币供给量的目标。

二、货币政策的目标

（一）货币政策的最终目标

中央银行货币政策的实施，经过一定的传导过程，将其影响导入一国经济的实际领域，达到既定的目标，这就是货币政策的目标，又称货币政策的最终目标。通过货币政策的制定和实施达到所期望的最终目的，这是货币政策制定者——中央银行的最高行为准则。货币政策的目标一般可概括为稳定币值、充分就业、经济增长和国际收支平衡。

1. 稳定币值

稳定币值是维持本国货币价值的稳定。在现代信用货币和纸币流通条件下，币值是指货币在一定价格水平下，购买商品和劳务的能力，即货币购买力。因此，币值的稳定与否是用单位货币购买力稳定与否来衡量的，而单位货币的购买力与物价水平呈负相关，即物价水平上升，货币购买力相应下降，也就意味着货币贬值，所以稳定币值与稳定物价的含义是一样的，一些国家的货币政策往往用稳定物价代替稳定币值的表述。

知识链接

稳定物价的货币政策目标

所谓稳定物价的货币政策目标，一般是指通过实行适当的货币政策，保持一般物价水平的相对稳定，以避免出现通货膨胀或通货紧缩。所以，在货币政策的实践中，中央银行将在通货膨胀时期实行相对紧缩的货币政策，以减少货币流通量，从而遏制通货膨胀；反之，中央银行将采取相对宽松的货币政策。

2. 充分就业

严格意义上的充分就业，是指一国所有的资源都可以达到充分合理利用的状态。但通常人们所说的充分就业仅是指劳动力而言，是指任何愿意工作并有能力工作的人都能在比较合理的条件下随时找到合适的工作。对充分就业的衡量是通过失业率来反映的。应把摩擦性失业和自愿失业排除在外，其真正含义是指非自愿失业，即劳动者愿意接受现行的工资水平和工作条件但仍然找不到工作，这种因对劳动力需求的不足所造成的失业才是真正的失业。而摩擦性失业是由于短期内劳动力供求调整而造成的失业，这种失业属于生产技术等一切技术上的问题，与其制度无关；自愿失业是工人不愿接受现行的工资水平或工作条件所造成的失业，这种失业是劳动者自愿的，而非社会经济所造成的。正因为如此，两者皆不是真正失业，充分就业是要减少或消除经济中存在的非自愿失业，而并不意味着将失业率降为零。

3. 经济增长

在西方经济学中，对于经济增长有两种观点。一种观点认为，经济增长是指国民生产总值的增加，即一国在一定时期内所生产的商品与劳务的总量增加；另一种观点认为，经济增长是指一国在一定时期内所生产的商品与劳务的能力的增长。两种观点各有优缺点，因此对于如何准确地衡量一国的经济增长状况，特别是以何种指标来衡量一国经济的增长速度，仍是一个较有争议的问题。但是，目前世界上大多数国家都以人均实际国民生产总值或人均实际国民收入作为衡量经济增长速度的指标。

4. 国际收支平衡

国际收支是指一定时期内一国居民与非居民之间所发生的全部经济交易的货币价值。作为货币政策的一个目标，是指一个国家对其他国家的全部货币收入与全部货币支出保持基本平衡。所以，略有顺差或逆差都可视为是实现了国际收支平衡。

◇ **课堂讨论**

小王说："如果失业率较低，物价常常上涨；经济增长过快物价也会上涨；国际收支顺差大物价也会上涨。"他说的有道理吗？

保持国际收支平衡是保证国民经济持续稳定增长和国家安全稳定的重要条件。巨额的国际收支逆差可能导致外汇市场波动，资本大量外流，外汇储备急剧下降，本币大幅贬值，并导致严重的货币金融危机。而长期巨额国际收支顺差，往往使大量外汇储备闲置，不得不购买大量外汇而增发本国货币，可能导致或加剧国内通货膨胀。运用货币政策调节国际收支，主要目标是通过利率和汇率等因素的变动来实现本外币政策协调和国际收支平衡。

（二）货币政策的中间目标

中央银行在实施货币政策中所运用的政策工具无法直接作用于最终目标，此间需要有一些中间环节来完成政策传导的任务。因此，中央银行在其工具和最终目标之间，插进了两组金融变量，一组叫中间目标；另一组叫操作目标。

货币政策的中间目标和操作目标又称营运目标。它们是一些较短期的、数量化的金融指标，作为政策工具与最终目标之间的中介或桥梁，其特点是中央银行容易对它进行控制，但它与最终目标的因果关系不大稳定。

中间目标是距离政策工具较远但接近于最终目标的金融变量，其特点是中央银行不容易对它进行控制，但它与最终目标的因果关系比较稳定。建立货币政策的中间目标和操作目标，总的来说，是为了及时测定和控制货币政策的实施程度，使之朝着正确的方向发展，以保证货币政策最终目标的实现。

可以作为中介目标的金融指标主要有长期利率、货币供应量和贷款量。

1. 长期利率

西方传统的货币政策均以利率为中介目标。利率能够作为中央银行货币政策的中间目标，其原因如下。

（1）利率不但能够反映货币与信用的供给状态，而且能够表现供给与需求的相对变化。利率水平趋高被认为是银根紧缩，利率水平趋低则被认为是银根松弛。

（2）利率属于中央银行影响可及的范围，中央银行能够运用政策工具设法提高或降低利率。

（3）利率资料易于获得并能够经常汇集。

2. 货币供应量

以弗里德曼为代表的现代货币数量论者认为，宜以货币供应量或其变动率为主要中介目标。他们的主要理由如下。

（1）货币供应量的变动能直接影响经济活动。

（2）货币供应量及其增减变动能够为中央银行所直接控制。

（3）与货币政策联系最为直接。货币供应量增加，表示货币政策松弛；反之，则表示货币政策紧缩。

（4）货币供应量作为指标不易将政策性效果与非政策性效果相混淆，因而具有准确性的优点。

3. 贷款量

以贷款量作为中间目标在具体实施中各国情况有所差异。政府对贷款控制较严的国家，通过颁布一系列关于商业银行贷款的政策和种种限制，自然便于中央银行控制贷款规模；反之，则不然。对于贷款量的指标，各国采用的计量口径也不一致，有的用贷款余额，有的则用贷款增量。

（三）常见的操作目标

各国中央银行通常采用的操作目标主要有短期利率、商业银行的存款准备金、基础货币等。

1. 短期利率

短期利率通常是指市场利率，即能够反映市场资金供求状况、变动灵活的利率。短期利率是影响社会的货币需求与货币供给、银行信贷总量的一个重要指标，也是中央银行用以控制货币供应量、调节市场货币供求、实现货币政策目标的一个重要的政策性指标，如西方国家中央银行的贴现率、伦敦同业拆放利率等。作为操作目标，中央银行通常只能选用其中一种利率。过去美联储主要采用国库券利率，近年来转为采用联邦基金利率。日本采用的是银行同业拆借利率。英国的情况较特殊，英格兰银行的长、短期利率均以一组利率为标准，其用于操作目标的短期利率有隔夜拆借利率，3 个月期的银行拆借利率，3 个月期的国库券利率；用作中间目标的长期利率有 5 年公债利率、10 年公债利率、20 年公债利率。

2. 商业银行的存款准备金

商业银行的存款准备金是指商业银行为保证客户提取存款和资金清算需要而准备的资金。商业银行按规定向中央银行缴纳的存款准备金占其存款总额的比例就是存款准备金率。存款准备金制度是在中央银行体制下建立起来的，世界上美国最早以法律形式规定商业银行向中央银行缴存存款准备金。存款准备金制度的初始作用是保证存款的支付和清算，之后才逐渐演变成为货币政策工具，中央银行通过调整存款准备金率，影响商业银行的信贷资金供应能力，从而间接调控货币供应量。

3. 基础货币

基础货币是中央银行经常使用的一个操作指标，也常被称为“强力货币”或“高能货币”。从基础货币的计量范围来看，它是商业银行准备金和流通中通货的总和，包括商业银行在中央银行的存款、银行库存现金、向中央银行借款、社会公众持有的现金等。通货与准备金之间的转换不改变基础货币总量，基础货币的变化来自那些提高或降低基础货币的因素。多数学者公认，基础货币是较理想的操作目标。因为，基础货币是中央银行的负债，中央银行对已发行的现金和它持有的存款准备金都掌握着相当及时的信息，因此中央银行对基础货币是能够直接控制的。基础货币比银行准备金更为有利，因为它考虑到社会公众的通货持有量，而准备金却忽略了这一重要因素。

三、我国的货币政策目标

（一）我国货币政策的最终目标

根据我国的具体情况，1995 年 3 月 18 日，《中华人民共和国人民银行法》明确规定，中国人民银行的货币政策目标是“保持货币币值稳定，并以此促进经济增长”。很显然，该法把保持币值稳定作为货币政策的首要目标，强调了只有保持货币币值的稳定，才能使国民经济持续、稳定、快速、健康地发展。同时，也规定了中国人民银行稳定货币的目的是为了促进经济的增长。

中国同大多数发展中国家一样，面临着加快经济发展，摆脱经济落后的艰巨任务，因此在币值稳定的前提下，应保持经济增长有一个合适的速度，而且经济发展了，商品增多了，更有利于币值的稳定，有利于中国经济体制改革的深入发展。

（二）我国货币政策的中间目标

1. 货币供应量

1995 年，中国人民银行首次将货币供应量列为货币政策的控制目标之一，其具体操作指标是现金和存款准备金。

（1）现金控制。由于中国目前的信用经济尚处于初始阶段，信用形式和信用流通工具比较单一，货币乘数意义较小（即商业银行派生存款货币的能力不如西方国家的商业银行），现金在基础货币中所占的比重较大，所以中国人民银行的现金发行和管理使用指令性计划。由于现金的可控性较差，流通中现金的变化并不能完全反映一般货币流通的变化，因此还需要对其他指标进行监控。

（2）存款控制。中国人民银行对存款控制的重点是活期存款（M_1）。由于活期存款主要是企业在银行的结算账户存款和机关团体存款，是生产资料市场购买力的主要媒介手段。因此，活期存款水平的高低与生产资料价格水平密切相关，控制 M_1，就能相对控制生产资料价格，并对消费资料价格水平施加影响。随着中国人民银行间接调控机制的完善和调控手段的健全，目前我国中央银行开始加强对 M_1 的控制，这样有利于中长期货币政策的制定。

2. 信贷规模

信贷规模是指中央银行对银行信贷经营能力进行数量的规定，它由中央银行根据各银行存款规模、国家经济发展需要、各地区平衡等因素权衡，以指令性计划的方式下达。随着我国银行商业化进程的加快，自我约束能力的提高，银行间竞争的加剧，以及企业融资渠道的多元化，我国中央银行已将信贷规模由指令性计划改为指导性计划。

3. 利率

在我国的计划经济时代，利率水平的变动不是直接由借贷资金的供求决定的，而是由中央银行的利率政策决定的，它不可能成为间接调节中有效的中介目标。自 1998 年以来，中国加大了利率体制改革的步伐，总体目标是实现利率市场化。

◇ 同步检测（单项选择题）

1. 货币政策四大目标之间存在矛盾，任何一个国家要想同时实现是很困难的，但其中________是基本一致的。

A. 充分就业与经济增长　　B. 经济增长与国际收支平衡

C. 物价稳定与经济增长　　D. 币值稳定与经济增长

2. 1995 年，我国以法律形式确定我国中央银行的最终目标是________。

A. 以经济增长为首要目标

B. 以币值稳定为主要目标

C. 保持物价稳定，并以此促进经济增长

D. 保持币值稳定，并以此促进经济增长

3. 货币政策是中央银行根据国家经济发展目标而制定的各种调节控制________的方针和措施的总称。

A. 货币供应量　　B. 货币需求量

C. 货币流通量　　D. 货币周转量

4. 稳定物价就是要使________在短期内不发生急剧的波动，以维持国内货币币值的稳定。

A. 季节性物价水平　　B. 临时性物价水平

C. 特殊物价水平　　D. 一般物价水平

任务二　理解货币政策的运作

一、货币政策的运作

(一) 货币政策运作的含义

货币政策的运作主要是指中央银行根据客观经济形势采取适当的货币政策工具调控货币供应量和信用规模，使之达到预定的货币政策目标，并以此影响整体经济的运作。

(二) 货币政策运作的分类

通常，将货币政策的运作分为紧的货币政策和松的货币政策。

1. 紧的货币政策

如果市场物价上涨，需求过度，经济过度繁荣，被认为是社会总需求大于总供给，中央银行就会采取紧缩货币的政策以减少需求。紧的货币政策的主要手段是减少货币供应量、提高利率和加强信贷控制。

2. 松的货币政策

如果一国市场产品销售不畅，经济运转困难，资金短缺，设备闲置，被认为是社会需求小于总供给，中央银行则会采取扩大货币供应的办法增加总需求。松的货币政策的主要手段是增加货币供应量、降低利率和放松信贷控制。

总体来说，在经济衰退时，总需求不足，采取松的货币政策；在经济扩张时，总需求过大，采取紧的货币政策。但这只是一个方面的问题，政府还必须根据现实情况对松紧程度作科学合理的把握，必须根据政策工具本身的利弊即实施条件和效果选择适当的政策工具。

(三) 货币政策运作的流程

货币政策运作的流程如图 7－1 所示。

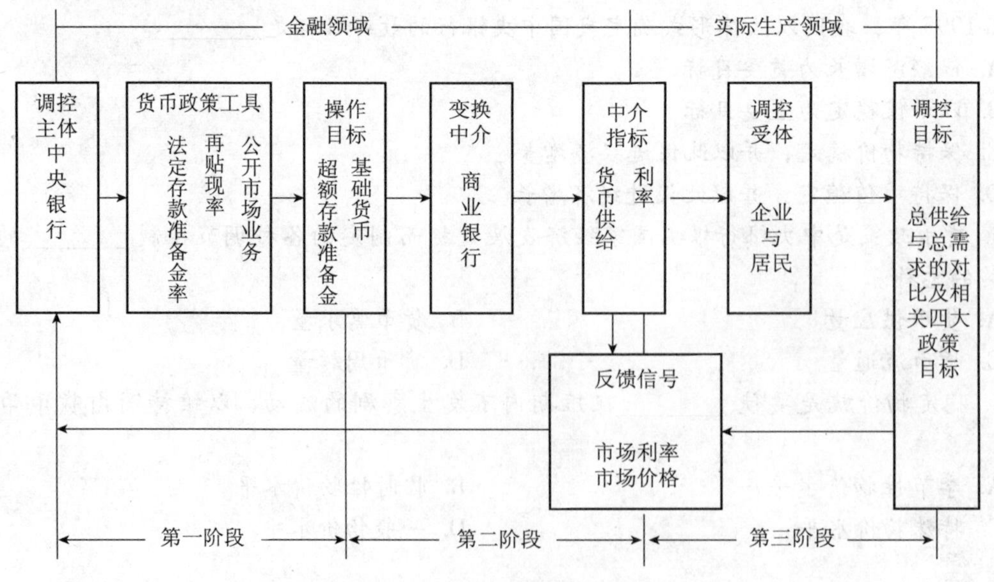

图 7－1　货币政策运作的流程

二、货币政策工具及其运作

货币政策工具是指中央银行为实现货币政策目标所运用的策略手段。中央银行的政策工具有主要的一般性的政策工具、选择性的政策工具和补充性的政策工具等。

（一）一般性的政策工具及其运作

一般性的政策工具是指各国中央银行普遍运用或经常运用的货币政策工具。一般性的货币政策工具包括3种：存款准备金政策；再贴现政策；公开市场业务。下面分别加以介绍。

1. 存款准备金政策

（1）存款准备金政策的定义。存款准备政策是指中央银行通过规定和调整存款准备金率，控制商业银行的信用创造，从而间接调节控制货币供应量，影响国民经济活动的政策手段。

各类金融机构按所接受存款的一定比率，提存一定数额的存款准备金，这种提存的比率由中央银行确定，并以法律形式固定下来，称为法定存款准备金率。根据法定存款准备金率计算出来的金额为法定存款准备金。

法定存款准备金制度最初是为防止商业银行盲目发放贷款，保证其清偿能力，保护存款者利益和银行本身安全而设立的。自1935年美国联邦储备法规定了会员银行的最低存款准备限额，由此，调整法定存款准备率就逐渐成为各国中央银行控制信用与货币供应量的一项重要工具。

（2）存款准备金政策的运作。存款准备金政策对货币供应量的调控机制是：如果中央银行降低法定存款准备率，一方面会减少商业银行向中央银行缴存的法定准备金，商业银行超额准备金同时增加，从而加强了商业银行信用扩张的基础；另一方面法定存款准备金下降，会使货币乘数扩大，从而增加商业银行信用扩张的倍数。在这两方面的作用下，会对货币供应量的收缩产生强有力的影响。

调整存款准备金率不仅会影响商业银行的超额准备金，并且会影响货币乘数，所以存款准备金率的微小变动都会使货币供应发生重大改变，政策效果十分明显，收效极其迅速，而且由于中央银行对其运用有绝对的控制权，所以存款准备金政策成为中央银行货币政策的有力工具。

（3）存款准备金政策也有明显的局限性。① 容易导致商业银行资金严重周转不灵，陷于经营困境。因为，银行一般只保留少量的超额准备金，只要法定准备金率略有提高，就会使原有的超额准备金一笔勾销，银行为了迅速调整存款准备金以符合法定要求及流动性需要，就不得不大幅度缩减贷款，或者大量抛售有价证券。这就使银行的盈利能力大大下降，甚至有可能导致资金周转上的困难。② 冲击力太大。法定存款准备金率稍有变动，就会导致货币供给量的剧烈变动，甚至可能成为经济波动的诱因。③ 存款准备金对各类银行和不同种类存款的影响不一致，因而货币政策实现的效果可能因这些复杂情况的存在而不易把握。因此，总体来说，存款准备金政策是一种威力强大但不宜作为日常调节货币供应量的政策工具。

2. 再贴现政策

（1）再贴现政策的定义。再贴现政策是中央银行通过提高或降低再贴现率来影响商业银行的信贷规模和市场利率，以实现货币政策目标的一种手段。如前所述，中央银行是银行的银行，当商业银行发生资金短缺，或者因扩大信贷规模而需要补充资金时，商业银行可凭借其贴现业务中取得的未到期的商业票据向中央银行再贴现，其再贴现率由中央银行根据当时的经济形势和货币政策的最终目标决定。

（2）再贴现政策工具的运用。当中央银行提高再贴现率，使再贴现率高于市场利率时，商业银行向中央银行借款或贴现的资金成本上升，就会减少向中央银行借款或贴现，商业银行的超额准备金相应缩减，如果商业银行不能从其他渠道取得资金，就只有收回贷款和投资，从而使市场货币供给量缩减。随着市场供给量的缩减，市场利率相应上升，整个社会的投资需求相应减少，从而使经济收缩。当中央银行降低再贴现率，使再贴现率低于市场利率时，商业银行向中央银行借款或贴现的成本下降，商业银行就会增加向中央银行的借款和贴现，并扩大对客户的贷款和投资规模，从而导致市场货币供给量的增加。随着市场货币供应量的增加，市场利率相应降低，整个社会的投资需求也会相应增加，从而使经济扩张。

另外，再贴现率的制定或调整，在一定程度上反映了中央银行的政策意向，会产生“告示效应”，如再贴现率升高，意味着国家判断市场过热，有紧缩的意向；反之，则意味着有扩张的意向。这种“告示效应”会影响商业银行及社会公众的预期，并按中央银行意向，调整自己的经济行为，从而使中央银行的货币政策目标顺利实现。

（3）再贴现政策的优缺点。作为一种一般性的货币政策工具，再贴现政策对一国经济的影响是比较缓和的，它有利于一国经济的相对稳定。但是，在利用这一工具时，中央银行处于被动地位。也就是说，中央银行虽然能够自主地、灵活地作出提高或降低再贴现率的决策，但是中央银行作出这种决策后能否取得预期的效果，将决定于商业银行或其他金融机构对该决策的反应。

◇ 课堂讨论

美国近期量化宽松的货币政策工具是什么？它是如何运作的？

3. 公开市场业务

（1）公开市场业务的概念。在多数发达国家，公开发行市场业务操作是中央银行吞吐基础货币、调节市场流动性的主要货币政策工具，通过中央银行与制定交易商进行有价证券和外汇交易，实现货币政策调控目标。

（2）公开市场业务的运作。当经济过冷、发生通货紧缩时，中央银行就在公开市场上买进证券，一般可向商业银行或社会公众买进。这两种买进都将引起基础货币的投放，从而扩大商业银行的信贷规模，并通过货币乘数作用使货币供给量成倍扩张，进而刺激消费与投资，扩张社会总需求，防止经济下滑；反之，当一个国家经济过热或发生通货膨胀时，中央银行就在公开市场上卖出有价证券，基础货币将收缩，货币供给量成倍紧缩，进而控制经济过热。

（3）公开市场业务的优点。公开市场业务与其他一般性的货币政策工具比较，具有以下优点。首先，公开市场业务是按照中央银行的主观意愿进行的，它不像再贴现政策那样，处于被动地位，从而间接影响货币供给；其次，公开市场业务的规模可大可小，交易方法和步骤随意安排，中央银行可根据市场情况随时进行操作，不会对经济产生过于猛烈的冲击；最后，公开市场业务可以经常性、连续性操作，不会导致人们的预期心理，使货币政策易于达到理想的效果。

（4）公开市场业务的缺点。虽然公开市场业务具备许多优点，但并不是所有国家的中央银行都可以采用这一货币政策工具。开展公开市场业务必须具备以下条件。首先，中央银行必须是强大的，具有调控整个金融市场的力量；其次，金融市场发达，证券种类特别是债券种类齐全并达到一定的规模；最后，必须有其他政策工具配合。

（二）其他货币政策工具

（1）直接信用工具。直接信用工具是指中央银行从质和量两个方面以行政命令或其他方式对商业银行等金融机构的信用活动进行直接控制。例如，规定利率最高限额、信用配额、流动性比率和直接干预等。

（2）间接信用管制。间接信用管制是指中央银行采用的非强制性的影响商业银行信用活动的各种措施总称，包括道义劝告、窗口指导和金融检查等。

① 道义劝告。这是指中央银行凭借自己在金融体系中的特殊地位和威望，通过对商业银行和其他金融机构发布通告或与这些金融机构的负责人进行面谈等方式，来影响其放款的数量和投资的方向，从而达到控制信用的目的。

② 窗口指导。这是指中央银行根据产业行情、物价趋势和金融市场动向，规定商业银行贷款重点投向和贷款变动数量等。

③ 金融检查。这是指政府赋予中央银行的监督职能，对商业银行等金融机构的业务活动进行合法、合规性的多方面检查，并针对检查情况采取必要的措施。

三、我国的货币政策工具

在建立社会主义市场经济体制的过程中，中国人民银行的货币政策工具发生了很大的变化，市场经济发达国家的中央银行运用成熟的三大货币政策工具已经被我国中央银行采用，并取得了一定的进展。

（一）存款准备金政策

我国于 1984 年建立并实行法定存款准备金制度，标志着存款准备金政策成为中国人民银行的货币政策工具之一。当时存款准备金政策的主要内容是：① 准备金的计提以商业银行或其他金融机构的旬末存款余额为基础，方法是“按旬计算，见五上缴”；② 各类存款均实行统一的准备金比率，各分支机构需层层缴付准备金；③ 商业银行无权动用在中央银行账户上的法定准备金，即不可以此作为应付清算资金；④ 中国人民银行对其存入的法定准备金支付较高利息。

1998 年，我国对存款准备金制度进行了重大改革，使之更加完善。改革的目标是将法定存款准备金的主要目的从集中资金转向控制货币供应量，其主要内容有：① 将法定准备金和备付金两个账户合二为一；② 法定准备金率由 13% 降至 8%，准备金存款利率也随之大幅下调；③ 法定存款准备金按法人机构统一缴纳；④ 计算方式仍按期末余额为基数计提。

1999 年，法定存款准备金率由 8% 降至 6% 后，存款准备金率一路上调。尤其是从 2006 年开始，面对银行体系不断增长的流动性，中央银行频繁上调存款准备金率。2007 年从年初到年底，竟连续 10 次调高存款准备金率，不仅调控次数创历史之最，调控幅度也出现了

2004 年以来的最大调整幅度（1%）。截至 2007 年 12 月，存款准备金率为 14.5%，创 20 余年来的历史新高。实施从紧货币政策的各种手段中，存款准备金政策逐渐成为常态调控工具。

（二）再贴现政策

1994 年，中国人民银行重新开始商业票据再贴现业务，用于解决专业银行因办理票据贴现业务引起的资金不足。通过几年的实践，中国已初步具备了发展再贴现票据市场的基础，商业汇票已成为企业和商业银行普遍采用的结算方式和融资手段。票据承兑、贴现和再贴现业务在一定程度上缓解了商品交易中的货款拖欠现象，加速了社会资金周转，节约了资金占用，也有利于商业银行调整信贷结构和中央银行引导信贷资金流向。但由于中国社会信用机制不健全，票据业务不广泛，商业票据贴现和转贴现市场不成熟，再贴现始终未形成可观的规模，使再贴现政策尚不能成为主要的政策工具。

（三）公开市场业务政策

中国人民银行的公开市场业务起步于 1994 年的外汇体制改革。1994 年，中国人民银行总行成立了公开市场业务操作室，从 4 月起正式进入全国联网的银行间外汇市场运作，改变了历年来基础货币单一地由信贷计划分配的格局，为中央银行公开市场业务积累了经验。1996 年，中央银行又启动了国债券公开市场业务。1998 年以来，由中央银行公开市场操作投放的基础货币占全年基础货币投放的比例不断上升。公开市场业务在基础货币的投放乃至社会货币供应量调控中的作用不断加强。当然，要使公开市场业务成为中国占主导地位的货币政策工具，还需要进一步完善市场经济体制，加速短期货币市场和证券市场的发展，改革利率和汇率制度，实现利率市场化，增加市场工具的种类和数量，为公开市场业务操作创造更好的市场环境和活动空间。

我国的三大政策工具尽管与西方国家有一定区别，存在许多不完善之处，但是随着市场经济的深入，中央银行宏观调控手段的完善，中国人民银行的货币政策工具也会得到发展与完备。

◇ 同步检测（判断正误并说明理由）

1. 当中央银行要实施反通货膨胀的货币政策时，可以采取降低法定存款准备金率的办法。如果中央银行要阻止经济衰退，则可以提高法定存款准备金率。（ ）

2. 利用公开市场业务实施货币政策，中央银行具有完全的主动权。（ ）

3. 在各类货币政策工具中，公开市场业务操作最频繁。（ ）

4. 中央银行票据即中国人民银行发行的短期债券，中央银行通过发行中央银行票据可以投放基础货币，中央银行票据到期则体现为回笼基础货币。（ ）

5. 中央银行进行公开市场业务操作不仅可以调节货币供应量，还可以影响利率。当中央银行在公开市场上买入政府债券时，一方面会使货币供应量增加；另一方面会使市场利率下降。（ ）

6. 商业银行证券买卖业务与中央银行的证券买卖业务很不相同。中央银行的证券买卖业务范围大、规模小。（ ）

实训任务

一、基础知识实训

（一）单项选择题

1. 有效需求理论的提出者是（　　）。

A. 马歇尔　B. 凯恩斯　C. 费雪　D. 庇古

2. 对货币需求动机的研究起源于剑桥学派的（　　）。

A. 费雪　B. 凯恩斯　C. 庇古和马歇尔　D. 弗里德曼

3. 货币需求反映了（　　）的需要。

A. 市场供给　B. 市场需求　C. 社会总供给　D. 商品供应量

4. 货币供应量一般是指（　　）。

A. 流通中的现金量　B. 流通中的存款量

C. 流通中的现金量与存款量之和　D. 流通中的现金量与存款量之差

5. 货币需求与货币供给的实质关系是（　　）。

A. 货币需求服从货币供给　B. 货币需求决定货币供给

C. 货币需求与货币供给负相关　D. 两者相关性不大

6. 如果实际货币需求增加而名义货币供给不变，则货币和物价的变化是（　　）。

A. 货币升值，物价下降　B. 货币升值，物价上涨

C. 货币贬值，物价下降　D. 货币贬值，物价上涨

7. 提高利率，对货币供求的作用是（　　）。

A. 货币供给与货币需求同时增加　B. 货币供给与货币需求同时减少

C. 货币供给减少，货币需求增加　D. 货币供给增加，货币需求减少

8. 控制货币供应量的有效措施是（　　）。

A. 提高存款准备金率　B. 减少税收

C. 中央银行在公开市场上购进有价证券　D. 扩大政府公共投资

9. 中央银行提高存款准备金率，将导致商业银行信用创造能力的（　　）。

A. 上升　B. 下降　C. 不变　D. 不确定

10. 基础货币是由（　　）提供的。

A. 投资基金　B. 商业银行　C. 中央银行　D. 财政部

11. 派生存款是由（　　）创造的。

A. 商业银行　B. 中央银行　C. 证券公司　D. 投资公司

12. 货币政策诸目标之间呈一致性关系的是（　　）。

A. 物价稳定与经济增长　B. 经济增长与充分就业

C. 充分就业与国际收支平衡　D. 物价稳定与充分就业

13. 作为货币政策目标的物价稳定是指（　　）。

A. 个别商品价格固定不变　B. 商品相对价格稳定

C. 一般物价水平固定不变　D. 一般物价水平相对稳定

14. 作为货币政策目标的充分就业是指（　　）。

A. 自愿失业　B. 非自愿失业　C. 摩擦性失业　D. 季节性失业

15. 属于货币政策远期中介指标的是（　　）。

A. 汇率　　B. 超额准备金　　C. 利率　　D. 基础货币

16. 下面适于作为货币政策的中介目标远期指标变量的是（　　）。

A. 基础货币　　B. 超额准备金　　C. 短期利率　　D. 货币供应量

17. 中央银行直接控制并能够通过金融途径影响经济单位的经济活动，进而影响货币政策目标的经济手段被称为（　　）。

A. 货币政策工具　　B. 货币政策中介目标

C. 货币政策传导机制　　D. 货币政策最终目标

18. 一般性货币政策工具是对货币供应量或信用总量进行调节和控制的政策工具，如（　　）就是一般性货币政策工具。

A. 窗口指导　　B. 优惠利率　　C. 再贴现政策　　D. 基础货币

19. 下列货币政策操作中，引起货币供应量增加的是（　　）。

A. 提高法定存款准备金率　　B. 提高再贴现率

C. 降低再贴现率　　D. 中央银行卖出债券

20. 货币政策的主要制定者和执行者是（　　）。

A. 财政部　　B. 中央银行　　C. 政策性银行　　D. 商业银行

（二）多项选择题

1. 马克思关于流通中货币量的理论认为，货币量取决于（　　）3 个因素。

A. 商品数量　　B. 商品价格　　C. 收入水平　　D. 货币流通速度

2. 凯恩斯的货币需求理论认为，人们的货币需求行为是由 3 种动机决定的，即（　　）。

A. 供给动机　　B. 交易动机　　C. 预防动机　　D. 投机动机

3. 在凯恩斯的货币需求函数中，决定货币需求的因素是（　　）。

A. 收入水平　　B. 支出需要　　C. 价格水平　　D. 利率水平

4. 根据各国的货币供给统计口径，货币供应量通常包括（　　）。

A. 流通中的现金　　B. 银行活期存款　　C. 银行定期存款　　D. 财政支出

5. 在市场经济条件下，货币供给量最终取决于（　　）两大因素的制约。

A. 贷款　　B. 基础货币　　C. 派生存款　　D. 货币乘数

6. 关于货币供给量，下述说法正确的是（　　）。

A. 是由银行体系所提供的负债总量　　B. 是流通手段和支付手段的总和

C. 是一个流量的概念　　D. 是一个存量的概念

7. 影响商业银行创造派生存款能力的因素有（　　）。

A. 原始存款　　B. 财政存款

C. 法定存款准备金率　　D. 现金漏损率

8. 从世界各国来看，货币政策的最终目标主要包括（　　）。

A. 稳定物价　　B. 促进经济增长　　C. 充分就业　　D. 社会稳定

9. 衡量社会就业充分与否不考虑（　　）。

A. 非自愿失业　　B. 自愿失业　　C. 摩擦性失业　　D. 季节性临时失业

10. 中央银行调高利率的政策效果是（　　）。

A. 货币需求量下降　　B. 货币供给量上升

C. 通货膨胀受到抑制　　D. 居民收入水平上升

11. 当经济发生衰退时，可采取的宏观调控措施有（　　）。

A. 增加税收　　B. 减少税收

C. 中央银行购进有价证券　　D. 扩大政府公共支出

12. 中央银行选择中介目标和操作目标时，应当遵循的原则有（　　）。

A. 可控性　　B. 可测性　　C. 相关性　　D. 抗干扰性

13. （　　）是货币政策操作指标。

A. 存款准备金　　B. 基础货币　　C. 利率　　D. 货币供应量

14. 存款准备金政策力度大、见效快，但是有很多缺点。下列关于存款准备金政策的缺点描述正确的是（　　）。

A. 存款准备金政策不能作为日常的货币政策操作工具

B. 如果商业银行超额准备金很低，会引起流动性问题

C. 如果法定存款准备金率经常调整，不利于中央银行对短期利率的控制

D. 存款准备金政策缺乏弹性

15. 公开市场操作具有很多的优点。下列关于公开市场操作的优点描述正确的是（　　）。

A. 最有弹性　　B. 中央银行处于主动地位

C. 可以灵活准确地达到预定目标　　D. 公开市场操作要求金融市场发达

（三）判断题

1. 凯恩斯的流动性偏好概念是指人们对货币的偏好。（　　）

2. 如果仅考虑物价上涨的因素，则导致货币的名义需求增加，实际需求不变。（　　）

3. 如果仅考虑物价上涨的因素，则导致货币的名义需求不变，实际需求增加。（　　）

4. 货币供应量受中央银行货币政策的调控，因而它是一个内生变量。（　　）

5. 原始存款是指存款人以其收入第一次存入银行且未动用的存款。（　　）

6. 派生存款是指商业银行通过发放贷款或进行其他资产业务所创造出来的存款。（　　）

7. 商业银行的存款准备金率与其创造派生存款的能力是负相关关系。（　　）

8. 商业银行的存款准备金率与其创造派生存款的能力是正相关关系。（　　）

9. 货币政策和财政政策是国家对经济实施宏观调控的两大主要手段。（　　）

10. 我国货币政策的主要制定者和执行者是政策性银行。（　　）

11. 我国货币政策的主要制定者和执行者是中国人民银行。（　　）

12. 一国货币政策的最终目标主要包括稳定物价、促进经济增长、充分就业和国际收支平衡。（　　）

13. 一国货币政策的目标是发行货币、维护货币流通秩序、打击伪造货币的犯罪。（　　）

14. 货币供应量是中央银行货币政策的重要调控对象。（　　）

15. 货币需求量是中央银行货币政策的重要调控对象。（　　）

16. 中央银行调高利率的政策效果之一是货币需求量下降。（　　）

17. 在经济紧缩时期，保持物价稳定和充分就业是货币政策的首要目标。（　　）

18. 在经济萧条时应采取扩张性的财政政策，而在经济膨胀时应采取紧缩的货币政策。（ ）

19. 各国中央银行在进行宏观经济调控时，主要凭借的还是行政手段。（ ）

20. 对货币政策目标而言，稳定物价与充分就业通常是一致的。（ ）

（四）名词解释

1. 货币政策 2. 再贴现政策 3. 货币需求 4. 流动性偏好 5. 公开市场业务 6. 存款准备金 7. 基础货币 8. 货币供给 9. 央行票据 10. 货币传导机制

（五）简答题

1. 试对再贴现政策、存款准备金制度和公开市场业务三大工具进行比较。
2. 试比较分析基础货币与原始存款。
3. 划分货币供给层次的标准和意义是什么？
4. 试分析在货币供给中，商业银行和中央银行的作用。
5. 中央银行的货币政策目标是什么？

（六）论述题

1. 试述货币政策目标的内容及其相互关系。
2. 试述一般性货币政策工具的优缺点和适用范围。
3. 试分析货币政策各种工具的效果。

二、技能实训

（一）实训项目

我国中央银行货币政策实践—存款准备金政策

实训步骤

1. 整理2010年我国的存款准备金政策调整实践资料。
2. 根据调整的方向、次数和力度分析论述调控的目的与效果。

（二）案例分析

阅读以下资料，并回答问题。

2008年8月15日，中国人民银行发布2008年第二季度《中国货币政策执行报告》，以下是摘录的部分内容。

6月末，广义货币供应量M_2余额为44.3万亿元，同比增长17.4%，增速比上年同期高0.3个百分点，比上月末低0.7个百分点。狭义货币供应量M_1余额为15.5万亿元，同比增长14.2%，增速比上年同期低6.7个百分点。流通中现金M_0余额为3.0万亿元，同比增长12.3%，增速比上年同期低2.3个百分点。上半年现金净回笼194亿元，同比多回笼2亿元。

2008年以来，M_2大体保持平稳增长。从货币供应量构成看，M_1中活期存款继续同比少增态势，上半年同比少增达到7416亿元；构成M_2的准货币中，储蓄存款大幅增加，上半年同比多增1.4万亿元。

问题：

1. 请分析流通中现金M_0、狭义货币供应量M_1、广义货币供应量M_2的构成及其变化反映了什么？

2. 请分析构成M_2的准货币中，储蓄存款大幅增加，为什么？

第八单元

聚焦外汇与外汇交易

由于各国货币所代表的价值、名称和单位各不相同，一国的法定货币不能在他国流通使用。因此，在国际经济交往中，国与国之间的大量债权与债务关系，必须进行国际汇兑，即把一种货币通过“汇”（国际结算）和“兑”（外汇交易）转换成另一种货币，实现资金的国际转移，清偿国际间的债权与债务。本单元就这两个问题进行分析。

项目一　外汇与汇率概述

知识目标

1. 了解外汇市场交易的主要货币，熟悉这些货币的名称和缩写代码。
2. 掌握外汇的两种标价方法，以及外汇汇率的分类。
3. 了解影响外汇汇率的基本因素。

能力目标

1. 熟练掌握外汇市场主要交易货币的名称和代码，并能迅速识别。
2. 能够读懂并正确判断外汇交易的报价，并能进行货币兑换的计算。
3. 能够结合实际，分析我国外汇汇率变化的因素。

任务一　掌握外汇的含义与功能及分类

案例导入

情景引导

客户李鑫到中国银行，看到中国银行电子显示屏的外汇牌价中只有美元等十几种外汇牌价。他不理解为什么外汇牌价只有有限的这么几种，于是咨询客户经理张妍，希望她能介绍外汇的相关知识。

一、外汇的含义

（一）外汇的含义

外汇有动态和静态两种含义。动态意义上的外汇，是指人们将一种货币兑换成另一种货币，清偿国际间债权与债务关系的行为。

静态意义上的外汇又有广义和狭义之分。广义的静态外汇是指一切用外币表示的资产；狭义的静态外汇是指以外币表示的可用于国际间结算的支付手段。在这个意义上，只有存放在国内外银行的外币资金，以及将对银行存款的索取权具体化了的外币票据才构成外汇，主要包括银行汇票、支票、银行存款等。这就是通常意义上的外汇概念。我国和其他各国的外汇管理法令中一般沿用这一概念。

（二）关于外汇的几点说明

（1）外汇实质。外汇实质就是用外币表示的用于国际结算的支付手段。

（2）外汇中外币占4%，支付凭证占96%。

（3）外国货币不等于外汇。

（4）外国货币要成为外汇必须具备两个前提条件：① 自由兑换性，即这种外币必须能自由兑换成其他货币；② 普遍接受性，即这种外币在国际经济往来中被各国普遍接受和使用。

◇ **课堂讨论**

外汇等于外币吗？

应如何理解外汇的概念？

（三）我国外汇的内容

根据1996年1月20日发布的《中华人民共和国外汇管理条例》规定，外汇是指：① 外国货币，包括钞票、铸币等；② 外币支付凭证，包括票据、银行存款凭证、邮政储蓄凭证等；③ 外币有价证券，包括政府债券、公司债券、股票等；④ 特别提款权、欧洲货币单位；⑤ 其他外汇资产。在这个意义上，外汇就是外币资产。

二、外汇的功能

外汇作为国际经济往来发展的产物，是债权、债务转移的重要手段。其主要功能有以下4项。

（一）作为国际结算的支付手段

国际债权、债务到期时，主要通过各种外汇凭证进行非现金结算。无论起因如何、金额大小，所有的国际债权、债务都可以通过银行国际业务，利用外汇凭证进行清算，从而完成国际结算。

（二）促进国际贸易和资本流动

利用外汇进行国际债权与债务关系的清算，可以节省运送现金的费用，避免风险，还可以加速资金周转，扩展资金融通的范围，从而促进国际间的商品交换和资本流动；否则，国际经济、贸易和金融往来就要遇到障碍，难以得到发展。

（三）调剂国际间的资金余缺

由于世界经济发展不平衡，各国所需的建设资金余缺程度不同，这在客观上需要在世界范围内进行资金调剂。由于各国的货币制度不同，各国的货币不能直接调剂。外汇作为一种国际支付手段，可以发挥调剂资金余缺的功能。

（四）充当国际储备

国际储备是一国可以用于国际支付的那部分流动资金，是衡量一国经济实力的主要标志之一。外汇作为清偿国际债务的手段，和黄金一样，可以作为国家的储备资产。因此，外汇是构成国际储备的一个重要组成部分。

三、外汇的种类划分

（一）根据是否可以自由兑换划分

根据是否可以自由兑换划分，外汇分为自由外汇和记账外汇。

（1）自由外汇。自由外汇是指无须外汇管理当局批准，可以自由兑换成其他国家货币或用于对第三国支付的外汇。换句话说，凡在国际经济领域可以自由兑换、自由流动、自由转让的外币或外币支付手段，均称为自由外汇。例如，美元、英镑、日元、欧元、瑞士法郎等货币，以及以这些货币表示的支票、汇票、股票、公债等都是自由外汇。由于许多国家基本上取消或放松了外汇管制，因此目前世界上有50余种货币是自由兑换货币，持有它们可以自由兑换成其他国家货币或向第三者进行支付，因而成为国际上普遍可以接受的支付手段。自由外汇的货币名称如表8－1所示。

表8－1　自由外汇的货币名称和符号及简写

货币符号	货币名称（英文）	货币名称（中文）	简写
USD	US Dollar	美元	$/US $
EUR	EURO	欧元	€
GBP	Pound Sterling	英镑	£
JPY	Japan YEN	日元	JP￥
CHF	Swiss France	瑞士法郎	SFr
SEK	Swedish Krona	瑞典克朗	SKr
NOK	Norwegian Krona	挪威克朗	NKr
CAD	Canadian Dollar	加拿大元	Can $
AUD	Australia Dollar	澳大利亚元	A $
SGD	Singapore Dollar	新加坡元	S $
HKD	Hong Kong Dollar	港元	HK $
MOP	Macau Pataca	澳门元	P/Pat
MYR	Malaysian Ringgit	马来西亚林吉特	M $
THB	Thai Baht	泰国铢	B
KRW	Korea Won	韩国圆	W
SDR	Special Drawing Rights	特别提款权	SDRs

（2）记账外汇。记账外汇又称为协定外汇或双边外汇，是指在两国政府间签订的支付

协定项目中使用的外汇，不经货币发行国批准，不准自由兑换成他国货币，也不能对第三国进行支付。记账外汇的特点是只能记载在双方银行的账户上，用于两国间的支付，既不能兑换成他国货币，也不能拨给第三者使用。

（二）根据来源和用途不同划分

根据来源和用途不同划分，外汇可分为贸易外汇和非贸易外汇。

（1）贸易外汇。贸易外汇是指进出口贸易中所收付的外汇。由于国际经济交往的主要内容就是国际贸易，贸易外汇是一个国家外汇的主要来源与用途。

（2）非贸易外汇。非贸易外汇是指除进出口贸易和资本输出/输入以外其他方面所收付的外汇，包括劳务外汇、侨汇、捐赠外汇和援助外汇等。

（三）根据交割期限划分

根据交割期限划分，外汇可分为即期外汇和远期外汇。

（1）即期外汇。即期外汇又称现汇，是指外汇买卖成交后，在当日或在两个营业日内办理交割的外汇。所谓交割，是指本币的所有者与外币所有者互相交换其本币的所有权和外币的所有权的行为，即外汇买卖中的实际支付。

（2）远期外汇。远期外汇又称期汇，是指买卖双方不需即时交割，而仅仅签订一纸买卖合同，预定将来在某一时间（在两个营业日以后）进行交割的外汇。远期外汇通常是由国际贸易结算中的远期付款条件引起的；买卖远期外汇的目的主要是为了避免或减少由于汇率变动所造成的风险损失。远期外汇的交割期限从1个月到1年不等，通常是3～6个月。

知识链接

主要交易外汇小常识

1. 美元

货币名称：美元（UNITED STATES DOLLAR）。

发行机构：美国联邦储备银行（U. S. FEDERAL RESERVE BANK）。

别称：绿背（美国最早的纸币是由13个殖民地的联合政权“大陆会议”批准发行的，称为“大陆币”。1863年财政部被授权开始发行钞票，背面印成绿色，被称为“绿背”一直沿用至今。）

货币符号：USD。

辅币进位：1美元＝100分（CENTS）。

钞票面额：1、2、5、10、20、50、100元7种。以前曾发行过500元和1 000元面额的大面额钞票，现在已不再流通。辅币有1分、5分、10分、25分、50分等。美元的发行权属于美国财政部，主管部门是国库，具体发行业务由联邦储备银行负责办理。美元是外汇交换中的基础货币，也是国际支付和外汇交易中的主要货币，在国际外汇市场中占有非常重要的地位。

美元的正面人像是美国历史上的著名人物（见图8－1），基本情况如表8－2所示。

图 8－1　美元的正面人像

表 8－2　美元的基本情况

面额	正面人像	背面图景
1 元	华盛顿 WASHINGTON	正中大写“ONE”，左右两颗大印
2 元	杰弗生 JEFFERSON	1776 年宣告独立图
5 元	林肯 LINCOLN	林肯纪念堂
10 元	汉密尔顿 HAMILTON	美国财政部
20 元	杰克生 JACKSON	白宫
50 元	葛伦 GRANT	美国国会
100 元	富兰克林 FRANKLIN	美国独立堂
500 元	麦金来 MCKINLEY	小写“500 美元”
1 000 元	克利夫兰 CLEVELAND	大写“1 000 美元”

美元是世界货币中的基本货币，交易比重也是最高的。美元不仅是美国的货币，也是世界的货币，全球的大宗商品和能源计价也大多是以美元为主。

2. 英镑

货币名称：英镑（POUND、STERLING）。

发行机构：英格兰银行（BANK OF ENGLAND）。

货币符号：GBP。

辅币进位：1 镑 ＝100 便士（PENCE）。

钞票面额：5、10、20、50 镑。

过去旧制英镑辅币为“先令”和“便士”。1 英镑＝12 先令，1 先令＝20 便士。

1971 年 2 月 1 日起英镑改为百进制，1 英镑＝100 新便，取消先令。

英镑如图 8－2 所示。

英国虽然是欧盟的成员国，但尚未加入欧元区，故仍然使用英镑。由于英国是世界上最早实行工业化的国家，曾在国际金融业中占统治地位，英镑曾是国际结算业务中的计价结算使用最广泛的货币。第一次世界大战和第二次世界大战以后，英国的经济地位不断下降，但由于历史的原因，英国金融业还很发达，英镑在外汇交易结算中还占据相当的地位。

图 8－2　英镑

3. 欧元

货币名称：欧元（EURO）。

发行机构：欧洲中央银行（EUROPEAN CENTRAL BANK）。

货币符号：EUR。

辅币进位：1 欧元 =100 欧分（CENTS）。

钞票面额：5、10、20、50、100、200、500 欧元。铸币有 1、2、5、10、20、50 欧分和 1 欧元、2 欧元共 8 个面值。欧元是世界第二大货币。1999 年 1 月 1 日，欧元在欧盟各成员国范围内正式发行，它是一种具有独立性和法定货币地位的超国家性质的货币。欧盟根据《马斯特里赫条约》规定，欧元于 2002 年 1 月 1 日起正式流通。

欧元如图 8－3 所示。

图 8－3　欧元

4. 日元

日元，又称为日圆，其纸币称为日本银行券，是日本的官方货币，于 1871 年制定，日元也经常在美元和欧元之后被当做储备货币。

货币符号：日元的货币符号为“￥”，与人民币的货币符号相同（同为两横）。国际标准化组织 ISO4217 制定其标准代号为 JPY（Japanese yen）。例如，￥200，记作“JPY￥”时可区分人民币，同样记作“RMB￥”时可区分日圆。

图案：日本在改革后，日元纸币上用的都是学者的肖像。

日元是世界第三大货币，但是自从1985年的广场协议后日元基本上是呈现单边升值趋势，使日本的经济遭到了重创，国内利率也一直维持在0%左右，这些年的日本经济也被世人称为“失落的年代”。但是，不可小视日本制造业、造船业和电子业等在世界中的地位。

日元如图8－4所示。

图8－4　日元

5. 澳元

澳元是澳大利亚联邦的法定货币，由澳大利亚储备银行负责发行，目前澳大利亚流通的有5、10、20、50、100元面额的纸币，另有5、10、20、50分和1、2澳元硬币，其进位是1澳元等于100分（Cents）。

澳元属于商品性货币。澳大利亚是全球第四大农产品出口国，也是多种矿产出口量全球第一的国家，黄金的产量也占有很大的比重，所以澳元的升跌与大宗商品的价格走势息息相关。

澳元如图8－5所示。

图8－5　澳元

◇ **同步检测题（判断题）**

1. 外汇就是外币。（　　）
2. 远期汇率就是未来的即期汇率。（　　）
3. 外汇是不同国家货币的兑换。（　　）
4. 世界上主要的外汇有美元、欧元、英镑和日元。（　　）

任务二　理解汇率的标价方法、分类及影响因素

案例导入

情景引导

客户王东由于要到中国香港去旅游，因此想到中国银行兑换15 000元人民币的港币。要求学生们参考当天中国银行的外汇牌价，正确报价并兑换。

一、汇率的概念与汇率的标价方法

（一）汇率的概念

在国内，你去商店买东西的时候，会很自然地支付人民币。但是，如果你想从美国进口计算机，事情就复杂了。支付的不是人民币而是按照一定的比率折算的美元。同样，美国人如果想买中国商品，他们最终支付的是按照一定比率折算的人民币，而不是美元。这样，就由国际贸易引出了汇率的概念。

汇率（Exchange Rate）又称汇价，是一个国家的货币折算成另一个国家货币的比率或比价，也可以说是用一国货币所表示的另一国货币的价格。例如，2013年10月13日美元兑人民币的汇率中间价：100美元=611.85元人民币。

（二）汇率的标价方法

折算两个国家的货币，首先要明确以哪个国家的货币作为标准，通过变动另一国家的货币来反映比价。由于确定的比较标准不同，因而产生了两种不同的汇率标价方法：直接标价法和间接标价法。

1. 直接标价法

（1）直接标价法的概念。直接标价法是以一定单位（1或100）的外国货币为标准来计算应付出多少单位本国货币，就相当于计算购买一定单位外币所应付多少本币，因此又称为应付标价法。直接标价法与商品的买卖常识相似。例如，美元的直接标价法是把美元外汇作为买卖的商品，以美元为1单位，且单位是不变的，而作为货币一方的人民币是变化的。一般商品的买卖也是如此，500元买进一件衣服，550元把它卖出去，赚了50元，商品没变，而货币却增加了。

（2）直接标价法的特点。直接标价法的主要特点如图8-6所示。

在国际外汇市场上，除美国、英国、爱尔兰、澳大利亚、新西兰和欧盟外，包括中国在内的世界上绝大多数国家目前都采用直接标价法。例如，2013年9月11日中国银行人民币外汇牌价：100 EUR=1 073.73/1 076.98 CNY。

◇ 想一想

人民币比以前更值钱了吗？

2. 间接标价法

（1）间接标价法的概念。间接标价法是指以一定单位（如1个单位）的本国货币为标

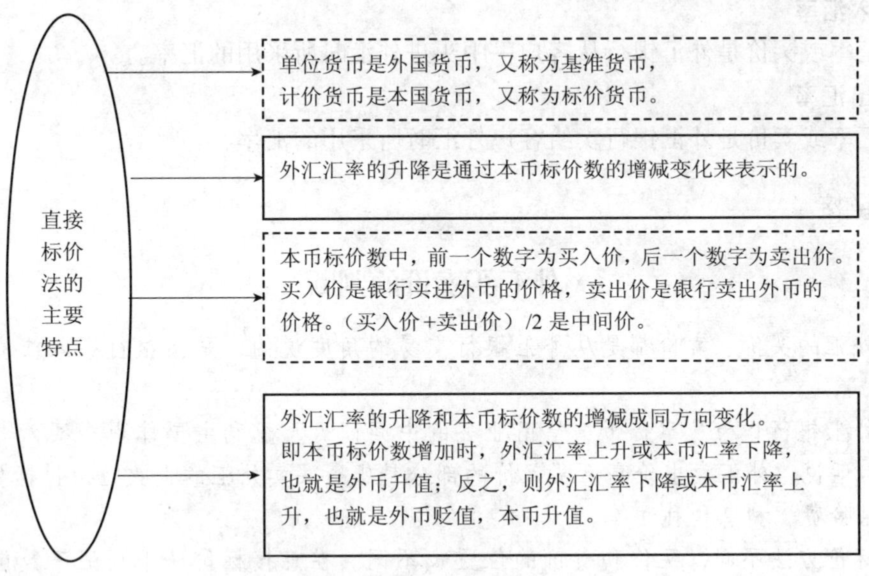

图 8-6　直接标价法的主要特点

准，来计算应收若干单位的外汇货币，又称应收标价法。例如，某日伦敦外汇市场英镑与美元的汇率报价为 GBP/USD：1.6173/1.6183。

（2）间接标价法的特点。间接标价法的主要特点如图 8-7 所示。

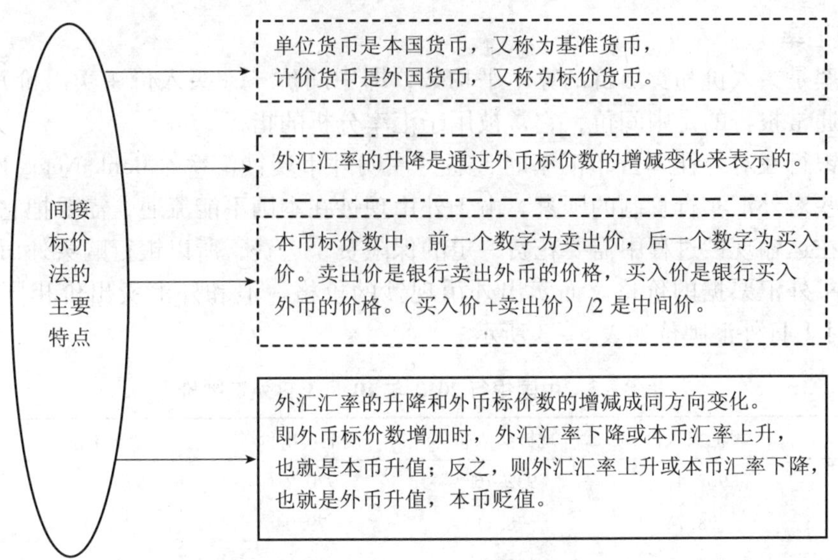

图 8-7　间接标价法的主要特点

三、汇率的种类划分

（一）从银行买卖外汇的角度划分

从银行买卖外汇的角度划分，汇率可分为买入汇率（Buying Rate）、卖出汇率（Selling Rate）和中间汇率（Middle Rate）。

1. 买入汇率

买入汇率或买价是外汇银行从客户手中买进外汇时所采用的汇率。

2. 卖出汇率

卖出汇率或卖价是外汇银行卖给客户外汇时所采用的汇率。

知识链接

外汇买卖价的判断

(1) 外汇的买价、卖价都是从外汇银行交易的角度说的，是指银行买入或卖出外汇的价格。

(2) 外汇银行作为从事货币、信用业务的中间商人，盈利主要体现在买入与卖出的差价上。换句话说，外汇卖出价高于买入价的部分是银行买卖外汇的毛收益，包括外汇买卖的手续费、保险费、利息和利润等。

(3) 标价方法不同，买价和卖价的位置也不同。在直接标价法下，汇率数值的大小与外汇价值的高低呈正相关关系，因此买价在前，卖价在后。例如，我国的外汇牌价中：1 USD = 8.264 5/8.289 3 RMB，“8.264 5”代表我国银行买入外汇时采用的汇价，“8.289 3”代表我国银行卖出美元外汇时所采用的汇价。相反，在间接标价法下，第一个数字表示卖价，第二个数字才是买价。

3. 中间汇率

中间汇率是买入价和卖出价的算术平均数，即中间价 = （买入价 + 卖出价）/2。报刊、电台、电视通常报告的是中间价，它常被用于汇率分析的指标。

另外，银行在对外挂牌公布汇率时，还另注明外币现钞汇率（Bank Notes Rate），这主要是针对一些对外汇实行管制的国家。由于外币现钞在本国不能流通，需要把它们运至国外才能使用，在运输现钞过程中需要花费一定的保险费、运费，所以银行购买外币现钞的价格要略低于购买外汇票据的价格。而卖出外币现钞的价格一般和外汇卖出价相同。中国银行2013年10月1日外汇牌价如表8－3所示。

表8－3　中国银行2013年10月1日外汇牌价

货币名称	现汇买入价	现钞买入价	现汇卖出价	现钞卖出价	中间价
英镑	962.47	932.76	970.2	970.2	972.81
港币	78.74	78.11	79.04	79.04	79.41
美元	610.58	605.68	613.02	613.02	615.78
日元	6.116 2	5.927 4	6.159 1	6.159 1	6.172 6
加拿大元	590.03	571.81	594.77	594.77	596.43
澳大利亚元	564.73	547.3	568.69	568.69	569.66
欧元	809.49	784.5	816	816	818.65
澳门元	76.51	73.94	76.8	79.26	76.65

数据来源：中国银行网站．http：//www.boc.cn/sourcedb/whpj.

◇ 资料卡

按照市场惯例，外汇汇率的标价通常由5位有效数字组成，从右边向左边数，第一位的数字X称为“X个点”，它是构成汇率变动的最小单位；第二位的数字Y称为“Y十个点”，依次类推。例如，1欧元 = 1.101 0美元，1美元 = 120.55日元，如果欧元对美元汇率从1.101 0变为1.101 5，称欧元对美元汇率上升了5点，美元对日元从120.50变为120.00，称美元对日元汇率下跌了50点。

（二）按外汇买卖的交割期限划分

按外汇买卖的交割期限划分，汇率分为即期汇率和远期汇率。

1. 即期汇率

即期汇率（Spot Rate）也叫现汇汇率，是指买卖外汇双方在成交当天或两天以内办理交割的汇率。交割（Delivery）是指外汇业务中两种货币的对应实际收付行为。

2. 远期汇率

远期汇率（Forward Rate）是指外汇买卖双方预约在将来某日期进行交割，而事先由买卖双方签订合同，达成协议的汇率。到了交割日期，不管汇率是否有变化，都按预先约定的汇率进行交割。远期交割的期限可以是1个月、3个月、6个月、1年，比较常见的是3个月期。采用远期汇率进行远期外汇买卖的主要目的是避免或减轻外汇汇率波动所带来的风险。

外汇的远期汇率与即期汇率相比是有差额的，这种差额叫远期差价。差额是用升水（Premium）、贴水（Discount）和平价（At Par）来表示。升水是表示远期汇率比即期汇率贵，贴水表示远期汇率比即期汇率便宜，平价表示两者相等。

（三）从汇率制定的角度划分

从汇率制定的角度划分，汇率可分为基本汇率（Basic Rate）和套算汇率（Cross Rate）。

1. 基本汇率

基本汇率（Basic Rate）又称基础汇率，是指本国货币（本币）对关键货币的比率。关键货币是本国国际收支中使用较多、在外汇储备中所占比重最大的自由兑换的货币。由于美元是国际收支中使用最多的货币，且被广为接受，所以绝大多数国家都把美元作为制定汇率的关键货币，因此常把对美元的汇率作为基本汇率。

2. 套算汇率

套算汇率（Cross Rate）又称为交叉汇率，是指两种货币以第三种货币为中介而推算出来的汇率。套算汇率的应用有以下两种情况。

（1）由于世界主要外汇市场只公布各种货币对美元的汇率，而不能直接反映其他货币之间的汇率，因此要求其他货币之间的汇率必须通过其对美元的汇率进行套算。

（2）各国在制定基本汇率后，对其他国家货币的汇率就可以通过基本汇率套算出来。例如，某日在纽约外汇市场的汇率报价为USD1 = JPY108.50，USD1 = CNY8.014 0，由此可套算出人民币元对日元的汇率为CNY1 = JPY13.538 8，即108.50/8.041 0。

（四）按照对汇率的管理宽严划分

按照对汇率的管理宽严划分，汇率可分为官方汇率、市场汇率和黑市汇率。

1. 官方汇率

官方汇率（Official Exchange Rate）是指国家货币管理当局（中央银行或外汇管理当局）所规定的汇率。在实施比较严格外汇管制的国家，禁止自由外汇市场存在，规定一切交易都按其公布的汇率进行。许多发展中国家属于这种类型。在外汇管理较宽松的国家，官方汇率只是起中心汇率的作用。

2. 市场汇率

官方汇率（Market Exchange Rate）是指在自由外汇市场上买卖外汇的实际汇率，且随外汇市场的外汇供求进行上下波动。政府要想对其汇率进行调节，就必须对外汇市场进行干预。目前，西方发达国家都采取市场汇率。我国自 1994 年 1 月 1 日起，人民币实行有管理的单一浮动汇率后，也开始采用市场汇率。

3. 黑市汇率

在外汇管制较严的国家，往往存在进行外汇交易的地下市场，即外汇黑市，在这个市场上交易的汇率就是黑市汇率（Black Market Rate）。黑市汇率在一定程度上接近于市场汇率，但仍与自由市场汇率有所区别，因为外汇黑市的供求关系具有较强的盲目性，并且交易操作不甚规范。

（五）按银行营业时间划分

按银行营业时间划分，汇率分为开盘汇率和收盘汇率。

1. 开盘汇率

开盘汇率（Opening Rate）也称为开盘价，是指外汇银行在一个营业日刚开始营业时进行外汇交易所使用的汇率。

2. 收盘汇率

收盘汇率（Closing Rate）也称为收盘价，是指外汇银行在一个营业日的外汇交易终了时使用的汇率。

（六）按是否考虑通货膨胀因素划分

按是否考虑通货膨胀因素划分，汇率分为名义汇率和实际汇率。

1. 名义汇率

名义汇率（Nominal Exchange Rate）是指不考虑通货膨胀因素的影响，单纯由外汇市场供求关系所决定的汇率。外汇市场上进行外汇交易的汇率就是名义汇率。

2. 实际汇率

实际汇率（Real Exchange Rate）是指剔除了由于通货膨胀因素所导致的货币购买力下降影响的汇率。实际汇率是相对于名义汇率而言的，两者之间存在以下的近似关系：

$$实际汇率 = 名义汇率 - 通货膨胀率$$

（七）按汇率制度划分

按汇率制度划分，汇率可分为固定汇率和浮动汇率。

1. 固定汇率

固定汇率（Fixed Exchange Rate）是指两国货币的汇率基本固定，汇率的波动被限制在较小的幅度之内。在固定汇率制度下，如果政府因为特殊情况而无法维持原来的汇率水平时，就会对汇率进行调整，如果将本币币值上调，则称为法定升值（Revaluation）；如果将本币币值下调，则称为法定贬值（Devaluation）。

2. 浮动汇率

浮动汇率（Floating Exchange Rate）是指一国货币当局不规定本国货币与另一国货币的官方汇率，听任外汇市场的供求关系来决定的汇率。浮动汇率制是在1973年布雷顿森林国际货币体系固定汇率制崩溃后各国相继实行的。国际上对浮动汇率根据有无干预分为“自由浮动”（Free Floating）汇率和“管理浮动”（Managed Floating）汇率。

四、影响汇率变动的因素

（一）国际收支状况是影响汇率变动的直接因素

国际收支是指一国在一定时期内对其他国家的全部经济交易所引起的收支总额的系统纪录，是影响汇率短期变化的重要因素。

当国际收支出现顺差时，外汇供过于求，对外汇的需求下降，外汇作为一种商品价格就会下跌，表现为外国货币与本国货币的比值会下降，外汇贬值。当国际收支出现逆差时，本国对外汇的需求上升，在外汇市场表现为外汇需求大于供给，外汇价格上涨，外国货币与本国货币的比值会上升，本国货币贬值。

知识链接

国际收支平衡表

国际收支平衡表是反映一定时期一国同其他国家的全部经济往来的收支流量表。国际收支平衡表是对一个国家与其他国家进行经济技术交流过程中所发生的贸易、非贸易、资本往来，以及储备资产的实际动态所作的系统记录，是国际收支核算的重要工具。人们通过国际收支平衡表反映的项目来确定一国的国际收支状况。国际收入平衡表的结构如表8－4所示。

表8－4　国际收支平衡简表

项目	借方	贷方
经常账户	主要包括货物和服务进口	主要包括货物或服务出口
资本与金融账户	主要表现为一国投资流出	主要表现为外国投资流入
误差与遗漏		
储备资产	增加记入借方	减少记入贷方

（二）通货膨胀率的差异是影响汇率的主导因素

在纸币流通条件下，两国货币之间的比率，在根本上是由各自所代表的价值量决定的。物价是一国货币价值在商品市场的体现，通货膨胀意味着该国货币代表的价值量下降。因此，国内外通货膨胀率差异就是决定汇率长期趋势的主导因素。

在国内外商品市场密切联系的情况下，一国较高的通货膨胀率就必然反映在经常项目收支上。具体来看，高通货膨胀率会削弱本国商品在国际市场上的竞争能力，引起出口的减少，同时提高外国商品在本国市场上的竞争能力，造成进口增加。另外，通货膨胀率差异还会通过影响人们对汇率的预期，作用于资本项目收支。如果一国通货膨胀率高，人们就会预期该国货币的汇率将趋于疲软，由此进行货币替换，即把手中持有的该国货币转化为其他货币，造成该国货币在外汇市场上的现实下跌。总而言之，如果一国通货膨胀率高于他国，该国货币在外汇市场上就会趋于贬值；反之，则会趋于升值。

（三）利率差异

价格水平的变动影响一国的商品输出/输入，而利率作为金融市场上的“价格”，其变动则会影响一国的资金输出/输入。如果一国的利率水平相对于他国提高，就会刺激国外资金流入增加，本国资金流出减少，由此改善资本项目收支，提高本国货币的汇价；反之，如果一国的利率水平相对于他国下降，则会恶化资本项目收支。在国际资本流动规模远远超过国际贸易额的今天，利率差异对汇率变动的影响比过去更加显著了。

（四）经济增长率差异

国内外经济增长率差异对汇率变动的影响是多方面的。首先，一国经济增长率高，意味着收入上升，由此会造成进口支出的大幅度增长；其次，一国经济增长率高，往往也意味着生产率提高很快，由此通过生产成本的降低改善本国产品的竞争地位而有利于增加出口、抑制进口；再次，经济增长势头好，一国的利润率也往往较高，由此吸引国外资金流入本国，进行直接投资，从而改善资本项目收支。

一般来说，高经济增长率在短期内不利于本国货币在外汇市场的行市，但长期来看，却有力地支持着本国货币的升值。

（五）政府干预

政府对外汇市场的干预也是影响汇率变动的重要因素。一方面，政府可以通过在外汇市场收购与抛出外汇（本币）来影响汇率的变动。例如，当该国汇率严重偏离正常水平时，该国中央银行往往会入市干预。中央银行买入某种货币时，将使该货币在短期内需求增加，从而升值；而当中央银行卖出某种货币时，将使该货币在短期内供应增加，从而贬值。另一方面，政府可以通过采用财政政策或货币政策来影响汇率的变动。例如，通过宽松的财政政策和货币政策造成通货膨胀与收支逆差，促使本币贬值，外币升值，外汇汇率上升。

（六）其他因素

除了国际收支、通货膨胀、利率、经济增长和政府干预外，还有很多因素（如重大事件、投机、人们的预期心理、季节性因素和政局的变动）都可以对汇率变动产生影响。

总之，影响汇率发生变化的因素很多，有直接的或间接的，有长期的者短期的，有起主要作用的或起次要作用的。

◇ 同步检测（判断题）

1. 在间接标价法下，当外国货币数量减少时，称外国货币汇率下浮或贬值。（　　）
2. 升水与贴水在直接标价法与间接标价法下含义截然相反。（　　）
3. 利率对短期汇率的影响比对长期汇率的影响大。（　　）

项目二　外汇市场与外汇交易实务概述

知识目标

1. 了解外汇市场的情况和交易时间。
2. 掌握即期外汇、远期外汇和期权的交易原理。
3. 熟悉各种外汇交易工具的特点。

能力目标

1. 能够用远期外汇交易、外汇期权进行避险和投机。
2. 能够区别各种外汇交易工具的特点，灵活选择适当的交易工具。

任务一　了解外汇市场的特点与分类及主要外汇市场

案例导入

情景引导

王东发现美元兑人民币的汇率发生了变化，比前两天他看的汇率要高，因此产生了兴趣，想从事外汇交易。设计一个情景，作为外汇交易的客户经理张妍如何向王东介绍外汇交易市场的情况。

一、外汇市场的含义与特点

（一）外汇市场的含义

外汇市场是专门进行外汇买卖、调节外汇供求关系的市场。作为世界上交易规模最大的市场，它并不具有有形的交易场所，而是一个由现代通信设施与通信服务连接起来的、无形的世界性网络系统。

（二）外汇市场的特点

1. 外汇交易方式多样

除了即期、远期、期货、期权等传统外汇交易方式，还有很多新的衍生交易工具，如利率掉期、货币互换、债券回购交易等。

2. 各外汇市场汇率趋向一致

由于全球各外汇市场相互之间通过先进的通信设备和计算机网络连成一体，因此市场的参与者可以在世界各地进行交易，外汇资金流动顺畅，各外汇市场汇率趋向一致。例如，在某一时点上纽约外汇市场1英镑兑换1.508 0美元，而东京外汇市场上1英镑兑换1.507 7美元，投资者通过在东京市场低价买入英镑，同时在纽约市场高价卖出赚取无风险收益。这样，东京市场上对英镑的需求就会增加，纽约市场上英镑供给也在增加。只要有足够多的套汇行为，汇率会趋向一致。

3. 空间与时间高度连续性的全球、全天候市场

目前，世界上大约有30多个主要的外汇市场，它们遍布于世界各大洲的不同国家和地区。根据传统的地域划分，外汇市场可分为亚洲、欧洲、北美洲三大部分，其中最重要的有欧洲的伦敦、法兰克福、苏黎世和巴黎，美洲的纽约和洛杉矶，澳洲的悉尼，亚洲的东京、新加坡和中国香港等。由于这些外汇交易中心的地理位置不同，属于不同的时区，当一个市场闭市时，另一个市场却仍在交易，这样就形成了一个全天24小时连续运作的全球统一的外汇市场。世界主要外汇市场交易时间表如图8－8所示。

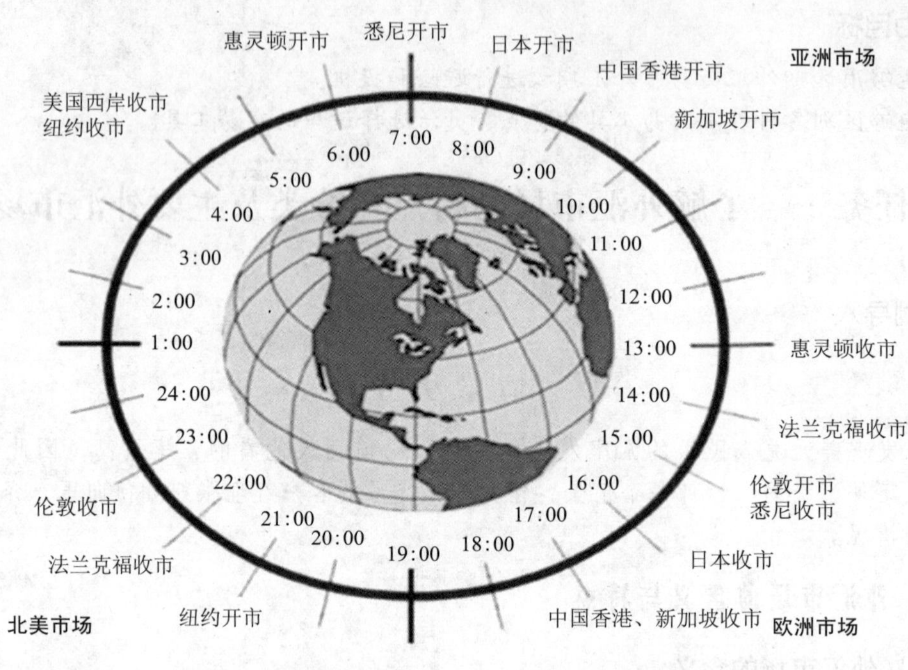

图8－8　世界主要外汇市场交易时间表（北京时间）

4. 汇率波动剧烈

20世纪70年代初布雷顿森林体系崩溃后，西方国家普遍实行浮动汇率制，外汇汇率直接受到市场供求关系的影响，使汇率波动愈加频繁。

二、外汇市场的作用

（一）实现购买力的国际转移

在国际贸易和资本移动过程中，必然涉及不同的国家，而各国所使用的货币不一致，这就要求将不同国家的货币进行交换，以实现购买力的转移。外汇市场为货币交换提供了场所，进而实现了购买力的转移。例如，一位美国进口商欲从日本进口一批货物，而日本出口商要求以日元来支付货款，美国进口商就必须在外汇市场上以美元买进日元，从而使购买力从美国转移到日本。

（二）提供资金融通

外汇市场向国际间的交易者提供了资金融通的便利，从而使国际借贷和国际投资活动顺利进行。例如，日本某跨国公司想在意大利设立一家子公司，它可以在外汇市场用日元兑换一定数额的欧元，然后用其在意大利购买土地、兴建厂房、添置设备并雇用当地的工人。

（三）提供外汇保值和投机的场所

在以外汇计价成交的国际经济交易中，交易双方都面临着外汇风险。由于市场参与者对外汇风险的判断和偏好的不同，有的参与者宁可花费一定的成本来转移风险，而有的参与者则愿意承担风险以实现预期利润。由此产生了外汇保值和外汇投机两种不同的行为。外汇保值者卖出或买进金额相当于已有的一笔外币资产或负债的外汇，使原有的这笔外币资产或负债避免汇率波动的影响，从而达到保值的目的。外汇投机者通过外汇交易故意使自己拥有敞口头寸，以期在日后的汇率变动中得到收益。

三、外汇市场的组织形式与参与者

（一）外汇市场的组织形式

外汇市场的组织形式主要有两种：场内市场和场外市场。

1. 场内市场

场内市场即交易所方式类，类似于国内的上海证券交易所，有固定的营业日和开盘与收盘时间，外汇交易的参与者在规定的时间集中在交易所内进行交易。但是，通过交易所方式进行的交易在整个外汇市场占有的比重极小，甚至可以忽略不计，因此场外交易方式是外汇市场的主要组织形式。

2. 场外市场

场外市场（Over The Counter，OTC）也称为柜台市场，该市场里并没有一个中央式的交易所和结算机构来配对所有的订单。全世界的银行、外汇经销商和做市商（Marker Maker）昼夜不停地通过各种通信网络彼此联系，创造了一个高效的交易市场。

前面提到，外汇市场是24小时交易运行的市场，正是因为这种市场结构，那些分布在世界各地的大银行，构成了以伦敦、纽约、澳洲、东京、中国香港为骨干的银行间网络。当一个国家或地区的外汇市场偃旗息鼓的时候，另外一个国家或地区的外汇市场却开始闪亮登场，就这样周而复始，永不停息。

（二）外汇交易的参与者

1. 外汇银行

外汇银行是办理外汇交易的商业银行，是外汇市场的中坚。例如，我国的中国银行即是外汇银行。外汇市场的外汇交易大多通过外汇银行进行，大额的外汇买卖大多集中在外汇银行办理。

2. 外汇经纪人

外汇经纪人即专门从事外汇买卖经纪活动的人。这些人必须经当地中央银行分支机构批准。外汇经纪人本身不参与买卖外汇，也不承担外汇买卖的风险，仅充当外汇买卖双方的桥梁，靠收取手续费或佣金获得收入。

3. 进出口商及其他外汇供求者

进出口商及其他外汇供求者既是外汇供求者，又是外汇银行的顾客。进出口商既是外汇的需求者（进口时）、又是外汇的供给者（出口时）；其他外汇供求者是指非贸易外汇的买卖者，如观光旅游者和外汇投机者。

4. 贴现公司

贴现公司通过办理贴现和将贴现的票据拿到外汇市场上交易成为外汇买卖的供求者。

5. 中央银行及外汇管理机构

中央银行及外汇管理机构参与外汇买卖、干预外汇市场而成为外汇市场的供求者和管理者。

四、世界上主要的外汇市场

虽然国际外汇市场是一个不分昼夜24小时连续作业的市场，一个市场的汇率波动可以迅速波及其他市场，但是每一个市场又都有其自身的不同特点。

1. 伦敦市场

伦敦市场是全球老牌金融中心（其交易时间约为北京时间16:30至次日00:30），也是开办外汇交易最早的地方。其悠久的传统使各国银行习惯性地在伦敦市场开盘后才开始进行大宗的外汇交易。因此，全球外汇市场一天的波动就随着伦敦市场的开盘而开始加剧，个人投资者在这个时段的机会也将逐渐增多。欧洲中央银行 、英国中央银行利率，德国IFO企业景气指数，英国、欧元区12国GDP，英国、欧元区12国消费者价格指数等因素，对欧洲外汇市场波动程度起到影响作用。伦敦外汇市场上的交易货币几乎包括所有可兑换货币，规模最大的是英镑兑美元的交易，其次是英镑兑欧元、瑞士法郎和日元的交易。

◇ **资料卡**

德国IFO企业景气指数是对包括制造业、建筑业、零售业和服务业等各行业7 000家以上的企业进行月度调查，并依据企业对目前经营状况的评估、短期内企业的计划和对未来半年的预测而编制的指数。

2. 纽约市场

由于美国股市是全球最大的资本流动中心，因此纽约市场是全球最活跃的外汇交易市场（其交易时间约为北京时间20:00至次日4:00），其高度的活跃性意味着投资者盈利机会的增多。除美国股市外，其GDP数据、公开市场委员会利率、美联储公开言论、生产者价格指数、消费者价格指数、非农就业人数、失业率等一系列基本面数据，都会成为影响外汇市场的重要因素。纽约外汇市场是除美元以外所有货币的第二大交易市场，各种货币所占的交易比重依次是欧元、英镑、瑞士法郎、加元、日元等。

知识链接

美元指数

美元指数是综合反映美元在国际外汇市场上汇率情况的指标，用来衡量美元对一揽子货币的汇率变化程度。美元指数通过计算美元和对选定的一揽子货币的综合变化率，来衡量美元的强弱程度，从而间接地反映美国的出口竞争能力和进口成本的变动情况。如果美元指数下跌，说明美元对其他的主要货币贬值。

3. 东京市场

东京市场是亚洲最大的外汇交易市场（交易时间约为北京时间的8:00—11:00和12:30—16:00），但在三大外汇市场中却是规模最小的。在东京外汇交易所的交易时段，可能仅有日元出现波动的几率大一些。此外，日本作为出口大国其进出口贸易的收付较为集中，因此具有易受干扰的特点。东京外汇市场的交易货币比较单一，主要是日元兑美元和日元兑欧元的交易。

4. 悉尼市场

悉尼市场是大洋洲最重要的外汇交易市场，这是由于悉尼不仅是澳大利亚重要的经济文化中心，同时也是整个大洋洲最重要的金融中心。悉尼的地理位置比较特殊，这使悉尼外汇市场成为全球主要外汇市场中最早开始交易的市场。悉尼外汇市场上的交易品种，以澳大利亚元兑美元、新西兰元兑美元和澳大利亚元兑新西兰元为主。

需要注意的是，澳大利亚还有一个著名的外汇交易中心：惠灵顿外汇市场，是这两个市场将澳大利亚的外汇交易推向了世界外汇交易量的前8位。

5. 中国香港市场

中国香港市场是20世纪70年代以后发展起来的国际性外汇市场。自1973年香港取消外汇管制后，国际资本大量流入，经营外汇业务的金融机构不断增加，外汇市场越来越活跃，发展成为国际性的外汇市场。市场参与者分为商业银行、存款公司和外汇经纪商三大类型。香港外汇市场日均交易为2 376亿美元，单纯远期交易的日均成交净额为320亿美元，外汇掉期日均交易为1 470亿美元。

6. 苏黎世市场

瑞士苏黎世市场是一个有着悠久历史传统的外汇市场，在国际外汇交易中处于重要的地位。在第二次世界大战期间，瑞士是中立国，外汇市场未受战争影响，同时该国一直坚持对外开放，国内政治局势和经济运行稳定，因此瑞士成为世界上少有的、重要的外币避祸国。当美国经济下滑或国内政局不稳定时，交易者往往就会抛弃美元而购买瑞士法郎。

苏黎世市场的特点主要是：① 外汇交易由银行之间直接进行；② 美元在苏黎世市场上占据重要地位。瑞士的三大银行：瑞士银行、瑞士信贷银行和瑞士联合银行，是苏黎世外汇市场的中坚力量。在苏黎世外汇市场上，美元兑瑞士法郎的交易量占据了主导性的地位。

7. 新加坡市场

新加坡市场是随着亚洲美元市场的发展而发展起来的外汇市场。新加坡外汇市场是一个无形市场，大部分交易由外汇经纪人办理，并通过他们把新加坡和世界各金融中心联系起来。新加坡外汇市场的主要参与者由经营外汇业务的本国银行、经批准可经营外汇业务的外国银行和外汇经纪商组成。其中，外资银行的资产、存放款业务和净收益都远远超过本国银行。

新加坡外汇市场的交易以美元兑新加坡元为主，约占交易总额的85%。其大部分交易都是即期交易，掉期交易和远期交易合计占交易总额的1/3。

8. 法兰克福市场

法兰克福市场是欧洲重要的外汇交易中心，这与德国在欧洲的经济地位紧密关联。法兰克福外汇市场分为定价市场和一般市场。定价市场由官方指定的外汇经纪人负责撮合交易，他们分属法兰克福、杜塞尔多夫、汉堡、慕尼黑和柏林5个交易所。

知识链接

最佳交易时段

世界上主要的外汇交易中心的营业时间如表8－5所示。

表8－5　世界上主要的外汇交易中心的营业时间

地区	市场	当地开收盘时间	非夏令时时段		夏令时（DST）	
			换算为北京时间的开收盘时间			
			开盘	收盘	开盘	收盘
大洋洲	惠灵顿	9:00—17:00	05:00	13:00	04:00	12:00
			2008/4/06—2008/9/28		2007/9/30—2008/4/06	
	悉尼	9:00—17:00	07:00	15:00	06:00	14:00
			2008/4/06—2008/10/26		2007/10/28—2008/4/06	
亚洲	东京	9:00—15:30	08:00	14:30	08:00	14:30
	香港	9:00—16:00	09:00	16:00	09:00	16:00
	新加坡	9:30—16:30	09:30	16:30	09:30	16:30
欧洲	法兰克福	9:00—16:00	16:00	23:00	15:00	22:00
	苏黎世	9:00—16:00	16:00	23:00	15:00	22:00
	巴黎	9:00—16:00	16:00	23:00	15:00	22:00
	伦敦	9:30—16:30	17:30	（次日）00:30	16:30	23:30
			2008/10/26—2009/3/29		2008/3/30—2008/10/26	
北美洲	纽约	8:30—15:00	21:00	（次日）04:00	20:00	（次日）03:00
	芝加哥	8:30—15:00	22:00	（次日）05:00	21:00	（次日）04:00

相对于北京时间而言，20:30—24:00（夏令时）是英国伦敦市场和美国纽约市场的重叠交易时段，是各国银行外汇交易的密集区，也是大宗交易最多的时段，市场波动最为频繁。而外汇市场波动越频繁，则意味着投机者赚钱的机会越多。

一般而言，本地货币会在本地市场的交易时段内比较活跃。例如，亚洲市场开市时的澳元、日元比较活跃，欧洲市场开市时的欧元、英镑、瑞士法郎比较活跃，美洲市场开市时的美元、加元比较活跃。

此外，需要注意的是，只要是外汇交易地区没有设置外汇交易所，则就属于场外交易，因而不存在着开盘和收盘的概念，主要以当地人们正常的作息时间为准。一般交易的高峰都会出现在当地正常工作日的9:00—17:00，因为当地的人们习惯于在此时段内处理工作。

不适宜的交易时段如下。

（1）周五：可能会有一些出乎意料的消息产生，此时交易风险较大。

（2）节假日：一些银行可能休市，交易量清淡，不宜交易。

（3）重大事件发生时：此时入市风险较大。

◇ 同步检测（判断题）

1. 外汇交易以场内交易为主。（　　）

2. 外汇市场是金融市场的一部分。（　　）

3. 外汇市场是全天候的市场。（　　）

任务二　了解外汇交易方式

案例导入

情景引导

张力刚刚毕业，在一家外贸公司工作。该公司主要出口纺织品到欧美等国家，但是由于人民币升值，该公司几个月后收回的美元和欧元都比现在兑换的人民币数额少。由于汇率波动给该公司带来了很大的损失。因此，公司让张力到银行咨询一下有没有什么避险的工具。客户经理张鑫热情地接待了他。

一、外汇交易方式的划分

外汇市场上的各种交易可按不同的标准进行不同的种类划分。

（1）按合同的交割期限或交易的形式特征划分，外汇交易方式可分为即期外汇交易和远期外汇交易两大类。

（2）按交易的目的或交易的性质划分，外汇交易方式可分成商业性外汇交易、套利交易、掉期交易、互换交易、套期保值交易、投机交易和中央银行的外汇干预交易等。

（3）随着国际金融业的竞争与金融工具的创新，外汇市场上还出现了许多新的交易方式，如外汇期货、期权交易。下面将对外汇交易中主要方式进行介绍。

二、即期外汇交易

（一）基本原理

即期外汇交易（Spot）又称为现汇交易或现汇买卖，是指外汇交易双方以当时外汇市场的价格成交，并在成交后两个营业日内办理有关货币收付交割的外汇交易。外汇即期交易是外汇市场上最常见、最普遍的买卖形式。由于交割时间较短，所受到的外汇风险较小。

交易的基本步骤：询价（Asking）、报价（Quotation）、成交（Done）、证实（Confirmation）、结算（Settlement）。

（二）即期外汇交易的交割日

1. 外汇交割日的含义

外汇实际交割的日期称为交割日（Value Date），又叫起息日，是指外汇买卖双方把交易的外汇解入对方账户的时间。

2. 交割日确定的原理

同时交割原理：即处理交易货币的两个市场必须同时在营业，两种货币大约在相同或相近的时间划拨到对方的账户上。在实践中，不同时区的外汇市场的营业时间是不同的，交割时要选择营业时间重叠的时期。

3. 交割日的确定

（1）标准交割日。标准交割日是指在交易成交后的第二个营业日交割，又称 T+2 交割。例如，交易日为星期一，则交割日为星期三。如遇节假日，交割日顺延。世界上主要的外汇市场，伦敦、纽约和苏黎世市场都是以这种方式进行外汇交割。

（2）隔日交割。隔日交割是指在交易成交后的第一个营业日交割，又称 T+1 交割。某些国家采用此方式进行外汇交割，如新加坡、马来西亚、加拿大等。

（3）当日交割是在交易成交的当天交割，又称 T+0 交割。例如，远东地区的东京、香港市场，交易当天清算，又称为“现货交易”。

◇ 资料卡

营业日（工作日）是指交割资金双方所在银行营业的日子。世界各地的外汇交易中心，都是周一到周五开市营业，周六和周日休市。

（三）即期汇率的报价方式

即期外汇交易采用双向报价，即同时报出买价和卖价。

例如，USD/HKD = 7.756 3/7.756 8，也可写为 USD/HKD = 7.756 3/68，斜线左边是银行买入基础货币的价格，即银行买入 USD 的汇价；斜线右边是银行卖出基础货币的价格，即银行卖出 USD 的汇价。即期外汇交易报价应注意以下 3 点。

（1）买卖价是站在报价行的立场而言，询价者的立场恰恰相反。

（2）报价行在外汇买卖中总是低价买进高价卖出，从中赚取利润。

（3）通常各银行的交易员在报价时只取最末两位数，因为前面几位数只有在外汇市场发生剧烈动荡时才会变化，一般情况下频繁变动的只是最末两位数，如汇率为 138.75/138.85，就报 75/85。

（四）即期外汇交易的方式

根据交割方式的不同，可将即期外汇交易分为以下 3 种。

（1）电汇交割方式，简称电汇（Telegraphic Transfer，T/T）。这是用电报、电传通知外汇买卖双方开户银行（或委托行）将交易金额收付记账。电汇的凭证是汇款银行或交易中心的电报或电传汇款委托书。

（2）票汇交割方式（Demand DRAFT，D/D）。这是指通过开立汇票、本票、支票的方式进行汇付和收账。这些票据即为汇票的凭证。

（3）信汇交割方式，简称信汇（Mail Transfer）。这是指用信函方式通知外汇买卖双方开户行或委托行将交易金额收付记账。信汇的凭证就是汇款行或交易中心的信汇付款委托书。

（五）交叉汇率的计算

在国际外汇市场上，各种货币的汇率普遍以美元标价，即与美元直接挂钩，非美元货币之间的买卖必须通过美元汇率进行套算。通过套算得出的汇率叫交叉汇率。交叉汇率的套算遵循以下 3 条规则。

(1) 如果两种货币的即期汇率都以美元作为单位货币，那么计算这两种货币比价的方法是交叉相除。

例如，若目前中国香港外汇市场上的汇率是：

USD1 = HKD 7.794 4 ～ 7.795 1

USD1 = JPY 127.10 ～ 127.20

这时单位港币兑换日元的汇价为：HKD1 = JPY127.10/7.795 1 ～ 127.20/7.794 4 = JPY16.305 1 ～ 16.319 4

(2) 如果两个即期汇率都以美元作为计价货币，那么汇率的套算也是交叉相除。

例如，若目前外汇市场上的汇率是：

GBP1 = USD1.612 5 ～ 1.613 5

AUD1 = USD0.712 0 ～ 0.713 0

这时单位英镑换取澳元的汇价为：

GBP1 = AUD1.612 5/0.713 0 ～ 1.613 5/0.712 0 = AUD2.261 6 ～ 2.266 2

(3) 如果一种货币的即期汇率是以美元作为计价货币，另一种货币的即期汇率以美元为单位货币，那么此两种货币间的汇率套算应为同边相乘。

例如，若目前外汇市场上的汇率是：

USD1 = HKD7.794 4 ～ 7.795 1

GBP1 = USD1.751 0 ～ 1.752 0

则英镑兑港元的汇价为：

GBP1 = HKD7.794 4 × 1.751 0 ～ 7.795 1 × 1.752 0 = HKD13.648 0 ～ 13.657 0

三、远期外汇交易

(一) 远期外汇交易的基本原理

远期外汇交易（Forward）又称为期汇交易，是指在外汇买卖成交时，双方先签订合同，规定交易的币种、数额、汇率，以及交割的时间、地点等，并于将来某个约定的时间按照合同规定进行交割的一种外汇方式。远期外汇交易的期限按月计算，一般为 1 ～ 6 个月，也有的长达 1 年，通常为 3 个月。

(二) 远期外汇交易的目的

1. 避免商业或金融交易遭受汇率变动的风险

拥有外币的债权人和债务人可能在到期收回或偿还资金时因汇率变动而遭受损失，因此他们可以在贷出或借入资金时，就相应卖出或买入相同期限、相当金额的期汇，以防范外汇风险。

2. 外汇银行为平衡期汇头寸

银行为满足客户要求而进行期汇交易时，难免会出现同一货币同一交割期限或不同交割期限的超买或超卖，银行进行期汇买卖予以平衡。

3. 投机者为谋取汇率变动的差价

与套期保值者不同，投机者通过有意识的持有外汇多头或空头来承担外汇风险，以期从汇率变动中获利。

（三）远期汇率的标价方法与计算

1. 远期汇率的定义

远期汇率又称为期汇汇率，是外汇交易双方达成买卖协议，约定在未来一定时期进行实物交割时所使用的汇率。远期汇率虽然是未来交割时使用的汇率，但并不是未来交割日的即期汇率，它只是外汇市场上交易者对交割日即期汇率的普遍预期。

2. 远期汇率的标价方法

远期汇率的标价方法有两种：一种是直接标出远期汇率的实际价格；另一种是报出远期汇率与即期汇率的差价，即远期差价，也称远期汇水。

如果远期汇率比即期汇率高，该差价就称为升水；如果远期汇率比即期汇率低，该差价就称为贴水；如果远期汇率与即期汇率相等，则称为平价。

（1）直接标价法下远期汇率的表示：远期汇率 = 即期汇率 + 升水；远期汇率 = 即期汇率 - 贴水。例如，法兰克福外汇市场某时刻美元对欧元的即期汇率为 1 美元 = 1. 109 5 欧元，而 3 个月贴水为 20 个基本点，则实际的 3 个月美元的远期汇率为 1 美元 = 1. 107 5 欧元。

（2）间接标价法下远期汇率的表示：远期汇率 = 即期汇率 - 升水，远期汇率 = 即期汇率 + 贴水。例如，在伦敦外汇市场上，某时刻英镑兑美元的即期汇率为 1 英镑 = 1. 247 5 美元，而 3 个月升水为 20 个基本点，则实际的 3 个月美元的远期汇率为 1 英镑 = 1. 245 5 美元。

（3）如果标价中将买卖价格全部列出，并且远期汇水也有两个数值，那么根据以下规则计算远期外汇的买卖价格。

① 若远期汇水前大后小，表示单位货币的远期汇率贴水，计算远期汇率时应用即期汇率减去远期汇水。例如，市场即期汇率为 USD1 = HKD7. 794 4 ～ 7. 795 1，1 个月远期汇水为 49/44，则 1 个月的远期汇率为 USD1 = HKD7. 789 5 ～ 7. 790 7。

② 若远期汇水前小后大，表示单位货币的远期汇率升水，计算远期汇率时应用即期汇率加上远期汇水。例如，市场即期汇率为 GBP1 = USD1. 604 0 ～ 1. 605 0，3 个月远期汇水为 64/80，则 3 个月的远期汇率为 GBP1 = USD1. 610 4 ～ 1. 613 0。

四、掉期外汇交易

掉期外汇交易（Swap）是外汇交易者在买进或卖出一定数额的即期外汇或远期外汇的同时，卖出或买入同样数额的该币种的远期外汇或即期外汇。掉期外汇交易实际上由两笔外汇交易组成：一笔为即期外汇交易；另一笔为远期外汇交易。这两笔交易金额相同、货币相同，但买、卖的方向相反。

掉期交易的目的是保值和防范汇率风险。例如，某公司从国外借入一笔日元贷款，希望将其转换为美元使用。于是，该公司向银行提出交易要求，将日元兑成美元，以满足该企业对美元的需求。但到贷款期满时，该企业必须用日元归还贷款，为防止日元升值造成还款上的被动，该企业选择利用掉期交易来规避风险。首先，做一笔即期交易，卖出日元、买入美元；同时，又做一笔远期交易，即卖出同样数额的远期美元、买进远期日元，以保证到期按时偿还日元贷款。

五、外汇期货交易

（一）外汇期货交易的产生

20 世纪 70 年代初期，芝加哥商品交易所在汇率频繁出现巨幅波动的情况下，于 1972 年推出了外币对美元的期货合约即外汇期货交易（Currency Futures）。后来，其他国家也纷纷开展这项业务。

目前，美国芝加哥商品交易所的国际外汇市场（IMM）和英国伦敦的国际金融期货交易所（LIFFE）的外汇期货业务交易量最大，影响也最大。

（二）外汇期货与远期外汇业务的相同点与不同点

1. 外汇期货与远期外汇业务的相同点

外汇期货业务与远期外汇业务都是关于在未来某一时刻、一定数量的某种货币以确定的价格进行交易的合同，其主要目的都是套期保值，避免汇率变动的风险。然而，在其他方面，这两种交易又存在着许多不同。

2. 外汇期货与远期外汇业务的不同点

（1）合约的内容不同。外汇期货合约是由交易所制定的标准化外汇期货合约。除价格没有固定外，所有交易条件（如交易的币种、单位、报价方法、交易时间、价格变动的起点及日价格波动的最大幅度、保证金数额、交割时间、交割地点等）都已进行规范化和标准化处理。由于外汇期货的交易对象是标准化合约，这样就方便了二级市场的交易，使外汇期货的流动性远远高于远期外汇业务。

（2）交易和交割方式不同。外汇期货交易是在交易所进行，只有交易所的会员之间才能进行外汇期货交易。而远期外汇业务则基本上是在无形市场上，是在顾客与银行或银行与银行之间进行的。从交割方式上看，远期外汇业务合约到期时，客户需要与银行直接进行资金清算与过户，而外汇期货合约最终进行实际交割的很少，绝大多数期货合约都会在到期日之前结清，即利用一笔相反的交易对冲。

（3）成本不同。进行外汇期货交易的客户需要在交易所缴纳初始保证金、开立账户，并且根据每天的市场价格计算保证金账户盈亏，必要时需增补保证金。

（4）违约风险不同。外汇期货交易采取保证金制度和盯市制度，因此一般不存在违约风险。而远期外汇交易多数仅凭银行对客户的信用评价达成，交易双方都可能面临违约风险。

六、外汇期权交易

（一）期权

期权（Option）又称选择权，是指期权合同的买方以支付一定金额期权费为代价，获得自由决定在约定时期内是否按协议价格买入或卖出一定数量金融工具的选择权。

（二）外汇期权交易的含义

外汇期权交易（Foreign Exchange Options）是指期权买方以一定金额的期权费为代价，获得能在一定时期按照约定汇率向期权卖方买进或卖出一定数量外汇资产的选择权。

（三）外汇期权交易的特点

外汇期权交易的特点表现在以下方面。

（1）期权的购买者获得了按协定价格购买或出售规定数量外汇的权利而不是义务，如果行情变动对期权买方不利，其可以不购买或不出售规定数量的外汇，这样就可以避免由于外汇行情变化所带来的损失。

（2）期权交易的收益与风险具有明显的非对称性。对期权买方而言，其所承受的最大风险是事先确定的保险金，而可能获得的收益却是无限的；但对于期权的卖方而言，其收益是事先确定的、有限的（期权费收入），但其承担的风险却是无限的。但是，这并不意味着期权的卖方是无利可图的，否则就不会有期权卖方。一般来说，期权卖方在确定期权售价时要考虑未来外汇行情的变化趋势，将风险转移到期权费中去。

（四）外汇期权的类型

1. 按交易方式划分

按交易方式划分，外汇期权可分为场内期权和场外期权。

（1）场内期权。场内期权是在交易所交易的期权，其交易额、期限、履行价格等都有相对统一的标准，同时有清算所介入期权交易，如果期权卖方违约，清算公司要代替卖方与买方完成交易，使期权买方不必担心对方违约。

（2）场外期权。场外期权是指期权买方和卖方在交易所外商定的期权，场外期权交易合同的各项内容均可由交易双方商定，比较灵活，同时场外期权也无清算所介入。

2. 按期权的性质划分

按期权的性质划分，外汇期权可分为看涨期权和看跌期权。

（1）看涨期权。看涨期权又称为多头期权，是指期权买方以付出一定的保险金为代价，获取在一定的期限内按照双方商定的协议价格向期权卖方买进一定数量外汇的选择权。一般当人们预期某种外汇价格未来可能上涨时，才会去购买这种期权。

（2）看跌期权。看跌期权又称为空头期权，是指期权的买方以付出一定的期权费为代价，获取在一定期限内按照双方商定的协议价格向期权卖方出售一定数量外汇的选择权。一般当人们预计某种外汇价格会下降时，才会购买这种期权。

3. 按到期日划分

按到期日划分，外汇期权可分为美式期权和欧式期权。

（1）美式期权。美式期权是指可以在合同到期日或到期日之前任何一个营业日被执行的期权，大多为交易所交易时采用。

（2）欧式期权。欧式期权是指只有在合约到期日才能执行的期权，不能提前交割，大部分场外交易采用的都是欧式期权。

◇ **同步检测（判断题）**

1. 根据外汇买卖后，外汇的交割时间可以将外汇分为远期外汇交易、即期外汇交易与掉期外汇交易。（　　）

2. 外汇期货交易是在期货交易所交易的标准化合约。（　　）

3. 从事外汇期权与外汇期货交易时，交易双方的权利与责任是对称的。（　　）

实训任务

一、基础知识实训

（一）单项选择题

1. 间接标价法是以一定单位的（　　）货币作为基准。

A. 美元　B. 本币　C. 外币　D. 特别提款权

2. 金本位货币制度下决定汇率的基础是（　　）。

A. 本国利率　B. 政府信用　C. 外汇市场供求状况　D. 铸币平价

3. 直接标价法是以一定单位的（　　）货币作为标准。

A. 本币　B. 外币　C. 欧元　D. 美元

4. 利率对汇率变动的影响有（　　）。

A. 利率上升，本国汇率上升

B. 利率下降，本国汇率下降

C. 需比较国外利率及本国通货膨胀率后而定

D. 无法确定

5. 在直接标价法下，一国资本大量流入，容易引起外汇汇率（　　）。

A. 下降　B. 上升　C. 不变　D. 先升后降

6. 在直接标价法下，其他因素不变的情况下，本币汇率上涨会使出口商品的国内价格（　　）。

A. 下降　B. 不变　C. 提高　D. 不确定

7. 报纸上公布的外汇汇率一般都是（　　）汇率。

A. 电汇汇率　B. 信汇汇率　C. 票汇汇率　D. 远期汇率

8、如果两个外汇市场存在明显的汇率差异，人们就会进行（　　）。

A. 直接套汇　B. 间接套汇　C. 时间套汇　D. 地点套汇

（二）多项选择题

1. 影响汇率变动的政策因素是（　　）。

A. 通货膨胀　B. 资本流动　C. 外汇干预　D. 心理预期

2. 影响汇率变动的经济因素应该包括（　　）。

A. 国际收支状况　B. 通货膨胀　C. 利率水平　D. 外汇储备

3. 目前，采用间接标价法的国家是（　　）。

A. 中国　B. 美国　C. 德国　D. 日本

4. 一国货币贬值，一般会引起（　　）现象。

A. 出口增加　B. 进口增加

C. 出口行业就业增加　D. 短期内改善该国的国际收支

5. 目前，在国际社会上使用比较多的自由外汇是（　　）。

A. 人民币　B. 美元　C. 欧元　D. 日元

6. 即期外汇买卖交割的期限有（　　）。

A. 当日交割　B. 翌日交割　C. 标准交割日　D. 成交后第三天

7. 远期外汇交易的双方必须签订远期合约，合约应该包括（　　）内容。

A. 买进或卖出　　B. 交易币种　　C. 交易数量　　D. 远期汇率

8. 在其他条件不变的情况下，远期汇率与利率之间的关系是（　　）。

A. 利率高的货币，其远期汇率会升水　　B. 利率高的货币，其远期汇率会贴水

C. 利率低的货币，其远期汇率会升水　　D. 利率低的货币，其远期汇率会贴水

（三）判断题

1. 我国采用直接标价法，而美国采用间接标价法。（　　）

2. 在间接标价法下，当外国货币数量减少时，称外国货币汇率下浮或贬值。（　　）

3. 在银行的外汇牌价中，现汇买入价总是高于现钞买入价。（　　）

4. 在一般情况下，外币现钞卖出价与现汇卖出价相同。（　　）

5. 在一般情况下，现钞买入价总是高于现汇买入价。（　　）

6. 外国公司的股票不属于外汇。（　　）

7. 外币就是外汇。（　　）

8. 自由外汇又称现汇，是指不需要货币当局批准，可以自由兑换成任何一种外国货币或用于第三国支付的外国货币及其支付手段。（　　）

9. 软币是指汇率稳定且具有上浮趋势的外汇。（　　）

10. 在间接标价法下，一定单位外币折算的本国货币减少，说明外币汇率已经下跌，即外币贬值或本币升值。（　　）

（四）名词解释

1. 外汇　2. 汇率　3. 直接标价法　4. 间接标价法　5. 买入汇率　6. 卖出汇率　7. 中间汇率　8. 基础汇率　9. 即期汇率　10. 远期汇率　11. 外汇升贴水

（五）简答题

1. 广义外汇与狭义外汇的区别是什么？

2. 直接标价法下如何判断汇率变化？

3. 影响一国汇率的因素有哪些？

4. 掉期外汇交易有什么优点？

5. 外汇期权有哪些种类？

（六）计算题

1. 某年4月2日，美国公司A跟德国公司B签订一份贸易合同，进口一套设备，金额为EUR180万，贷款结算日期为7月4号。4月2号即期汇率为EUR/USD = 1. 080 0/10，3个月的远期汇水为30/40。A公司预测欧元3个月内会升值，于是在4月2号与银行签订了远期外汇交易合约，假设7月4号欧元对美元的即期汇率为EUR/USD = 1. 092 0/30，比较A公司做与不做远期外汇交易，哪种方式对A公司有利。

2. 某日外汇市场行情为即期汇率：EUR/USD = 1. 145 0，3个月后欧元升水20点。假定一个美国进口商从德国进口价值200万欧元的机器设备，3个月后付款，若3个月后市场即期汇率变为：EUR/USD = 1. 150 0。

问题：

（1）现在支付200万欧元需要多少美元？

（2）若美国进口商不采取保值措施，损失多少美元？

（3）美国进口商应如何利用远期外汇市场进行保值？

二、技能实训

把授课班级分成若干小组，选择以下问题进行讨论。

资料1：2006年2月6日上午，美联储新任主席伯南克正式宣誓就职，出任全球最有权力的中央银行总裁。当天，美国总统布什亲自前往美联储总部，参加宣誓仪式，这也是历史上美国总统第三次亲临美联储。伯南克宣誓就职，市场预期基准利率将达到4.75%。

资料2：目前，中国人民银行公布的人民币12个月存款利率为2.25%。

资料3：假设2006年4月4日，中国工商银行人民币即期美元卖出牌价为USD100 = RMB800.00。

问题：

1. 影响远期汇率的因素主要有哪些？
2. 如果考虑利率是影响远期汇率的主要因素，3个月期美元是升水还是贴水？
3. 3个月期美元远期汇率应该是多少？
4. 若你所在的是进口型企业，应采取什么措施减少远期汇率波动造成的损失？

附录 A　实训任务答案

第一单元

（一）单项选择题

1. D　2. A　3. D

（二）多项选择题

1. ABD　2. ACD　3. ABC

（三）判断题

1. T　2. F　3. F　4. T　5. F　6. T　7. T　8. F　9. T　10. F

第二单元

（一）单项选择题

1. C　2. A　3. A　4. B　5. C　6. A　7. B　8. C　9. D　10. A　11. B　12. D　13. B　14. C　15. A　16. B　17. A

（二）多项选择题

1. ABC　2. ABCD　3. ABCD　4. AC　5. AB　6. ABC　7. BCD　8. ABCD　9. AD　10. AB　11. BC　12. ABC　13. ABD　14. ABCD

（三）判断题

1. T　2. T　3. T　4. F　5. F　6. F　7. F　8. T　9. T　10. T　11. T　12. T

第三单元

（一）单项选择题

1. D　2. C　3. B　4. A　5. C　6. A　7. D　8. A　9. A　10. C　11. A　12. B　13. C　14. A　15. A　16. B　17. C　18. D　19. C　20. B

（二）多项选择题

1. ABC　2. AB　3. ABC　4. AB　5. AB　6. CD　7. ABC　8. ABCD　9. BCD　10. ABC　11. ABC　12. ABCD　13. BD　14. ABCD

（三）判断题

1. T　2. F　3. F　4. F　5. F　6. F　7. F　8. T　9. F　10. F　11. T　12. T　13. T　14. T　15. T　16. T　17. F

第四单元

（一）单项选择题

1. A 2. B 3. D 4. A 5. D 6. B 7. A 8. C 9. A 10. B 11. B 12. D 13. B 14. A

（二）多项选择题

1. BCD 2. BCD 3. ACD 4. ABCD 5. ABCD 6. AC 7. ACD 8. ABC 9. ABD 10. ABCD 11. ACD 12. ABC 13. ABC 14. AB

（三）判断题

1. F 2. F 3. F 4. T 5. T 6. F 7. F 8. F 9. F 10. F 11. T 12. F 13. T

第五单元

（一）单项选择题

1. D 2. B 3. C 4. C 5. D 6. C 7. C 8. B 9. A 10. C 11. D 12. B 13. C 14. C 15. B 16. D 17. C 18. B 19. B 20. D

（二）多项选择题

1. AC 2. AD 3. ABCD 4. ABCD 5. ABC 6. AD 7. ABD 8. ABCD 9. ABD 10. ABCD 11. ABD 12. ABDC

（三）判断题

1. F 2. F 3. F 4. T 5. T 6. F 7. T 8. F 9. F 10. T 11. T 12. T

第六单元

（一）单项选择题

1. C 2. B 3. A 4. A 5. C 6. A 7. B 8. D 9. D 10. B

（二）多项选择题

1. ABCD 2. ABCD 3. AC 4. BCD 5. ABCD

（三）判断题

1. T 2. T 3. F 4. T 5. F 6. F 7. T 8. F 9. T 10. F

第七单元

（一）单项选择题

1. B 2. C 3. C 4. C 5. B 6. A 7. D 8. A 9. B 10. C 11. A 12. B 13. D 14. B 15. C 16. D 17. A 18. C 19. C 20. B

（二）多项选择题

1. ABD 2. BCD 3. AD 4. ABC 5. BD 6. ABD 7. ACD 8. ABC 9. BCD 10. ABC

11. BCD　12. ABCD　13. AB　14. ABCD　15. ABD

（三）判断题

1. T　2. T　3. F　4. F　5. F　6. T　7. T　8. F　9. T　10. F　11. T　12. T　13. F　14. T　15. F　16. T　17. F　18. T　19. F　20. F

第八单元

（一）单项选择题

1. B　2. D　3. B　4. C　5. A　6. B　7. A　8. D

（二）多项选择题

1. ABCD　2. ABCD　3. AD　4. ACD　5. BCD　6. ABC　7. ABCD　8. BC

（三）判断题

1. T　2. F　3. T　4. T　5. F　6. F　7. F　8. T　9. F　10. F

参考文献

[1] 韩玉珍. 金融学基础. 北京：首都经济贸易大学出版社，2007.

[2] 沈文全. 金融基础知识. 北京：机械工业出版社，2011.

[3] 李春，曾冬白. 金融学基础知识. 大连：大连出版社，2008.

[4] 黄达. 金融学. 3 版. 北京：中国人民大学出版社，2012.

[5] 南旭光. 金融学基础教程. 2 版. 北京：人民邮电出版社，2012.

[6] 陈志武. 金融的逻辑. 北京：国际文化出版公司，2010.

[7] 陈炳煌. 金融基础知识. 6 版. 北京：国际文化图书出版社，2009.

[8] 曹龙骐. 货币银行学. 北京：高等教育出版社，2000.

[9] 中国人民银行. 金融知识国民读本. 北京：中国金融出版社，2000.

[10] 李健. 金融学. 2 版. 北京：中央广播大学出版社，2007.

[11] 李军. 金融学基础. 北京：清华大学出版社，2010.